新经济环境下财务管理与人力资源管理研究

路帏 陈红娟 付建 著

天津出版传媒集团

天津科学技术出版社

图书在版编目（CIP）数据

新经济环境下财务管理与人力资源管理研究 / 路帷，陈红娟，付建著. -- 天津：天津科学技术出版社，2024.2

ISBN 978-7-5742-1799-7

Ⅰ. ①新… Ⅱ. ①路… ②陈… ③付… Ⅲ. ①财务管理－研究②人力资源管理－研究 Ⅳ. ①F275②F243

中国国家版本馆 CIP 数据核字（2024）第 044701 号

新经济环境下财务管理与人力资源管理研究
XINJINGJI HUANJINGXIA CAIWU GUANLI YU RENLI ZIYUAN GUANLI YANJIU

责任编辑：王　彤
责任印制：兰　毅

出　　版：	天津出版传媒集团
	天津科学技术出版社
地　　址：	天津市西康路 35 号
邮　　编：	300051
电　　话：	（022）23332377
网　　址：	www.tjkjcbs.com.cn
发　　行：	新华书店经销
印　　刷：	济南新广达图文快印有限公司

开本 787×1092 1/16 印张 20 字数 380 000
2025 年 3 月第 1 版第 1 次印刷
定价：85.00 元

前　言

　　《新经济环境下财务管理与人力资源管理研究》是对当前新经济时代背景下财务管理和人力资源管理的深入研究和探讨。随着全球经济的快速发展和科技的不断进步，传统的经济环境已经发生了巨大的变化，新的经济模式和商业模式不断涌现，对企业的财务管理和人力资源管理提出了新的要求和挑战。

　　第一到第四章我们将分析新经济环境对企业财务决策和人力资源配置的影响，探讨如何在新经济时代中进行有效的财务管理和人力资源管理。

　　第五到第九章聚焦于财务管理和人力资源管理的具体内容。我们将深入探讨薪酬管理、财务管理理论、人力资源管理理论的演进以及新科技对人力资源管理的影响等方面的内容。通过对各个领域的理论研究和实践案例的分析，旨在为读者提供实用的指导和启示。

　　第十到第十三章主要描述新经济环境下，企业需制定灵活而具有前瞻性的财务战略，同时注重财务信息的披露与透明度，关注员工的发展和福利，并承担起社会责任。

　　第十四到第十九章主要围绕着员工关系与团队管理、人力资源发展策略、多元化与包容性管理、人力资源规划与组织设计、风险管理与投资决策以及人力资源评估与绩效管理等方面进行深入研究。这些领域是构建强大组织和实现持续发展的关键要素，我们将从理论与实践相结合的角度，探索最佳的管理策略和方法。

　　第二十章强调全球化背景下的人力资源战略。随着全球化的不断推进，企业面临着越来越复杂多样的人力资源管理挑战。

　　本书通过对财务管理和人力资源管理的综合研究，旨在为企业和管理者提供有关新经济环境下财务管理和人力资源管理的最新理论、实践和案例。希望通过本书的阅读，读者能够更好地理解和应对新经济时代的挑战，实现财务管理和人力资源管理的卓越表现，推动企业持续发展和创新进步。

目 录

第一章　新经济环境概述···1
　　第一节　新经济环境的定义和特征··1
　　第二节　新经济环境对财务管理的影响··4
　　第三节　新经济环境对人力资源管理的影响···16

第二章　新经济时代下的薪酬管理··21
　　第一节　薪酬体系设计与公平原则··21
　　第二节　新经济企业的股权激励政策···28
　　第三节　薪酬管理与企业绩效挂钩··37

第三章　财务管理理论综述···42
　　第一节　传统财务管理理论回顾···42
　　第二节　新经济环境下的财务管理理论发展··48
　　第三节　新技术在财务管理中的应用与影响··52

第四章　人力资源管理理论演进···58
　　第一节　传统人力资源管理理论回顾···58
　　第二节　新经济时代下的员工需求与招聘策略···66
　　第三节　全球化背景下的人才管理··70

第五章　新科技对人力资源管理的影响··77
　　第一节　人力资源数字化管理··77
　　第二节　人工智能在招聘与培训中的应用··87
　　第三节　灵活就业与新经济环境下的劳动力供应链管理····································92

第六章　财务管理与人力资源管理的关系··100
　　第一节　财务管理与人力资源管理的协同作用··100
　　第二节　新经济环境下财务管理与人力资源管理的融合策略·····························104
　　第三节　共同面临的挑战和解决方案··114

第七章　财务风险管理··118
　　第一节　新经济环境下的财务风险特点···118

第二节　财务风险管理工具和方法 126
　　第三节　企业在新经济环境下的财务风险管理实践 133

第八章　财务分析与预测 143
　　第一节　新经济环境下的财务分析需求 143
　　第二节　财务分析与预测方法和工具 147
　　第三节　提高财务分析与预测准确性的措施和方法 152

第九章　新经济环境下的财务绩效评估与激励机制 166
　　第一节　新经济环境下的财务绩效评估指标 166
　　第二节　财务绩效评估方法和工具 170
　　第三节　优化财务绩效的策略和实践 179
　　第四节　激励机制的设计与实施 183

第十章　财务战略规划 189
　　第一节　新经济环境下的财务战略定位 189
　　第二节　财务战略规划与业务发展的关系 193
　　第三节　实施财务战略的关键因素和方法 197

第十一章　财务信息披露与透明度 202
　　第一节　新经济环境下的财务信息披露要求 202
　　第二节　财务信息透明度的影响因素 207
　　第三节　提高财务信息披露与透明度的措施和方法 209

第十二章　新经济环境下员工发展与培训 212
　　第一节　员工培训与发展的重要性 212
　　第二节　新经济环境下的员工发展需求 214
　　第三节　培训与发展策略规划与实施 216
　　第四节　创新员工发展与培训模式在新经济中的应用案例 219

第十三章　新经济环境下员工福利与社会责任 222
　　第一节　新经济企业的员工福利管理 222
　　第二节　社会责任理念在新经济企业的实践 226
　　第三节　弹性工作制度与员工生活平衡 229

第十四章　新经济环境下员工关系与团队管理 234
　　第一节　新经济环境下的员工关系特点 234
　　第二节　团队管理与员工关系的协同作用 238

第三节　创新员工关系与团队管理模式在新经济中的应用案例 …………… 240

第十五章　人力资源发展策略 ……………………………………………………… 243
　　第一节　新经济环境下的人力资源需求和供给特点 ……………………… 243
　　第二节　人力资源发展策略规划与实施 …………………………………… 246
　　第三节　创新人力资源管理模式的应用案例 ……………………………… 251

第十六章　新经济环境下的人力资源多元化与包容性管理 ………………… 255
　　第一节　多元化与包容性管理的概念与原则 ……………………………… 255
　　第二节　新经济环境下的多元化与包容性管理挑战 ……………………… 257
　　第三节　多元化与包容性管理策略与实践 ………………………………… 258

第十七章　人力资源规划与组织设计 …………………………………………… 262
　　第一节　新经济环境下的人力资源规划需求 ……………………………… 262
　　第二节　组织设计与人力资源管理的关系 ………………………………… 264
　　第三节　创新组织设计模式在新经济中的应用案例 ……………………… 266

第十八章　风险管理与投资决策 …………………………………………………… 271
　　第一节　新经济环境下的风险管理策略 …………………………………… 271
　　第二节　创新型投资决策模型 ……………………………………………… 273
　　第三节　资本市场的发展与新经济企业融资模式 ………………………… 277

第十九章　人力资源评估与绩效管理 …………………………………………… 281
　　第一节　新经济环境下的人力资源评估指标 ……………………………… 281
　　第二节　绩效管理与人力资源评估的关系 ………………………………… 286
　　第三节　优化人力资源评估与绩效管理的策略和实践 …………………… 289

第二十章　全球化背景下的人力资源战略 ……………………………………… 296
　　第一节　跨国企业人力资源管理挑战 ……………………………………… 296
　　第二节　多元文化融合与团队建设 ………………………………………… 303
　　第三节　全球化时代下的人才流动与知识管理 …………………………… 307

参考文献 ………………………………………………………………………………… 311

第一章 新经济环境概述

第一节 新经济环境的定义和特征

新经济环境是在技术、产业和市场等方面发生重大变革的时代背景下,所形成的一种全新的经济格局。它与传统经济环境相比,具有许多独有的特征和趋势。

一、定义

新经济环境是指在信息技术、通信技术、人工智能、大数据等先进技术的推动下,经济结构、产业模式、市场行为等发生深刻变革的时代背景。新经济环境以数字化、网络化和智能化为主要特征,通过技术的不断创新和应用,推动经济高质量发展,改变了人们的生产方式、消费观念和社会交往方式。

二、特征

新经济环境是在科技进步、全球化、可持续发展和数字化等因素的影响下,经济发展所呈现出来的一系列新特征。以下是对新经济环境的一些主要特征的详细阐述。

（一）科技驱动

在新经济环境中,科技驱动成为推动经济发展的核心力量。信息技术、人工智能、大数据分析等高新技术的快速发展和广泛应用,改变了传统产业的运营方式和商业模式,推动了经济结构的转型升级。

信息技术的飞速发展催生了数字化经济的兴起。随着互联网的普及和移动设备的智能化,数字化经济迅猛发展。电子商务、在线支付、共享经济等新兴业态迅速涌现,促进了消费者和企业之间的直接连接,打破了传统产业的地域限制和交易壁垒,提高了资源利用效率。

人工智能的突飞猛进改变了生产方式和商业模式。机器学习、自然语言处理、计算机视觉等人工智能技术的应用,使得机器能够具备学习和智能决策的能力,极大地提高了生产效率和服务质量。智能制造、智能物流、智能客服等领域的发展,实现了生产过程的自动化、智能化和个性化,推动了产业的升级和转型。

大数据分析技术的广泛应用改变了企业决策和市场运作的方式。通过收集、存储和分析海量的数据，可以深入洞察用户需求和市场趋势，提供个性化的产品和服务，实现精准营销和智能决策。大数据技术也为企业提供了更好的风险管理和运营优化手段，促进了企业效率和竞争力的提升。

新经济环境下的科技驱动还体现在创新生态的形成和发展上。创新已经成为经济发展的关键因素，各国纷纷加强科技研发投入，鼓励企业加大创新力度。科技企业、创业孵化器、科技园区等创新生态系统不断壮大，为创新者提供资源和支持，推动了科技成果的转化和商业化。

（二）创新与创业

在新经济环境下，创新与创业成为经济发展的重要动力。创新能力和创业精神的培养已成为国家和企业的重要任务，各种新兴产业和新业态不断涌现，创造了大量就业机会，促进了经济增长。

创新是推动经济发展的关键因素。在新经济环境下，市场需求和技术进步的快速变化要求企业具备持续创新的能力。通过研发新产品、开拓新市场、改进生产工艺等创新活动，企业可以提高竞争力，满足消费者需求，实现增长和盈利。同时，创新还可以改善资源利用效率，推动产业升级和转型。

创业精神在新经济环境中得到了充分发挥。新技术的快速发展和市场的不断变化为创业者提供了广阔的机遇。创业者通过发掘市场空白、解决社会问题、应对新的挑战等方式开展创业活动，不仅为自己创造了就业机会和财富，也推动了经济的发展和社会的进步。创业精神的培养和鼓励成为政府和社会各界的共同责任，通过提供资金、政策支持、创业教育等方式激发创业热情。

新经济环境下不断涌现的新兴产业和新业态也为创新和创业提供了广阔的舞台。互联网经济、共享经济、数字经济等新兴产业正在崛起，涌现出一大批具有创新意识和创业能力的企业家。这些新兴产业以其灵活性、高效性和创新性，推动了传统产业的转型升级，并为就业和经济增长注入了新的动力。

创新与创业还促进了人才的培养和流动。在新经济环境下，企业对创新人才和创业者的需求迫切，人才市场呈现出更加活跃的状态。政府和企业积极开展创新创业教育和培训，鼓励人才流动和交叉学科的发展，为创新与创业提供了更好的人才支持和资源保障。

（三）全球化

在新经济环境下，全球化是一种重要的特征。随着信息技术的快速发展和全球交通与通信的便捷，跨国企业的生产和分工方式发生了深刻变化，全球资源配置更加灵活，国际贸易更加便利,这促进了全球市场的深度融合。

全球化加速了全球市场的整合。通过互联网和电子商务等新兴技术的广泛应用,企业可以实现远程销售和全球供应链管理,消费者可以方便地购买来自世界各地的产品和服务。全球化为企业提供了更广阔的市场空间和机会,激发了创新和竞争力,推动了经济增长。

全球化扩大了国际贸易和投资的规模和范围。随着贸易壁垒的降低和关税的减少,国际贸易得到了进一步的推动。企业能够更加便捷地进入外国市场,拓展海外业务,同时也可以从全球市场中获取更多的供应和资源。跨国投资的规模不断扩大,企业通过直接投资和并购等方式进一步整合全球资源,提升企业的国际竞争力。

全球化加速了知识和技术的传播与交流。信息技术的发展使得人们可以在全球范围内进行即时沟通和合作,促进了知识和技术的跨国流动。科学研究、技术创新和经验分享的全球化合作增强了各国之间的交流与合作,推动了全球创新能力的提升。

全球化也带来了一系列挑战。全球化加剧了国际竞争,企业需要具备更强的竞争力和适应能力,以在激烈的全球市场中立于不败之地。同时,全球化也带来了贸易摩擦、资本流动、环境问题等一系列复杂的全球性挑战,需要各国共同努力寻求解决方案。

(四)可持续发展

在新经济环境下,可持续发展成为企业和社会的重要追求。资源的有限性和环境问题的凸显,要求经济发展必须考虑到生态环境的保护和资源的合理利用,推动绿色经济和循环经济的发展。

可持续发展要求企业在经营过程中注重环境保护。企业需要降低对自然资源的消耗,减少废物和污染物的排放,采用清洁能源和清洁生产技术,实现生产活动与生态环境的协调。通过节能减排、循环利用和生态修复等措施,企业可以减少对环境的负面影响,提高资源利用效率。

可持续发展鼓励企业推动绿色经济和循环经济的发展。绿色经济强调以环境友好的方式开展经济活动,实现经济增长和环境保护的双赢。企业通过开发和应用绿色技术、推广环保产品和服务,可以满足消费者对环境友好产品的需求,同时创造就业机会和经济价值。循环经济则强调资源的循环利用和废物的减少。企业需要从生产到消费的全过程中进行资源的有效利用和废物的再利用,通过回收、再制造和再利用等方式实现资源的可持续利用。

可持续发展也要求企业在社会责任方面承担更多的义务。企业应关注员工福利、公平竞争、社区参与等方面的问题,积极推动社会公正和社会进步。同时,企业还应加强对供应链的管理，确保供应商符合环境和劳工标准，避免不当行为的发生。通过履行社会责任，企业可以树立良好的形象，增强与利益相关者之间的信任和合作。

政府在可持续发展中扮演着重要角色。政府需要制定和实施相关法律法规，建立环境监管机制，提供财政和政策支持，引导和推动企业朝着可持续发展的方向发展。政府还应加强国际合作，共同应对全球性的环境和气候变化等挑战。

（五）数字化

在新经济环境下，数字化是基础和核心。信息技术的广泛应用使得数据的获取、存储、分析和传输更加便捷，推动了各行各业的数字化转型。数字化带来了巨大的商机和创新空间，同时也对企业和个人的管理和运营提出了新的要求。

数字化改变了企业的商业模式和运营方式。通过数字化技术，企业可以更加高效地进行生产、销售和服务。在线零售、电子商务平台、移动支付等数字化商业模式的兴起，打破了传统商业的时间和空间限制，实现了线上线下的无缝衔接。数字化还促进了企业间的协同合作，推动了供应链的整合和优化。

数字化为企业和个人创造了巨大的商机。通过数字化技术，企业可以更好地了解消费者需求，进行个性化定制和精准营销。同时，数字化也拓宽了企业的市场范围，使得企业可以迅速进入全球市场。个人也可以通过数字化平台和社交媒体等渠道实现个人品牌的建立和商业化，创造自己的商业价值。

数字化也加速了产业的升级和转型。通过大数据分析、人工智能和物联网等技术的应用，传统产业可以实现智能化、自动化和个性化生产。数字化还催生了一批新兴产业和新业态，如共享经济、智慧城市、无人驾驶等，为经济发展提供了新的增长点。

同时，数字化也给企业和个人带来了管理和运营上的新挑战。数据安全和隐私保护成为重要问题，企业需要加强信息安全管理和风险控制。同时，企业和个人还需要不断学习和更新技术知识，适应数字化时代的变化和需求。

数字化也为政府提供了更多的管理和服务手段。政府可以通过数字化技术提高行政效率，优化公共服务的提供，提升治理能力和水平。数字化还促进了政府与企业和公众之间的互动和合作，实现了政府、企业和社会的良性互动。

第二节 新经济环境对财务管理的影响

新经济环境对财务管理产生了深远的影响。随着全球经济的不断发展和科技的快速进步，传统的财务管理模式和方法已经无法适应新的环境和需求。以下是新经济环境对财务管理的几个主要影响。

一、技术创新带来的变革

新经济环境对财务管理的影响主要来自技术创新带来的变革。随着科技的快速发展，信息技术、大数据分析、人工智能等新兴技术不断涌现，对传统的财务管理方式和理念提出了新的挑战和机遇。

（一）信息技术改变了财务管理的方式

传统上，财务数据的采集、处理和分析主要依靠手工记录和报表，这不仅耗费大量的时间和人力，还容易出现错误。随着信息技术的快速发展，企业可以通过各种软件和系统来实现财务数据的自动化处理和高效分析，从而提高财务管理的效率和准确性。

1.使财务数据收集更方便和迅速

通过电子化的财务系统，企业可以将各类财务数据直接输入到系统中，避免了烦琐的手工记录过程。一些企业还可以通过与供应商和客户建立电子数据交换（Electronic Data Interchange，EDI）系统，实现财务数据的自动传输和共享，进一步简化了数据收集的流程。

2.使财务数据的处理更加自动化和高效

企业可以利用财务管理软件来进行账务处理、记账和结算等操作，避免了繁杂的手工计算和处理过程。这些软件通常具有自动化的功能，可以根据设定的规则和流程进行数据的分类、汇总和计算，大大减少了错误和漏洞的可能性。一些财务管理软件还提供了数据分析和报表生成的功能，企业可以通过这些工具更加方便地进行财务分析和决策支持。

3.使财务数据的分析更加深入和准确

传统上，财务数据的分析主要依靠手工计算和简单的统计方法，往往只能得到表面的结果。而现在，企业可以利用各种数据分析工具和技术，如数据挖掘、机器学习和人工智能等，对海量的财务数据进行深入挖掘和分析，从中发现隐藏的规律和趋势。通过这些分析，企业可以更好地了解自身的财务状况，及时发现问题并采取相应的措施。

（二）大数据分析优化了财务决策

大数据分析在财务管理中的应用，可以优化财务决策，提高企业的竞争力和经营效率。以下是大数据分析对财务决策的优化影响的几个方面。

1.更准确的市场需求预测

通过大数据分析，企业可以深入挖掘市场数据，了解消费者的购买行为、偏好和趋势。通过对销售数据、用户行为数据等进行分析，企业可以更准确地预测市场需求，制定相应的生产和销售策略。这样可以避免库存积压或供不应求的情况发生，提高资金利用效率。

2.优化产品定价策略

大数据分析可以帮助企业了解市场上同类产品的价格走势、竞争对手的定价策略以及消费者对价格的敏感度。通过对大数据的分析，企业可以根据市场需求和竞争状况，制定更合理的产品定价策略，实现利润最大化。

3.提高风险管理能力

大数据分析可以帮助企业更全面地了解和评估各类风险。通过对历史交易数据、市场数据、供应链数据等的分析，企业可以发现潜在的风险因素，并制定相应的风险管理策略。例如，在信用风险管理方面，通过对客户历史交易数据的分析，可以更准确地评估客户的信用状况，避免坏账风险。

4.提高财务报告的准确性

大数据分析可以帮助企业更准确地生成财务报表。通过对财务数据的深入分析，可以及时发现和纠正错误，提高财务报告的准确性和可靠性。大数据分析还可以自动化生成财务报表，减少人工操作的错误和漏洞。

5.强化经营决策支持

大数据分析可以为企业的经营决策提供更全面、准确的信息支持。通过对大数据的挖掘和分析，企业可以了解产品销售情况、成本结构、资金流动等关键指标，帮助决策者做出更明智的决策。例如，通过对销售数据和成本数据的分析，可以评估产品线的盈利能力，并决定是否进行调整或淘汰。

（三）人工智能改变了财务管理的流程

人工智能（Artificial Intelligence，AI）的广泛应用改变了财务管理的流程，为企业提供了更高效、准确和智能化的财务管理解决方案。

1.自动化数据处理和分析

人工智能可以通过机器学习算法自动识别和分析大量的财务数据。传统上，财务数据的处理和分析主要依赖于人工操作，耗费时间和资源。而通过人工智能的应用，财务数据的处理过程可以自动化，包括数据清洗、分类、汇总和计算等。这样可以大大减少人力成本和时间成本，提高数据处理的效率和准确性。

2.财务风险预警能力的提升

人工智能可以通过机器学习算法对财务数据进行深度分析,识别潜在的财务风险和异常情况。通过对历史数据的学习和模式识别,人工智能可以提供预警和预测,帮助企业及时发现可能存在的风险,并采取相应的措施进行应对。例如,人工智能可以识别出虚假账目、资金盗用等违规行为,提高财务风险管理的能力。

3.智能化决策支持

人工智能可以为企业的决策提供智能化的支持。通过对财务数据的分析和挖掘,人工智能可以为决策者提供全面、准确的数据和信息,帮助他们做出更明智的财务决策。例如,人工智能可以根据历史数据和市场趋势进行预测,帮助企业确定投资方向、预测收益和风险等。

二、金融科技的崛起

新经济环境对财务管理的影响之一是金融科技的崛起。随着科技的快速发展和数字化转型的推进,金融科技(Financial Technology)行业兴起并迅速发展。金融科技通过将技术与金融服务相结合,改变了传统金融行业的运作方式,对财务管理产生了深远的影响。

(一)支付与结算领域的革新

金融科技的发展带来了支付与结算领域的革新,推动了现金支付向电子支付的转变。新经济环境下,移动支付、电子钱包等创新型支付方式迅速普及,对企业的财务管理产生了积极影响。

金融科技带来的移动支付和电子钱包等创新支付方式使得企业能够更加便捷地进行收款和付款操作。传统上,企业在接受付款时往往依赖于现金或支票,这不仅存在安全风险,还需要耗费时间和人力进行核对和记录。而通过移动支付和电子钱包等支付方式,企业可以直接通过手机或其他移动设备完成支付交易,无须使用实体货币,提高了收款的便捷性和效率。

电子支付的普及促进了企业现金流管理的优化。传统的现金支付往往涉及资金的收集、保管和调配,不仅需要大量的人力和物力成本,还容易出现资金流失和风险。而通过电子支付,企业可以实现资金的实时收付,加快资金周转速度,减少现金流的占用和风险。电子支付还提供了对账、流水查询等功能,帮助企业更好地管理财务记录和分析。

电子支付的安全性也得到了有效保障。金融科技的发展使得电子支付具备了高度的安全性和防范措施。例如,采用了加密技术和多重身份验证等手段,确保支付过程的安全性和可信度。同时,金融机构和支付平台也不断加强安全监管和风险防范,为企业提供了可靠的支付环境。

电子支付还促进了跨境支付和国际贸易的便利化。在新经济环境下,企业之间的商业往来越来越国际化,需要进行跨境支付。传统的跨境支付往往涉及复杂的手续和时间成本。而通过电子支付和金融科技的应用,企业可以实现快速、安全、低成本的跨境支付,促进了国际贸易的畅通和发展。

(二)融资与借贷模式的创新

金融科技的崛起为企业带来了更多元化和灵活的融资与借贷模式,对财务管理产生了积极的影响。在新经济环境下,互联网平台的兴起提供了小额贷款、供应链融资、众筹等创新的融资渠道。

1.小额贷款

传统金融机构在向中小微企业提供贷款时往往存在审批流程烦琐、担保要求严格等问题,导致中小微企业难以获得足够的资金支持。而通过金融科技平台,企业可以便捷地申请小额贷款,并通过大数据分析和风险评估技术实现快速审批。这种创新模式为中小微企业提供了更加灵活和便利的融资途径,有助于解决融资难题,促进企业的发展和扩大就业。

2.供应链融资

供应链融资是指通过整合供应链上的各个环节,为参与方提供资金支持和融资服务。传统上,供应链融资往往依赖于传统金融机构的信贷业务,流程烦琐且周期较长。而通过金融科技平台,企业可以实现供应链上的各个环节之间的信息共享和资金流动,提高了融资效率和可靠性。例如,通过电子商务平台的供应链金融服务,企业可以根据订单和交易数据快速获取融资支持,解决资金周转问题,促进供应链的稳定和发展。

3.众筹

众筹是指通过互联网平台集合大量的个人投资者,为创业项目、产品或公益事业等提供资金支持的一种集体募资方式。传统上,企业在融资过程中往往需要依赖传统的风险投资或银行贷款。而通过众筹平台,企业可以直接与广大投资者进行互动和沟通,吸引他们对项目的关注和投资。这种创新模式不仅提供了更多元化的融资渠道,也为企业建立了与投资者和用户更紧密的关系。

(三)数据驱动的风险管理

金融科技的发展为企业提供了数据驱动的风险管理工具和技术,对财务管理产生了积极的影响。在新经济环境下,通过大数据分析和人工智能技术,金融科技可以更准确地评估企业的信用风险、市场风险和操作风险等,并帮助企业进行风险管理和控制。

金融科技的数据分析能力可以帮助企业更准确地评估信用风险。通过收集和分析大量的客户数据、交易数据和行为数据,金融科技可以建立客户信用评估模型,并根据客户的历史表现和特征进行风险评估。这使得企业可以更加准确地判断客户的还款能力和信用状况,以便决策是否与其进行业务合作或提供贷款服务。通过数据驱动的信用风险管理,企业可以降低坏账风险,保护自身的财务安全。

金融科技的数据分析能力可以帮助企业更好地识别和评估市场风险。通过分析市场数据、竞争对手数据和消费者行为数据,金融科技可以预测市场趋势、行业变化和竞争态势。这有助于企业及时调整战略和决策,降低市场波动对企业财务的影响。例如,在投资决策方面,通过数据驱动的分析,企业可以更准确地评估不同投资项目的风险与回报,制定更明智的投资策略。

金融科技的数据分析能力可以帮助企业更好地识别和管理操作风险。通过分析企业内部的数据,如销售数据、生产数据和成本数据,金融科技可以发现潜在的操作风险和效率问题。例如,通过对供应链数据的分析,企业可以识别出供应商的延迟交货或质量问题,从而采取相应的风险控制措施。通过数据驱动的操作风险管理,企业可以提高生产效率、降低成本,并保障运营的顺利进行。

金融科技还可以通过实时监测和预警系统来提高风险管理的效果。通过建立数据监控平台和预警模型,企业可以实时收集、分析和处理大量的数据,并及时发现潜在的风险信号。例如,在交易风险管理方面,金融科技可以通过实时监测异常交易行为和模式识别来预警潜在的欺诈风险。这有助于企业及时采取措施进行风险控制,减少财务损失。

(四)自动化财务管理流程

金融科技的崛起推动了财务管理流程的自动化和智能化,为企业带来了更高效、准确和可靠的财务管理方式。在新经济环境下,通过使用财务管理软件和云计算技术,企业可以实现财务核算、报表生成、税务申报等过程的自动化。

自动化财务管理流程提高了财务数据处理的效率。传统上,财务数据的处理和记录往往需要大量的人工操作,耗费时间和资源。而通过引入财务管理软件和云计算技术,企业可以实现财务数据的自动收集、处理和记录。例如,财务管理软件可以自动从各个部门和系统中获取相关的财务数据,并进行分类、汇总和计算等操作。这样不仅节省了人力成本和时间成本,还降低了错误和漏洞的可能性。

自动化财务管理流程减少了人为错误和漏洞的风险。人工处理财务数据往往容易出现输入错误、计算错误等问题,影响财务报告的准确性和可靠性。而通过财务管理软件和云计算技术，企业可以实现数据的自动化处理和计算，减少了人为操作的风险。财务管理软件还可以设置数据验证和逻辑检查等功能，及时发现错误和异常情况，并提供相应的纠正措施，进一步提高财务数据的准确性。

自动化财务管理流程提高了报表生成和分析的效率。传统上，企业需要耗费大量的时间和资源来编制财务报表，包括资产负债表、利润表、现金流量表等。而通过财务管理软件，企业可以自动生成标准化的财务报表，减少了手工编制的工作量。同时，财务管理软件还可以进行财务数据的分析和比较，帮助企业了解财务状况和经营绩效，并支持决策者做出更明智的财务决策。

自动化财务管理流程还提高了税务申报的效率和准确性。通过财务管理软件和云计算技术，企业可以实现税务数据的自动化收集和处理，减少了人工录入和整理的工作量。同时，财务管理软件还可以根据相关法规和规范自动生成符合税务要求的申报表格和报告，降低了税务申报的风险和错误的可能性。

（五）区块链技术的应用

区块链技术的应用是金融科技领域的重要创新，对财务管理产生了积极的影响。在新经济环境下，区块链技术可以提供更安全、高效和可信赖的交易和结算方式，降低中间环节和交易成本。

区块链技术可以提供更安全和高效的交易和结算方式。传统的金融交易往往需要通过中介机构来实现交易验证和结算清算，涉及复杂的流程和时间成本。而区块链技术通过去中心化的分布式账本，将交易数据记录在多个节点上，并采用密码学和共识机制保证数据的安全性和完整性。这种去中心化的特点使得交易过程更加透明和可信赖，减少了欺诈和纠纷的风险。同时，区块链的智能合约功能可以实现自动化的交易执行和结算，提高了交易的效率和速度。

区块链技术可以促进供应链金融的发展。供应链金融是指通过整合供应链上的各个环节，为参与方提供资金支持和融资服务。传统上，供应链金融往往依赖于烦琐的纸质合同和手工处理的流程，存在信息不对称和风险高的问题。而通过区块链技术，企业可以实现供应链上各个环节之间数据的共享和透明，减少了信息不对称的情况。同时，区块链的智能合约功能可以自动执行融资和结算操作，提高了供应链金融的效率和可靠性。这有助于提升供应链中小微企业的融资能力，推动整个供应链的稳定和发展。

区块链技术还可以改善跨境支付和国际贸易的效率。在传统的跨境支付和国际贸易中，涉及多个中介机构和银行，需要进行复杂的验证和结算过程，耗费时间和资源。而通过区块链技术，可以实现跨境支付和国际贸易的直接、快速和安全的交易方式。区块链的去中心化特点使得交易变得透明和可追溯，降低了交易成本和风险。这有助于促进跨境贸易的畅通和发展，推动国际经济合作的深入。

三、战略调整的需求

随着经济结构的变化和科技创新的推进，企业面临着日益激烈的竞争和不断变化的市场环境。在这样的背景下，企业需要对其财务管理进行战略调整，以适应新经济环境的挑战和机遇。

（一）资金需求与配置

在新经济环境下，企业面临着更加多元化和复杂化的资金需求。传统上，企业主要依赖银行贷款和股权融资来满足资金需求，但现在出现了更多新型的融资渠道和金融工具。这些包括风险投资、债券融资等。

1.风险投资

风险投资是一种适用于初创企业和高成长潜力企业的融资方式。风险投资者通过投资资金换取企业的股权或其他利益，支持企业的发展和扩张。在新经济环境下，风险投资成了许多创新型企业的重要融资来源。财务管理团队需要积极与风险投资机构建立联系，并进行谈判和协商，以获取对企业的资金支持。

2.债券融资

债券融资是企业向投资者发行债券以获取资金的方式。债券通常有固定的利率和到期日，并由企业按时支付利息和偿还本金。债券融资可以帮助企业快速获得大额资金，同时降低了股权融资带来的股权稀释。在新经济环境下，债券市场发展迅速，企业可以通过发行债券来满足资金需求。财务管理团队需要评估债券融资的适用性和可行性，并与投资者、债券承销商等合作进行债券发行。

在面对多元化的资金需求时，财务管理团队需要深入了解和把握不同融资渠道和工具的特点、优势和风险。他们需要进行充分的市场调研和尽职调查，评估不同融资方式对企业发展的影响和适用性。财务管理团队还需要与投资者、金融机构等建立良好的合作关系，以便获取最佳的资金支持和配置建议。

在新经济环境下，灵活选择和配置融资方式对企业的发展至关重要。财务管理团队应密切关注市场动态，了解新兴融资渠道和工具的发展趋势，并积极引入和应用这些新型融资方式。通过合理的资金需求与配置，企业可以更好地满足其业务发展和创新的资金需求，提升竞争力并实现可持续发展。

（二）成本控制与效率提升

在新经济环境下，企业面临着更高的成本压力和竞争挑战。传统上，企业通过降低生产成本、管理费用等方式来控制成本。然而，在新经济环境下，企业还需要关注到数字化转型和技术创新所带来的机遇。财务管理团队需要积极推动成本控制的创新思维，结合新技术和数据分析等手段，发现并优化企业的运营瓶颈，提高资源利用效率和财务绩效。

财务管理团队可以积极应用数字化技术来提高成本控制的效率。例如，企业可以采用电子化办公、自动化流程和智能化工具等，替代传统的纸质文档和人工操作，从而降低人力和时间成本。企业还可以引入大数据分析和人工智能等技术，对企业的各个环节进行数据驱动的优化和决策支持，减少无效的资源投入，提高运营效率。

财务管理团队可以通过供应链管理来实现成本控制和效率提升。供应链管理是指通过整合供应链上的各个环节，优化资源配置和协同作业，以降低采购成本、库存成本等。在新经济环境下，企业可以利用供应链管理软件和云计算技术，实现供应链的可视化、自动化和智能化。通过实时监控和数据分析，企业可以更好地了解供应链的瓶颈和风险，及时采取相应的措施进行优化和调整，提高供应链的效率和灵活性。

财务管理团队还可以积极推动企业的数字化转型和技术创新，以提高生产力和降低成本。例如，企业可以引入物联网技术，实现设备和产品的智能化监控和管理，减少设备故障和生产停机时间。同时，企业还可以利用云计算和边缘计算等技术，将部分业务和数据迁移到云端，降低 IT 基础设施和维护成本。

（三）风险管理与规避

在新经济环境下，企业面临着更多复杂和多变的风险。金融市场波动、政策变化、信息安全风险等都对企业的财务稳定性和可持续发展构成威胁。因此，财务管理团队需要加强对风险管理的重视，并制定相应的风险管理策略和措施。

财务管理团队需要建立完善的风险识别和评估机制。这包括对内部和外部环境进行风险分析和评估，识别可能对企业造成影响的各类风险。例如，财务管理团队可以通过监测金融市场的变动、关注政策法规的变化、评估供应链的稳定性等，及时发现潜在的风险因素。同时，财务管理团队还需要与其他部门合作，共同参与风险识别和评估的工作，确保全面而准确地把握风险状况。

财务管理团队需要加强内部控制和合规管理。内部控制是指企业为实现目标而采取的一系列风险管理措施，旨在确保企业的财务报告的准确性和可靠性，防止欺诈和错误。财务管理团队需要建立健全的内部控制制度和流程，包括审计、审批、核算等方面的规定和操作程序。同时，合规管理是指企业按照法律、法规和行业要求进行经营活动，遵守各项规定，以降低违规风险。财务管理团队需要与合规部门密切合作，确保企业在财务管理中始终遵循合规要求。

财务管理团队还需要积极寻找风险转移和保障的方式。风险转移是指通过购买保险、签订合同等方式将一部分风险转移给其他机构或个人。例如，企业可以购买财产保险、责任保险、雇员福利保险等，以减少潜在的损失。财务管理团队还可以考虑使用衍生品等金融工具来进行风险管理和对冲。财务管理团队需要与保险公司、金融机构等合作伙伴密切合作，制定适合企业需求的风险管理解决方案。

（四）财务报告与透明度

在新经济环境下，投资者和利益相关方对企业的财务状况和经营绩效的要求越来越高。他们希望获取准确、及时和透明的财务信息，以便做出明智的投资决策和评估企业的价值。因此，财务管理团队需要提供高质量的财务报告，满足外部审计、投资者沟通和监管披露等需求，并增强可持续发展和社会责任的信息披露。

财务管理团队应确保财务报告的准确性和可靠性。财务报告是反映企业财务状况和经营绩效的重要工具，其准确性对于投资者的决策至关重要。财务管理团队需要建立健全的内部控制制度和流程，确保财务数据的准确采集、记录和报告。同时，财务管理团队还需要进行审计和复核，以验证财务报告的真实性和合规性。通过确保财务报告的准确性，企业可以树立良好的财务声誉，增强投资者的信任和吸引力。

财务管理团队应提供及时的财务报告。在新经济环境下，信息传播的速度越来越快，投资者和利益相关方对财务信息的获取要求更加迫切。财务管理团队需要确保财务报告在合理的时间内完成并发布，以便投资者及时了解企业的财务状况和经营绩效。同时，财务管理团队还需要与其他部门密切合作，及时收集和整理相关数据，确保财务报告的及时性。

财务管理团队还应注重财务报告的透明度和可理解性。透明度是指财务报告能够清晰、全面地呈现企业的财务状况和经营绩效，没有模糊或误导性的信息。可理解性是指财务报告能够被投资者和利益相关方容易理解和解读。财务管理团队需要采用简明扼要、清晰易懂的语言和格式，将财务报告编制为符合会计准则和规范的标准化报告。财务管理团队还可以借助数据可视化工具和图表，帮助投资者更好地理解财务数据和趋势。

四、可持续发展的重视

新经济环境对财务管理的影响之一是可持续发展的重视。随着社会对环境、社会和治理等方面的关注不断增强,企业在财务管理中越来越重视可持续发展的因素。

(一)环境责任

在新经济环境下,环境责任成了企业财务管理中不可忽视的重要因素。企业面临着越来越多的环境压力和监管要求,而财务管理团队需要积极参与环境责任的考虑和实践,以确保企业在环境保护方面承担起应有的责任。

企业需要关注减少能源消耗和降低废物排放。能源消耗和废物排放是企业对环境造成负面影响的主要来源。财务管理团队可以通过制定节能减排目标、推广清洁生产技术和设备等方式,提高能源利用效率,减少二氧化碳排放和其他污染物的释放。企业还可以投资于研发和应用环保技术,例如再生能源、节能产品等,以降低对传统能源的依赖,并减少对环境的影响。

财务管理团队需要推动清洁生产和循环经济的实践。清洁生产是指通过优化生产工艺和管理流程,减少或消除对环境的污染和资源的浪费。循环经济则是将废弃物转化为资源,最大限度地减少资源的消耗和废弃物的排放。财务管理团队可以与生产部门合作,推动清洁生产和循环经济的实施,并在财务决策中考虑相关投资和支出,以实现环境效益和经济效益的双重回报。

财务管理团队还可以通过环境成本核算和环境风险评估来强化环境责任的考虑。环境成本核算是指将环境成本纳入企业的财务报告和成本计算中,包括对环境损害的修复费用、环境税费和环境保护设施的投资等。通过准确核算环境成本,企业可以更好地评估自身环境责任的实际情况,制定相应的环境管理策略。同时,环境风险评估则是指对企业可能面临的环境风险进行评估和管控,以避免潜在的环境责任和损失。财务管理团队需要积极参与环境成本核算和环境风险评估的工作,确保环境责任得到充分考虑并纳入财务决策的因素之一。

企业可以通过绿色融资等方式筹集资金,支持环境友好型的项目和投资。绿色融资是指企业通过发行债券、股权融资或贷款等方式,将所筹集的资金用于环境友好型的项目和投资。财务管理团队需要了解绿色融资的相关政策和机制,与金融机构和投资者合作,寻找适合企业的绿色融资渠道,并确保所筹集的资金用于环境责任的实施和推动。

(二)社会责任

在新经济环境下,企业越来越重视社会责任的履行。社会责任包括对员工福利、社区发展和公益慈善等方面的关注。财务管理团队在企业的财务管理中扮演着重要角色,需要与人力资源部门和公共关系部门紧密合作,确保社会责任的考虑贯穿于企业的财务决策和经营活动中。

财务管理团队可以通过建立良好的员工薪酬和福利制度来提高员工满意度和忠诚度。员工是企业最重要的资产之一，他们的工作效能和积极性直接影响着企业的运营绩效和竞争力。财务管理团队可以与人力资源部门合作，制定合理的薪酬政策和福利计划，确保员工的待遇公平合理，并根据员工的表现给予适当的奖励和激励。通过提供良好的员工福利，企业可以吸引和留住优秀的人才，提升员工的工作满意度和忠诚度。

财务管理团队可以通过进行社会投资和捐赠来回馈社会并增强企业的社会形象。企业作为社会的一员，应该承担起回报社会的责任。财务管理团队可以与公共关系部门合作，制定社会投资和慈善捐赠的计划，并确保这些活动在财务决策中得到适当的支持和资源调配。企业可以通过资助教育项目、扶助贫困地区、开展环保活动等方式，积极参与社区发展和公益事业。通过社会投资和捐赠，企业可以树立良好的社会形象，增强消费者和利益相关方的信任和认同。

财务管理团队还可以通过环境、社会和治理（ESG）指标的考虑来强化企业的社会责任。ESG指标是评估企业可持续发展表现的重要指标体系，包括环境因素（Environmental）、社会因素（Social）和治理因素（Governance）。财务管理团队可以与其他部门合作，建立相应的数据收集和报告机制，将ESG指标纳入财务报告和信息披露中，向投资者和利益相关方提供全面和透明的ESG信息。通过关注ESG指标，企业可以更好地履行社会责任，提高企业的社会形象和声誉。

在财务管理中，社会责任的考虑需要与企业的长期利益相结合。财务管理团队需要综合考虑社会责任对企业经营绩效和财务状况的影响，并确保社会责任的履行与企业的可持续发展目标相一致。通过关注员工福利、社区发展和公益慈善等方面的社会责任，企业可以树立良好的社会形象，增强消费者和利益相关方的信任和认同，为企业的长期成功和可持续发展奠定坚实基础。

（三）治理规范

在新经济环境下，治理规范对于企业的可持续发展至关重要。治理规范涉及企业内部的公司治理机制、内部控制和风险管理，以及外部的透明度和问责制度。在财务管理中，企业需要遵守相关法律法规和会计准则，制定合规的财务报告和信息披露。企业还可以通过建立单独的董事制度、设立审计委员会等方式，加强对公司治理的监督和管理。财务管理团队需要与法律事务部门和内部审计部门密切合作，确保企业的财务管理符合治理规范的要求。

企业需要建立健全的公司治理机制。公司治理是指企业内部组织结构和运行机制的规范化管理。在财务管理中，企业需要确保权力分配和决策流程的合理性和透明度。例如，建立独立董事制度，引入独立的董事成员来参与公司决策和监督；设立审计委员会，负责监督财务报告和内部控制的有效性；建立高效的董事会和经营层之间的沟通机制，确保决策的科学性和合规性。财务管理团队需要与企业高层和董事会密切合作，参与公司治理的制定和实施，确保财务管理符合公司治理的要求。

（四）长期价值

在新经济环境下，企业越来越重视长期价值的创造。相较于过去仅关注短期利润和投资回报的传统观念，现今企业需要更加注重长期战略规划和可持续发展。财务管理团队在这一过程中扮演着关键角色，通过财务规划和预算、投资决策等方式，支持企业长期价值的创造。

财务规划和预算是实现长期价值创造的重要工具。财务管理团队需要与企业高层密切合作，制定明确的财务目标和战略规划，并将其转化为具体的财务规划和预算。财务规划可以帮助企业对未来的财务状况进行预测和评估，制定适当的资金筹措和使用计划，以支持企业的长期发展。财务管理团队还需要监测和评估财务目标的实现情况，及时调整和优化财务策略，确保企业朝着可持续发展的方向前进。

投资决策是实现长期价值创造的重要手段。企业需要根据长期战略目标和市场需求，进行有效的资本投资和项目选择。财务管理团队需要对各项投资进行全面的财务分析和评估，包括投资回报率、现金流量、风险等方面的考虑。同时，财务管理团队还需要关注新技术、研发创新、品牌建设等方面的投资，以提升企业的竞争力和可持续发展能力。通过明智的投资决策，企业可以实现长期价值的稳定增长。

在追求长期价值的过程中，财务管理团队需要注重综合考虑企业的财务状况、风险和回报，遵守相关法律法规和会计准则，保持财务报告的准确性和透明度。同时，财务管理团队还可以采用现代技术工具和数据分析方法，提高财务决策的科学性和精确性，为企业的长期战略提供有力支持。

第三节 新经济环境对人力资源管理的影响

新经济环境对人力资源管理产生了深远的影响。随着科技的快速发展和市场的不断变革，企业面临着新的挑战和机遇。在这个过程中，人力资源管理需要适应新经济环境的需求，调整策略和实践，以提高组织的竞争力和可持续发展。

一、灵活就业模式的兴起

灵活就业模式的兴起是新经济环境对人力资源管理产生的重要影响之一。在传统的就业模式中，员工通常以全职或兼职的方式与企业签订长期合同，而在灵活就业模式下，员工可以选择以合同工、临时工、远程办公等形式与企业合作。下面将从不同角度详细介绍灵活就业模式的兴起及其对人力资源管理的影响。

（一）工作选择和灵活性的增加

灵活就业模式的兴起为员工提供了更多的工作选择和灵活性。与传统的全职工作相比，灵活就业模式允许员工根据个人需求和时间安排选择工作的时间和地点。这种灵活性对于员工来说具有诸多优势。

灵活就业模式使得员工能够更好地平衡工作和生活。传统的全职工作往往要求员工每天固定上班，而灵活就业模式下，员工可以自由安排工作时间，适应个人的生活节奏。他们可以根据需要合理安排工作与家庭、社交活动以及个人兴趣爱好之间的平衡，从而降低了工作带来的压力，提高了生活质量。

灵活就业模式还带来了更大的地理和空间上的灵活性。远程办公成了灵活就业模式中的一种常见方式，员工可以在家里或其他地方工作，不再受限于传统的办公场所。这种灵活性使得员工能够避免长时间的通勤，减少了交通拥堵和时间浪费，同时也为员工提供了更舒适和自由的工作环境。

灵活就业模式还为员工提供了更多的工作选择。传统的全职工作可能只能从事特定领域或行业的工作，而灵活就业模式下，员工可以根据个人兴趣和技能选择更多样化的工作机会。他们可以从事短期项目、兼职工作或自由职业，拓宽自己的工作领域和经验。这不仅增加了员工的职业发展机会，还提升了他们的专业能力和适应能力。

对于人力资源管理来说，灵活就业模式的兴起也带来了一些挑战和机遇。企业需要制定相应的政策和流程，以适应员工的灵活需求。例如，建立远程办公制度，提供灵活的工作时间安排和地点选择，并确保员工之间的有效沟通与协作。企业还需要关注灵活就业模式下员工的福利待遇和权益保护，确保员工获得公平合理的报酬和福利待遇。

（二）降低成本和风险

灵活就业模式的兴起为企业带来了降低成本和风险的机会。相比传统的全职雇佣方式，灵活就业模式下的合同工、临时工等非固定雇员的使用可以有效控制用工成本。

灵活就业模式使企业能够根据实际需求灵活调整人力资源。在某些项目或任务需要增加劳动力时，企业可以通过雇佣合同工或临时工等非固定雇员来满足短期的人力需求，无须支付长期雇佣所需的高额薪资和福利待遇。这种灵活性不仅能够降低企业的用工成本，还可以更好地适应市场变化和需求波动，提高企业的灵活性和竞争力。

灵活就业模式也可以帮助企业降低一些潜在的风险。传统的全职雇佣方式意味着企业需要承担较高的劳动力成本和风险，如社会保险、劳动法律纠纷等。而灵活就业模式下，非固定雇员通常以项目合同或临时合同形式与企业签订合作，使得企业能够更好地管理用工风险。灵活就业模式下的非固定雇员也更容易适应市场变化和需求波动，减少了企业因市场不确定性而导致的人力资源浪费。

灵活就业模式也带来了一些管理上的挑战。对于企业来说，如何管理和协调非固定雇员成为一个重要的问题。企业需要建立有效的合同管理制度，明确双方的权益和责任，以避免合同纠纷和法律风险。企业需要加强与非固定雇员的沟通与协调，确保他们与团队的协作顺畅，同时为他们提供必要的培训和支持，以保证项目或任务的顺利进行。

灵活就业模式下的非固定雇员可能面临缺乏稳定收入、福利待遇和职业发展等问题。为了吸引和留住高素质的非固定雇员，企业可以通过提供有竞争力的报酬和福利待遇、提供培训和发展机会等方式来增加他们的满意度和忠诚度。

二、技能培训和终身学习的重要性

新经济环境对人力资源管理的影响之一是技能培训和终身学习的重要性。在过去，员工往往通过接受初级教育或职业培训获得一定的技能，然后在工作中应用这些技能。随着科技的迅速发展和全球化的加深，技能的更新换代速度明显加快，为了适应变化不断的市场和工作环境，员工需要具备持续学习和不断提升技能的能力。

（一）全球化的加深

全球化的加深使得企业面临更复杂多样的市场环境和竞争对手。在跨国公司和全球供应链的背景下，员工需要具备跨文化沟通、国际业务知识和语言能力等方面的技能。同时，由于市场需求和消费者行为的变化，企业也需要培养员工具备市场营销、产品创新和客户服务等方面的能力。

跨国公司或公司在全球范围内进行业务拓展时，员工需要具备跨文化沟通和交流的能力。他们需要了解不同文化中的价值观、习俗和商业礼仪，以确保有效的合作关系。员工还需要掌握多种语言，以便与来自不同国家和地区的合作伙伴进行交流和合作。因此，语言能力成了全球化背景下员工必备的技能之一。

全球市场的竞争日益激烈，企业需要培养员工具备市场营销和销售技能。员工需要了解不同市场的需求、消费者行为和竞争情况，并能够制定相应的市场营销策略。员工还需要具备市场调研、品牌管理和推广等方面的知识和技能，以提升产品或服务在全球市场中的竞争力。

全球化背景下的企业也需要注重产品创新和研发能力。市场需求和消费者偏好的变化要求企业不断推出新产品或改进现有产品。企业需要培养员工具备创新思维、问题解决能力和团队合作精神，以推动创新和研发活动。同时，员工还需要具备项目管理和跨部门协作的能力，以保证创新项目的顺利实施。

客户服务在全球化背景下显得尤为重要。企业需要关注不同国家和地区客户的需求，并提供符合其期望的产品和服务。员工需要具备良好的沟通和解决问题的能力，以及对客户满意度的敏感度。同时，员工还需要具备文化敏感性和跨文化交流技巧，以确保与不同文化背景的客户建立良好的关系。

（二）职业发展路径

新经济环境中的职业发展路径呈现了多元化和灵活性的趋势。传统上，员工可能在一家公司从事同一职位多年甚至一辈子，但现在的员工更倾向于追求灵活的职业发展和多元化的工作经历。他们可能会选择在不同的公司、行业甚至领域中工作，以获取更广泛的经验和机会。这种变化对人力资源管理提出了新的挑战，也为员工的职业发展带来了更大的机遇。

新经济环境中的职业发展呈现出跨领域的趋势。随着技术的快速发展和全球化的加深，许多行业和领域之间的界限变得模糊。员工可以将自己的技能和知识应用于不同的行业，拓宽自己的职业领域。例如，一个具备营销技能的员工可以在传统制造业、互联网公司或咨询机构等不同类型的企业中寻找就业机会。这种跨领域的职业发展路径要求员工具备广泛的知识和技能，以适应不同工作环境的需求。

自主创业和自由职业的兴起为员工提供了更多的选择。在新经济环境中，越来越多的人选择创业或成为自由职业者，享受灵活的工作时间和空间。这种职业发展路径要求员工具备创业精神、自我管理和自我推广等能力。创业者需要具备创新思维、风险管理和团队领导等能力，而自由职业者则需要具备良好的个人品牌建设和客户开发能力。企业可以通过培训和支持机制，帮助员工掌握创业和自由职业所需的技能，从而激励员工追求个人职业发展。

对于企业来说，要积极支持员工的职业发展，建立健全的培训和发展机制。企业还应该建立公平和透明的晋升机制，为员工提供清晰的职业发展路径和发展空间。只有注重员工的职业发展，企业才能吸引和留住优秀的人才，提高组织的竞争力和创新能力。

（三）提供学习机会和资源

在新经济环境下，提供学习机会和资源对于员工的技能培训和终身学习至关重要。

企业应该重视员工的持续学习需求，并为他们提供适当的学习机会和资源。

企业可以通过内部培训来提供学习机会。内部培训可以是由企业内部专家或高级员工组织的培训课程，涵盖公司内部的专业知识、工作流程和最佳实践等方面的内容。这种培训形式有助于员工了解和掌握公司内部的工作要求和业务流程，提升工作效率和质量。

外部培训也是提供学习机会的重要方式之一。企业可以与专业培训机构、大学或研究机构合作，为员工提供专业领域的培训课程。这些培训课程可以涵盖最新的行业趋势、技术知识和管理技能等方面的内容。员工通过参加外部培训，可以获取更广泛的知识和技能，增强自己在职场中的竞争力。

在线学习平台也成了提供学习机会和资源的重要渠道。随着互联网的普及和信息技术的发展，员工可以通过在线学习平台获得各种课程和学习资源。这些平台提供了灵活的学习方式和时间安排，员工可以根据自己的需求和兴趣选择适合自己的课程进行学习。在线学习平台不仅提供了丰富的学习内容，还可以通过在线讨论、作业和测验等方式进行学习评估和交流。

除了以上形式的学习机会，企业还可以鼓励员工参与项目合作、跨部门交流和外部研修等活动。项目合作可以帮助员工在实际工作中学习和应用知识和技能，提升解决问题和团队合作的能力。跨部门交流可以让员工接触不同的岗位和工作环境，增加他们的视野和经验。外部研修可以通过参加行业会议、研讨会和学术研究等活动，使员工了解最新的行业动态和研究成果，拓宽自己的专业知识和网络。

为了激励员工积极参与学习和发展，企业可以建立相应的激励机制。例如，提供津贴来资助员工的学习费用；设立晋升机会或职业发展通道，让员工看到学习和发展的机会；进行岗位轮岗或跨部门交流，让员工在不同的工作岗位中获得更多的经验和锻炼机会。

第二章　新经济时代下的薪酬管理

第一节　薪酬体系设计与公平原则

薪酬体系是企业用来衡量和报酬员工工作表现的一种制度。它对于吸引、激励和保留人才起着至关重要的作用。然而，如何设计一个公平合理的薪酬体系是一个复杂而且具有挑战性的任务。

一、内外公平原则

内外公平原则在薪酬体系设计中起着重要的作用。它涉及员工在组织内部以及与外部市场竞争对手相比时的薪酬待遇是否公平合理。以下将详细探讨内外公平原则在薪酬体系设计中的具体应用和影响。

（一）内部公平原则

内部公平原则指的是在同一组织内，不同职位和不同层级的员工应该得到公平的待遇。在内部公平的实现过程中，以下几个方面需要被考虑。

1.岗位评价

岗位评价是薪酬体系设计中的重要环节，通过对各个岗位进行评估和分析，确定其在组织中的价值、难度和责任等因素，从而建立合理的岗位等级和差异化的薪酬水平。岗位评价的目的是确保不同岗位的员工在薪酬上得到公平对待，激励员工充分发挥自身能力，提高整体组织的绩效。

在进行岗位评价时，企业可以采用多种方法和工具，如工作分析、问卷调查和专家访谈等，来收集相关信息并分析岗位特征。评价的指标可以包括工作任务的复杂性、技能要求的程度、决策权和责任的大小等。根据这些指标，企业可以将岗位划分为不同的等级，并确定每个等级对应的薪酬水平。

岗位评价还可以为绩效管理提供参考依据。通过了解岗位的特点和要求，企业可以更准确地制定绩效指标和评估标准，并将绩效评估结果与薪酬决策相结合。这样可以实现绩效导向的薪酬体系，激励员工不断提高工作表现，从而提升整体组织的绩效水平。

2.薪酬结构

薪酬结构是薪酬体系设计中的关键要素，它通过将不同岗位划分为不同的等级和层次，建立起一种合理的薪酬水平体系。在确定薪酬结构时，企业需要考虑以下几个因素。

（1）岗位重要性。

不同岗位对于组织的重要性和贡献度有所差异。高级管理人员、核心岗位以及对组织战略目标实现具有重要影响力的岗位通常应该享有较高的薪酬水平，以激励和留住这些关键人才。

（2）技能要求。

不同岗位对于技能、知识和经验的要求也存在差异。技术性岗位或需要特定专业背景的岗位通常需要更高水平的技能和专业知识，因此其薪酬水平应相应提高。

（3）责任程度。

一些岗位可能承担着更大的责任和风险。例如，管理人员需要负责团队的领导和决策，他们应当享有相应的薪酬回报来反映其承担的责任。

（4）组织内部公平。

在建立薪酬结构时，需要确保相同层级或职位的员工之间薪酬的公平性。这意味着同一层级或职位的员工应该具有相似的薪酬水平，避免因个别原因导致薪酬的不公平现象。

通过综合考虑以上因素，企业可以建立起合理的薪酬结构，将岗位划分为不同等级或层次，并确定每个等级对应的薪酬水平。通常情况下，高级管理人员、核心岗位和关键技术岗位的薪酬水平较高，而普通员工或辅助性岗位的薪酬水平相对较低。

薪酬结构的设计旨在确保不同岗位的员工在薪酬上得到公平对待，同时也可以激励员工提升自身能力并为组织的发展做出更大贡献。薪酬结构还应与市场需求和竞争对手的薪酬水平相适应，以保持组织在外部市场上的竞争力。

3.薪酬差异化

薪酬差异化是根据不同岗位的特点和要求，为员工设定不同的薪资水平，并根据其表现和能力进行差异化报酬。这种做法有助于激发员工的积极性和工作动力，同时提高员工的满意度和认同感。

在企业中，根据员工的表现和能力进行差异化报酬是一种激励手段。通过将薪酬与绩效挂钩，可以激励员工努力工作，追求卓越表现。优秀的员工可以得到更高的奖金、津贴或晋升机会，从而增加他们的动力和积极性。而表现不佳的员工可能会受到薪资调整或其他相应的制裁措施，以促使他们提高工作质量和效率。

薪酬差异化还可以增强员工的满意度和认同感。当员工感受到自己的工作得到了公正的回报，并且看到企业对优秀表现给予了重视和奖励时，他们会更加满意于自己的工作和薪资待遇。这种满意度和认同感有助于建立良好的员工关系，增强员工的忠诚度和归属感，从而提高组织的稳定性和竞争力。

（二）外部公平原则

外部公平原则指的是企业与其他竞争对手相比，在同行业、同地区或同类型岗位上，员工薪酬应该具有合理的竞争力。外部公平的实现对于吸引和留住优秀人才，保持组织在市场中的竞争力非常重要。以下几个方面需要被考虑。

1.市场调研

市场调研是企业为了确保员工薪酬具有竞争力而进行的一项重要工作。通过市场调研和薪酬测算，企业可以了解同行业或相似岗位的薪酬水平，从而确保员工在外部劳动市场上能够获得公平的报酬。

市场调研是企业了解行业薪酬趋势和竞争对手的关键手段之一。通过收集并分析同行业的薪酬数据，企业可以获取到当前市场上各个岗位的薪酬水平范围和变化情况。这些数据包括不同职位的基本工资、津贴、奖金以及其他福利待遇等。通过对这些数据的整合和比较，企业可以确定出一个相对准确的市场平均薪酬水平，从而为制定薪酬策略提供参考依据。

除了了解行业的薪酬趋势，市场调研还可以帮助企业了解竞争对手的薪酬策略和实施情况。通过比较自身企业与竞争对手之间的薪酬差异，企业可以评估自身的竞争力并制定相应的调整措施。如果发现薪酬差距较大，企业可以考虑提高薪资水平以吸引和留住人才；如果发现薪酬差距较小或者更高，企业可以继续保持竞争优势。

通过市场调研和薪酬测算，企业可以确保员工在外部劳动市场上能够获得公平的报酬。员工是企业最宝贵的资源之一，他们的付出和贡献应该得到公正回报。如果企业的薪酬水平过低，可能导致员工流失和招聘困难；而过高的薪酬水平则可能增加企业成本和压力。因此，通过与市场薪酬趋势保持一致，企业可以确保员工的薪酬处于公平合理的范围内，既能吸引和留住人才，又能控制成本。

2.薪酬策略

薪酬策略是企业为了保持竞争力和吸引人才而制定的一系列方针和措施。通过制定明确的薪酬策略，企业可以确保员工的薪酬水平与市场的变化相适应，并提供具有竞争力的薪酬待遇。

薪酬策略应该考虑到行业的发展趋势。不同行业的薪酬水平存在差异，因此企业需要了解自身所处行业的特点和发展趋势。例如，一些新兴行业或高增长行业可能对人才需求较大，薪酬水平相对较高；而一些传统行业或低增长行业则可能对薪酬有一定的限制。根据行业的特点，企业可以制定相应的薪酬策略，以吸引和留住合适的人才。

薪酬策略还应考虑经济环境的变化。宏观经济环境的波动会对薪酬水平产生影响，例如通货膨胀、失业率等。企业需要密切关注经济环境的变化，并相应调整薪酬水平，以确保员工的薪酬能够与通胀率相匹配，并保持其购买力。企业还可以考虑根据经济环境变化制定一些灵活的薪酬政策，如提供临时性的奖金或津贴，以激励员工在不确定的经济环境下保持高效工作。

薪酬策略需要考虑人才市场的供需情况。随着人才市场竞争的加剧，吸引和留住优秀人才变得更加困难。企业需要了解人才市场的供需状况，包括特定岗位的供求关系、竞争对手的薪酬策略等。根据人才市场的情况，企业可以制定具体的薪酬政策，如提供有竞争力的薪资待遇、提供良好的福利和发展机会等，以吸引并留住人才。

二、绩效导向原则

绩效导向原则在薪酬体系设计中扮演着重要的角色。它强调将员工的薪酬与其工作绩效直接相关联，以激励员工提高工作表现、实现个人目标并为组织的成功做出贡献。

（一）绩效导向原则的基本概念

绩效导向原则是指企业将员工的薪酬与其绩效直接挂钩，根据员工的工作表现、目标达成情况和贡献程度等因素来确定薪酬水平。这意味着员工的薪酬将根据其绩效的好坏而有所差异，高绩效者将获得更高的薪酬回报，低绩效者则相应较低。

（二）绩效导向原则的设计要点

在应用绩效导向原则时，以下几个方面需要被考虑。

1.目标设定

目标设定是为每个员工明确规定工作目标和绩效指标，让他们清楚自己需要完成的任务以及期望达到的绩效水平。这样可以帮助员工更好地了解组织的期望，并激发他们的积极性和动力。目标的设定应与组织的战略目标相一致，既要注重结果导向，也要关注过程和行为。

目标设定需要与组织的战略目标相一致。组织制定战略目标是为了实现其长期发展和成功。当将这些战略目标转化为具体的部门和个人目标时，可以确保所有层级的目标都与组织的整体方向相符。例如，如果组织的战略目标是增加市场份额，那么销售团队的目标可能是提高销售额或开拓新客户。通过与战略目标的对齐,可以确保员工的工作目标有助于推动组织的整体发展。

目标设定应该同时考虑结果导向、过程和行为。结果导向的目标主要关注实际成果和绩效,如销售额、利润等。而过程和行为的目标则关注员工在工作中的表现和行为,如团队合作、客户服务等。将这两种类型的目标结合起来可以更全面地评估员工的绩效,并促使他们在工作中展现出高水平的能力和专业素养。

目标设定应该具有可衡量性、可实现性和挑战性。目标需要明确且具体,能够通过具体的指标进行度量和评估。同时,目标也应该是可实现的,避免过高或过低的设定,以防止员工感到沮丧或缺乏动力。目标还应具备一定的挑战性,激发员工不断努力追求更高的绩效水平。

2.绩效评估

绩效评估是建立在科学、公正的基础上,对员工的工作表现进行客观评估的一种管理方式。通过绩效评估,可以对员工的工作贡献和能力进行全面的评估,为组织提供决策依据和激励措施。

一个科学、公正的绩效评估体系应该考虑多个评估指标。除了目标完成情况,还应考虑工作质量、创新能力、团队合作等方面的表现。这样可以综合评估员工在不同方面的工作表现,避免只关注结果导向而忽视过程和行为。

在绩效评估中,采用多种评估方法可以确保评估结果的准确性和全面性。常见的评估方法包括自评、上级评估、同事评估和客户评估等。自评可以让员工对自己的工作进行反思和总结;上级评估可以从领导的角度评估员工的表现;同事评估则可以从同事的角度提供反馈和意见;客户评估可以了解员工在服务客户方面的表现。综合各方评估结果,可以更客观地评价员工的工作表现。

绩效评估需要定期进行,并与员工进行有效的沟通和反馈。定期评估可以帮助及时发现问题和改进,同时也有助于激励员工保持高水平的工作表现。在评估结果反馈过程中,应注重正面激励和提供具体的改进建议。积极的反馈和奖励可以增强员工的动力和自信心,同时提供具体的改进建议可以帮助员工进一步提升自己的能力和业绩。

3.绩效反馈

绩效反馈是向员工提供及时和有效的信息,让他们了解自己在工作中的表现如何以及哪些方面需要改进或加强。通过绩效反馈,员工可以更好地认识到自身的优势和不足,从而调整工作方式和行为,提升绩效水平。

绩效反馈应该及时进行。及时的反馈能够帮助员工对自己的工作表现有一个准确的认知。如果只在年度评估时提供反馈，员工可能无法及时了解自己的表现，错过改进的机会。因此，经理应该定期与员工进行一对一的沟通，讨论工作进展和成果，并提供具体的反馈和建议。

绩效反馈应该是有效的。有效的反馈应该具备以下特点：具体、清晰、客观和可操作性。反馈应该明确指出员工在工作中做得好的方面，如取得的成就和优秀的表现；同时也要指出需要改进的地方，如存在的问题和不足之处。反馈还应该是客观的，基于事实和数据，而不是主观的个人意见。反馈还应提供具体的行动建议，帮助员工明确下一步的改进方向和措施。

绩效反馈应该是双向的。除了经理向员工提供反馈，员工也应该有机会对自己的表现进行自我评估。员工可以通过自评来反思和总结自己的工作表现，了解自己的优势和不足。同时，员工也可以提供对工作环境、资源等方面的反馈意见，以便组织能够更好地支持员工的工作。

在进行绩效反馈时，建立积极的沟通氛围至关重要。经理应倾听员工的观点和意见，并鼓励员工提出问题和疑虑。这样可以增加员工的参与感和归属感，促进有效的反馈交流。

三、透明和沟通

透明和沟通是建立一个有效的薪酬体系的关键因素。以下是一些确保透明和沟通的实践。

（一）信息披露

信息披露是确保薪酬体系透明和公平的关键要素之一。组织应该向员工提供关于薪酬体系的详细信息，以便他们了解薪资结构、薪酬政策和标准等方面的内容。通过充分的信息披露，可以增加员工对薪酬体系的理解和认同，从而促进员工的工作动力和忠诚度。在实施信息披露时，以下是一些可行的做法。

1.内部培训

组织可以开展内部培训，向员工介绍薪酬体系的基本原则、目标和运作方式。培训可以包括讲座、研讨会或在线学习等形式，以确保员工对薪酬体系有全面的了解。

2.工作手册

将薪酬体系相关的信息纳入工作手册中，使员工能够随时查阅。工作手册可以包括薪资结构、职位级别和薪酬范围的详细说明，以及与薪酬相关的政策和程序。

3.员工手册

组织可以编写员工手册，将薪酬体系的相关信息整合在一起。员工手册可以作为员工入职培训的一部分,并提供有关薪酬体系的详细说明,包括工资计算方法、福利待遇和薪酬调整的程序等。

4.定期沟通会议

定期举行沟通会议,向员工解释薪酬体系的运作方式和标准。这些会议可以提供一个开放的平台,让员工提出问题、表达意见,并与管理层进行互动交流。

通过以上措施,组织可以确保薪酬体系的信息披露充分、全面且及时。透明的信息披露不仅有助于员工对薪酬体系的理解和认同,还能增强组织的信任度和员工满意度。同时,定期的信息披露也有助于员工了解自己的薪资水平和发展机会,从而激发积极性和动力,提高员工的工作表现。

(二)反馈和奖励

在薪酬体系设计中,及时提供反馈和奖励是激励员工改进和取得更好成果的重要手段。通过有效的反馈和奖励机制,组织可以鼓励员工积极投入工作、提高绩效,并实现薪酬的公平分配。以下是一些可行的做法来实现反馈和奖励。

1.正式的绩效评估

定期进行正式的绩效评估,对员工的工作表现进行客观评价。评估过程应该明确、透明,并基于事实和数据。通过绩效评估,员工可以了解自己的工作表现如何与组织的期望相符,并为进一步发展提供指导。

2.奖金计划

设立奖金计划,根据员工的绩效表现给予额外的薪酬奖励。奖金计划可以根据个人绩效、团队成果或整体组织绩效来设定,并确保奖金的分配公正和公平。奖金计划的设置应该明确目标和标准,以激励员工努力工作和取得优异业绩。

3.晋升机会

为员工提供晋升机会,让他们在组织中发展和成长。晋升可以是职位的提升、工作责任的增加或薪酬水平的提高。晋升应该基于员工的能力、表现和潜力,以公平的方式进行评估和决策。

4.资格认证和培训机会

为员工提供参加相关资格认证和专业培训的机会。通过提供学习和成长的机会,员工可以不断提升自己的技能和知识水平,进而在工作中取得更好的成果。这些认证和培训的完成情况可以作为绩效评估和奖励的依据之一。

通过上述措施,组织可以建立一个有效的反馈和奖励系统,促使员工不断改进和取得更好的成果。这种系统能够激发员工的积极性和动力,提高他们的工作表现和满意度。

同时，公平、透明和基于绩效的奖励机制也能增强组织的信任度和员工的忠诚度，为组织的长期成功打下坚实基础。

（三）沟通渠道

建立良好的沟通渠道是确保薪酬体系设计与公平原则相符的重要举措。组织应该积极地与员工进行沟通，鼓励他们提出关于薪酬体系的问题、意见和建议。通过有效的沟通渠道，可以增加员工参与度、减少疑虑，并为改进薪酬体系提供有价值的反馈。以下是一些可行的做法来实现沟通渠道。

1.问卷调查

定期进行匿名的员工满意度调查或薪酬体系评估问卷调查。通过问卷调查，员工可以自由表达对薪酬体系的看法、意见和建议。组织可以根据调查结果分析问题所在，并采取相应的改进措施。

2.匿名反馈渠道

建立匿名反馈渠道，让员工可以随时提供关于薪酬体系的匿名反馈。这可以是一个专门的邮箱、在线反馈表格或内部社交平台。通过匿名反馈渠道，员工可以更自由地表达对薪酬体系的意见、不满或建议，而不用担心个人信息泄露。

3.直属经理沟通

建立良好的直属经理沟通机制，使员工可以与直属经理进行一对一的沟通和反馈。直属经理应该积极倾听员工的问题和建议，并及时提供回应和解决方案。

通过上述措施，组织可以建立一个开放、透明且双向的沟通渠道，为员工提供广泛的参与和表达意见的机会。有效的沟通渠道可以帮助组织了解员工的需求和期望，及时解决问题，并做出相应的改进。同时，这种沟通渠道也有助于增强组织与员工之间的互信和合作，共同促进薪酬体系的公平和有效运行。

第二节 新经济企业的股权激励政策

股权激励政策是新经济企业吸引和激励优秀人才的重要手段之一。在新经济时代，企业往往面临着高速发展和激烈竞争的环境，因此，通过股权激励政策，可以帮助企业吸引、留住并激励核心员工，提升企业的竞争力和创新能力。

一、股权激励政策的意义

（一）吸引优秀人才

股权激励政策作为一种重要的人才吸引手段，对于新经济企业来说尤为关键。在新经济时代，优秀的人才往往是稀缺资源，各个企业都希望能够通过有效的方式吸引并留住这些人才。而股权激励政策恰恰能够满足这一需求。

股权激励可以为企业提供更加具有吸引力的福利待遇。相比传统的薪酬福利，员工持有企业股权可以享受到更高的回报。随着企业的发展和价值增长，员工持有的股权也会随之增值。这种增值既可以体现在股票价格上涨所带来的差价收益，也可以体现在分红、股息等形式上。因此，对于那些具有成长性和投资价值的企业来说，持有股权将成为一种非常具有吸引力的福利待遇，能够吸引到更多的优秀人才加入。

股权激励可以让员工与企业利益紧密相连，增强员工的归属感和责任感。传统的薪酬福利方式往往只能实现短期的激励效果，而股权激励则可以使员工与企业形成共同利益的关系。持有股权的员工不仅仅是企业的雇员，更是企业的合作伙伴和利益相关者。他们会更加积极地参与到企业的经营决策和发展中，为企业创造更大的价值。同时，员工持有股权还意味着承担了一定的风险，因此也会更加关注企业的长期发展，并努力为之付出努力。

股权激励也可以帮助企业塑造良好的企业文化和价值观。对于新经济企业来说，创新和创业精神是非常重要的核心价值观。通过给予股权，企业可以将这种价值观深入员工心中，并通过激励机制引导员工积极发挥创新创业精神。持有股权的员工通常会更加主动地提出新的想法和建议，推动企业不断创新和进步。他们会更加乐于分享自己的知识和经验，促进团队之间的合作和共享。

（二）留住核心员工

在新经济时代，核心员工的留住对于企业的稳定发展至关重要。传统的薪酬福利往往难以满足核心员工的需求，因此，股权激励政策成为吸引和留住核心员工的有效手段。

股权激励可以使核心员工分享企业的成长和价值增长。作为企业的核心力量，他们为企业的发展付出了巨大的努力和贡献。通过给予核心员工股权，他们能够分享到企业未来增长的红利。当企业取得成功并实现盈利时，核心员工持有的股权也会相应增值。这种增值不仅是经济上的回报，更重要的是体现了企业对核心员工的认可和回报。这样的激励机制能够激发核心员工的积极性和投入度，提高其对企业的忠诚度和归属感，从而促使他们更加愿意留在企业中。

股权激励能够形成一种长期合作的关系。与传统的薪酬福利相比,股权激励更加注重员工与企业的长期合作关系。通过持有股权,核心员工不仅仅是雇员,更像是企业的合作伙伴。他们会更加关注企业的发展战略和长期利益,愿意为企业的长远发展付出努力。这种长期合作的关系有助于建立稳定的人才队伍,减少核心员工的流失和人才损失。

股权激励还能够提升核心员工的离职成本。核心员工在离开企业时,需要放弃手中持有的股权,这意味着他们要放弃未来可能获得的收益和利益。这样一来,即使其他企业给予了更高的薪酬待遇,核心员工也会考虑到离职带来的经济损失,从而增加了他们留在原企业的意愿。股权激励政策有效地提高了核心员工离职的成本,降低了他们流动的可能性,有助于保持企业核心人才的稳定性。

二、设计股权激励政策的考虑因素

(一)目标明确

在设计股权激励政策时,目标的明确性是一个重要的考虑因素。股权激励政策应该明确企业希望实现的激励目标和具体指标,以便为员工提供清晰的方向和期望。

明确的目标可以帮助员工理解他们的努力和付出所带来的回报。当员工知道自己的工作对于实现公司的目标和增长至关重要时,他们会更有动力去投入工作并追求卓越。通过设定明确的目标,股权激励政策可以激发员工的积极性、主动性和创造力,从而推动企业的发展。

明确的目标可以为员工提供参照和衡量的标准。股权激励政策中的具体指标可以包括企业价值增长、市场份额扩大、利润增加等。这些指标能够帮助员工了解他们的贡献对于公司业绩的影响,并通过达成指标来获得相应的激励回报。同时,明确的目标还可以促使员工思考如何更好地完成工作任务,提高效率和质量。

明确的目标还可以为公司提供一个衡量和评估绩效的标准。通过设定明确的激励目标和指标,公司可以根据员工的表现和贡献来评估其绩效,并相应地给予股权激励回报。这有助于建立公平、公正和可持续的激励机制,提高员工的满意度和忠诚度。

在设计股权激励政策时,需要考虑到企业的战略目标、市场环境、行业竞争以及员工的能力和角色等因素。同时,目标的设定应该具备挑战性和可衡量性,既能够激发员工的积极性,又能够实现公司长期发展的目标。

(二)公平合理

在设计股权激励政策时,公平合理性是一个重要的考虑因素。股权激励政策应该遵循绩效导向原则,根据员工的贡献和表现给予相应的激励,以确保公平和公正。

公平合理的股权激励政策应该基于员工的绩效和贡献进行评估和奖励。这意味着那些在工作中表现出色、对企业发展做出重要贡献的员工将获得更多的股权激励回报。通过设定明确的绩效指标和评估体系,可以客观地衡量员工的工作表现,从而为股权激励提供公平可信的依据。

公平合理的股权激励政策需要考虑员工的个人差异和特殊情况。不同的员工可能有不同的背景、能力和责任,在确定股权激励比例和条件时,应该考虑这些因素,并根据实际情况进行差异化设定。这样可以确保激励政策更具针对性和公平性,避免引发内部纷争和不满。

公平合理的股权激励政策还需要透明公开地进行沟通和解释。员工应该清楚地了解激励政策的设定原则、标准和程序,以及自己在其中的位置和机会。通过建立透明的沟通渠道和信息披露机制,可以增加员工对激励政策的理解和认同,从而提高其参与度和积极性。

公平合理的股权激励政策需要持续监测和评估。随着公司发展和员工变动,激励政策可能需要进行调整和优化。通过定期的评估和反馈机制,可以及时发现问题并采取相应的改进措施,确保激励政策始终保持公平、合理和有效。

(三)风险分担

在设计股权激励政策时,风险分担是一个重要的考虑因素。股权激励政策应该明确员工与企业之间的风险分担关系,确保员工在享受股权激励的同时,也能够承担相应的风险和责任。

股权激励政策需要明确员工参与股权激励所面临的风险和不确定性。股权激励通常涉及公司股权结构的调整和变动,员工持有的股权价值会随着市场波动而产生变化。因此,在设定股权激励政策时,需要向员工清楚地说明股权激励所面临的风险,并确保员工具备充分的理解和知情权。

股权激励政策应该设定合理的风险控制机制。企业可以采取一些措施来控制员工激励过度带来的风险问题。例如,设定合理的激励比例和条件,以避免过高的激励导致员工对风险的过度追求。企业还可以设立风险管理委员会或专门的风险控制机构,对股权激励政策进行监测和评估,及时采取相应的调整和措施。

企业还可以为员工提供一些风险分担的保障机制。例如,设立适当的锁定期或解禁规则,以防止员工过早出售所持股权而导致的市场扰动。企业还可以考虑设立回购机制或提供相应的资金支持,帮助员工在特殊情况下应对风险和困难。

最后，企业需要建立健全的沟通和协商机制，与员工共同应对风险。通过与员工的充分沟通和参与，企业可以更好地了解员工的需求和关切，进一步优化和完善股权激励政策。同时，员工也可以通过反馈和建议来促进激励政策的改进和适应性。

（四）持续激励

持续激励也是一个重要的考虑因素。股权激励政策应该具有持续性和长期导向性，以确保员工能够持续地参与到企业的发展中，并与企业共同成长。

持续激励意味着股权激励政策不仅关注短期利益，还注重员工的长期发展和贡献。股权激励政策应该设立合理的激励周期，可以是数年甚至更长时间，以鼓励员工长期留任和为企业创造价值。通过建立长期导向的激励机制，员工将更加稳定和深入地投入到企业的战略和目标中，并且愿意为之努力。

持续激励需要与企业的发展目标和战略相契合。股权激励政策应该与企业的长期发展规划相结合，明确员工对于企业成功的贡献和回报。通过设定与企业目标密切相关的激励指标，如市场份额增长、利润增加或新产品开发等，可以激励员工为实现企业长期战略目标而努力。

持续激励还需要建立有效的激励机制和评估体系。股权激励政策应该设定明确的绩效评估指标，并与员工的绩效和贡献挂钩。通过定期的绩效评估和激励回顾，可以根据员工的表现调整股权激励的分配和奖励，保持激励机制的动态性和灵活性。

持续激励需要建立良好的沟通和反馈机制。企业应该与员工保持密切的沟通，及时了解员工的需求和关切，并提供适当的反馈和支持。通过与员工共同探讨和规划个人发展路径，激励政策可以更好地满足员工的期望，同时也促进员工的积极性和主动性。

三、股权激励政策的实施步骤

（一）制订激励计划

制订激励计划是企业设计股权激励政策的重要一步。企业应该根据自身情况和发展需求，制定适合的股权激励计划，以实现激励目标、激励方式和激励对象的明确。

1.明确激励目标

企业应该确定希望通过股权激励达到的目标，如促进企业价值增长、提高员工积极性、吸引和留住人才等。明确的激励目标可以为激励计划的设计提供方向和依据，并使员工能够清楚地了解他们的努力和付出所带来的回报。

2.明确激励方式

股权激励的方式多种多样，包括股票期权、限制性股票、股票奖励计划等。企业应根据自身情况和目标选择适合的激励方式。例如，对于核心管理层可以采用更长期的限制性股票计划，而对于普通员工可以采用较短期的股票期权计划。激励方式的选择应考虑到员工的职位、贡献和发展需求。

3.明确激励对象

一般来说，股权激励主要面向核心管理层和关键岗位的高绩效员工。企业应该明确哪些员工或管理层人员可以参与股权激励计划，并设定相应的比例和条件。激励对象的选择应基于员工的能力、贡献和潜力等因素进行综合考量。

（二）设定指标和权重

企业在评估员工绩效和贡献时，应设定明确的激励指标和权重。这些指标可以涵盖多个方面，如企业业绩、创新能力和团队合作等。

1.企业业绩

企业业绩是评估员工绩效的重要指标之一。企业可以根据其发展目标和战略规划确定具体的业绩指标，如销售额、利润增长率、市场份额等。通过设定与企业业绩相关的指标，并根据实际达成情况进行量化评估，可以激励员工为企业的整体发展做出积极贡献。

2.创新能力

创新能力也是一个重要的考核指标。在当今竞争激烈的商业环境中，企业需要不断推动创新，以保持竞争优势。企业可以设定创新相关的指标，如新产品开发数量、专利申请数量等，来衡量员工在创新方面的贡献。这样的激励机制可以鼓励员工积极参与创新活动，并提高企业的创新能力。

3.团队合作

团队合作也是评估员工绩效的重要依据之一。团队合作能力对于企业的整体效能和协同工作非常重要。企业可以设定与团队合作相关的指标，如团队绩效、跨部门合作等，来评估员工在协同工作中的表现。通过设立激励机制，鼓励员工积极参与团队合作，并提高团队的整体绩效。

在设定这些激励指标时，企业还应考虑给予不同指标的权重。不同的指标对于企业的发展和绩效有着不同的影响。例如，企业业绩可能对企业的发展起到决定性作用，可以给予较高的权重；而创新能力和团队合作则是支撑企业长期发展的关键因素，也应给予一定的权重。通过合理地设定权重，可以更准确地评估员工的绩效和贡献，从而实现公平激励。

（三）选择激励方式

企业在选择激励方式时，应根据其情况和需求来确定适合的股权激励方式，常见的包括股票期权、限制性股票和虚拟股权等。

1.股票期权

股票期权是一种常见的股权激励方式。通过给予员工购买公司股票的权利，股票期权可以激励员工积极参与企业的发展并分享企业增值的收益。当企业的股价上涨时，员工可以按照事先约定的价格购买股票，并在将来以更高的价格出售，从而获得利润。这种方式既能够激励员工为企业创造价值，也能够与企业的长期发展目标相契合。

2.限制性股票

限制性股票是另一种常见的股权激励方式。在限制性股票计划中，企业会向员工授予一定数量的股票，但员工在一段特定的时间内无法自由转让或出售这些股票。通常，在员工满足特定条件（如继续工作一定年限或达到一定绩效指标）后，限制性股票才会解除限制，员工可以自由支配这些股票。这种方式可以激励员工长期留在企业并为其贡献，同时也与企业的长期发展目标相一致。

3.虚拟股权

虚拟股权是一种不直接授予股票但与股权价值挂钩的激励方式。企业可以向员工提供虚拟股权单位，根据企业的表现和绩效进行评估，并根据相应的公式计算出相应的奖励金额。这种方式不涉及实际股权的转让，但可以使员工分享企业增值的收益。虚拟股权激励方式的优势在于灵活性高，可以根据企业需要进行调整，并且无须员工承担股权的风险和义务。

在选择适合的股权激励方式时，企业应考虑以下因素：公司的规模和发展阶段、员工的职位和层级、企业的财务状况等；还需要考虑相关法律法规的限制和税务问题。为了确保激励方式的有效性和公平性，企业还应建立相应的制度和程序，明确激励对象、条件和方式，并定期对激励方案进行评估和调整。

（四）定期评估和调整

企业应定期对股权激励计划进行评估和调整，以确保激励政策的有效性和公平性。通过定期评估和调整，可以根据员工的绩效和贡献情况，及时做出相应的激励调整。

企业可以设定评估周期，例如每年或每季度对员工的绩效和贡献进行评估。评估可以基于预先设定的指标和权重进行量化分析，也可以结合领导评价和同事反馈等多维度考察。通过评估，可以客观地了解员工在企业发展中的表现，并据此确定是否需要进行激励调整。

根据评估结果，企业可以对激励方案进行相应的调整。如果员工的绩效和贡献符合预期，企业可以给予适当的激励奖励，例如增加股票期权数量、解除限制性股票的限制或提高虚拟股权单位的奖励金额等。这样可以进一步激励员工的积极性和动力,促使他们为企业的长期发展做出更大的贡献。

如果员工的绩效不如预期,企业也应及时做出相应的调整。这可能包括重新设定绩效目标、提供培训和支持,或者对激励奖励进行适度减少。通过针对性的调整,可以帮助员工改进并实现更好的绩效,同时也保持了激励政策的公平性和合理性。

除了根据员工绩效进行调整,企业还应考虑其他因素的影响。例如,市场变化、行业竞争情况以及企业发展战略的调整等都可能需要对股权激励计划进行相应的调整。这样可以确保激励政策与企业的整体发展目标保持一致,并能够适应外部环境的变化。

四、股权激励政策的注意事项

(一)合规性

股权激励政策的制定涉及法律法规和公司治理原则,企业在此过程中应该注意合规性。为了确保股权激励政策符合相关要求,企业需要咨询专业人士,并进行法律风险评估。

企业应了解适用的法律法规。不同国家或地区对于股权激励可能有不同的规定,包括证券法、公司法、劳动法以及税法等方面的规定。企业应仔细研究和遵守适用的法律法规,以确保股权激励政策的合规性。

企业可以咨询专业人士的意见。专业人士,如律师、会计师、薪酬顾问等,具备相关领域的知识和经验,可以为企业提供法律和激励方面的建议。他们能够指导企业如何设计合规的股权激励政策,并确保其符合法律要求。

同时,企业还应进行法律风险评估。通过评估可能存在的法律风险,企业能够预先识别并处理潜在的问题。这包括评估与证券发行、公司治理、雇佣关系等相关的法律风险。评估结果可以帮助企业采取相应的措施,以规避或减轻风险。

企业还需要建立有效的内部控制机制和合规程序。这包括明确的决策流程、授权程序和审批程序,以确保股权激励政策的执行符合法律要求。同时,企业应加强内部监督和合规培训,提高员工对于合规要求的认知和遵守度。

(二)透明度

股权激励政策应该具备透明度,使员工清楚了解自己的权益和责任。为了确保透明度,企业应向员工提供相关信息,并及时沟通解释政策的具体细节。

企业应在制定股权激励政策时明确和透明地说明员工可以获得的权益和福利。这包括股票期权、限制性股票或虚拟股权等形式的股权激励,并对每种激励方式进行详细说明。员工应该清楚了解他们有机会获得哪种类型的股权激励,以及如何行使或转让这些权益。

企业应向员工提供关于股权激励政策的详细信息和文件。这可能包括股权激励计划文件、合同、规章制度等。员工应该收到这些文件，并有机会仔细阅读并理解其中的条款和条件。如果需要，企业还可以提供解释和指导，帮助员工更好地理解政策内容。

企业应定期与员工沟通和解释股权激励政策的具体细节。这可以通过内部会议、培训、一对一沟通等形式进行。在这些沟通过程中，企业应提供明确的解释，回答员工可能有的问题，并确保员工充分理解他们在股权激励计划中的权益和责任。

企业还可以通过定期报告和公开披露，向员工展示股权激励计划的执行情况和效果。这样可以增加透明度，让员工了解整个组织中其他员工的激励情况，并与之进行比较。这种透明性可以增强员工的信任和参与感，促进积极的工作氛围。

（三）激励与约束并重

股权激励政策作为一种常见的人力资源管理手段，既可以激励员工积极工作，提高企业绩效，也可以对员工行为进行约束，确保员工在获得激励的同时，履行相应的责任和义务。因此，企业在实施股权激励政策时，需要兼顾激励与约束，设立相应的管理和监督机制。

通过股权激励，员工可以分享企业发展成果，激发其参与度和归属感。激励机制可以以股票、期权等形式给予员工一定比例的公司股份或股权激励计划，使员工与企业利益密切相关，从而提高员工的工作积极性和创造力。同时，企业还可以设置不同的激励目标和奖励机制，根据员工的表现和贡献程度给予相应的回报，进一步激励员工积极工作。

股权激励政策也需要对员工行为进行约束。股权激励并不意味着员工可以任意行事，而是要求员工在享受激励的同时，承担相应的责任和义务。企业应该建立完善的管理和监督机制，确保员工遵守公司规章制度、职业道德和法律法规，履行其岗位职责。例如，企业可以设立董事会或监事会来监督和审查员工的行为，制定激励政策的执行细则和操作流程，及时发现和纠正员工的不当行为。

企业还可以通过设立绩效考核体系来约束员工行为。绩效考核可以将员工的个人目标与企业整体目标相结合，评估员工的工作表现和贡献，并根据绩效结果调整员工的激励措施。这样一来，员工在获得激励的同时，也会受到绩效考核的影响，从而形成一种激励与约束相结合的机制。

第三节 薪酬管理与企业绩效挂钩

薪酬管理是企业人力资源管理中的重要一环,它直接关系到员工的工作动力和积极性,进而对企业的绩效产生影响。因此,将薪酬管理与企业绩效挂钩是一种常见的做法,可以帮助企业实现良好的绩效管理和激励机制。

一、薪酬管理与企业绩效挂钩的意义

(一)激励员工

通过将薪酬与绩效挂钩,员工能够感受到自己努力工作的价值和回报,从而更有动力去追求卓越表现。

薪酬与绩效挂钩可以帮助员工建立明确的目标和奋斗方向。当员工知道自己的工作表现与薪酬直接相关时,他们会更加明确自己的职责和目标,并且愿意为了达成这些目标而付出更多的努力。这种明确的目标和奋斗方向可以激发员工的工作热情,使其更加投入到工作中。

薪酬与绩效挂钩可以提供公平公正的激励机制。当薪酬与绩效挂钩时,员工的工作表现将直接影响到其薪酬水平。这种激励机制能够激发员工的竞争意识和动力,促使他们追求更高的工作绩效。同时,这种激励机制也保证了公平性和公正性,员工的薪酬水平将根据他们的实际工作表现来确定,避免了主观因素对薪酬决策的影响。

薪酬与绩效挂钩还可以提高员工的工作满意度和忠诚度。当员工感受到自己的辛勤付出得到了公正回报时,他们会更加满意于自己的工作,并且更有动力留在公司长期发展。这种满意度和忠诚度的提升可以减少员工的流失率,保持稳定的人才队伍,为企业的长期发展提供坚实的基础。

(二)提高企业绩效

薪酬管理与企业绩效挂钩可以促进企业整体绩效的提升。合理的薪酬制度也可以推动员工之间的良性竞争,促进团队协作,进一步提高企业的整体绩效。

薪酬管理与企业绩效挂钩可以促进团队协作和合作。当薪酬与绩效挂钩时,员工之间会形成一种良性竞争的氛围。他们会相互激励、相互学习,共同追求更高的绩效水平。这种良性竞争可以促进团队内部的协作和合作,提高团队的整体绩效。

薪酬管理与企业绩效挂钩可以增强企业的人力资源竞争力。在现代经济竞争中,人才是企业最宝贵的资源之一。通过将薪酬与绩效挂钩，企业可以吸引、留住和激励高绩效的员工。这将增强企业的人力资源优势，提高企业在市场上的竞争力和业绩。

二、薪酬管理与企业绩效挂钩的方法

（一）设定明确的绩效指标

企业薪酬管理与绩效挂钩是一种重要的人力资源管理方法，可以激励员工提高工作表现和贡献，促进企业的发展和成长。在实施薪酬管理与绩效挂钩的过程中，设定明确的绩效指标是至关重要的一步。

企业需要设定明确的绩效指标来衡量员工的工作表现和贡献。这些指标应该具备以下几个特点：具体、可量化、可衡量性、可比较性和可达成性。具体指的是指标要明确而具体，能够清晰地描述出员工所要完成的任务或目标；可量化表示指标要能够通过数量或比例等方式进行衡量，便于评估和比较不同员工之间的表现；可衡量性表示指标要能够客观地进行评估，排除主观因素的影响；可比较性表示指标要能够进行跨人员或跨部门之间的比较，以确定相对绩效的优劣；可达成性表示指标要能够在一定时间内达成，为员工提供明确的目标和动力。

绩效指标应与企业的战略目标相一致。企业的战略目标是指企业在特定时期内希望实现的长期或短期目标，而绩效指标则是衡量员工在达成这些目标方面的表现。因此，绩效指标应该与企业的战略目标相匹配，确保员工的工作表现和贡献对于实现企业战略目标具有直接关联和影响力。只有通过与战略目标的对齐，才能有效地将薪酬管理与企业绩效挂钩。

设定明确的绩效指标需要与其他管理制度相结合，形成完整的绩效管理体系。绩效管理体系应包括绩效目标设定、绩效评估、绩效激励和绩效反馈等环节，并与薪酬管理相结合。通过完善的绩效管理体系，可以确保绩效指标的设定更加科学和有效，并能够及时反馈员工的工作表现和贡献，为薪酬管理提供依据。

（二）建立绩效评估体系

建立绩效评估体系是企业管理的重要环节之一，它可以帮助企业客观、公正地评价员工的工作表现，并更好地激励员工的潜力发展。在建立绩效评估体系时，企业应注重以下几个方面的考虑。

绩效评估体系应该具备科学性和客观性。评估指标应该是可量化的，并能够客观地反映员工工作的完成情况和质量。例如，可以设置具体的工作任务目标，将其分解为可衡量的指标，以便对员工的工作成果进行量化评估。同时，评估过程中应避免主观偏见和个人情感的干扰，确保评价结果真实可信。

绩效评估体系应注重定性评价与定量指标相结合。除了对完成情况进行量化评估外，还应该对员工的整体表现进行综合评价。定性评价可以关注员工在工作中展现出的能力、创新能力、团队合作精神等方面的表现。通过定性评价，可以更全面地了解员工的工作态度、职业素养和潜力发展，为员工的职业生涯规划提供参考。

建立绩效评估体系需要充分的沟通和参与。企业应与员工进行积极的沟通，明确评估标准和方法，并向员工解释评估的目的和意义。员工也应参与评估过程，提供真实、准确的自我评价和反馈，促进评估的公正性和准确性。评估结果应及时向员工反馈，并提供必要的培训和发展机会，帮助员工提高工作能力和专业水平。

（三）持续改进和优化

薪酬管理与企业绩效挂钩是一个动态的过程，企业在实践中应不断进行改进和优化。只有通过持续的评估和调整，才能确保薪酬体系与企业的战略目标相一致，适应市场环境和组织变革的需要。

企业应定期评估和审查绩效指标的有效性。绩效指标是薪酬激励的基础，它们必须与企业的整体目标和策略相一致，并且具有可衡量性和可操作性。企业需要通过定期的评估，了解到绩效指标是否能够准确地反映员工的表现和贡献，是否能够激励员工朝着企业目标努力。如果发现绩效指标存在问题或者不再适应当前的战略方向，企业应及时进行调整和改进。

企业需要根据市场环境和组织变革的需要来优化激励政策。市场环境的变化可能导致一些原有的激励政策失去效果，或者需要引入新的激励手段来满足员工的需求。例如，随着行业竞争的加剧，企业可能需要更加注重团队合作和创新能力的培养，因此可以考虑引入团队绩效激励或者创新奖励制度。同时，当组织发生变革时，也要相应调整激励政策，以保持与企业文化和价值观的一致性，同时鼓励员工适应变革并为变革贡献力量。

企业还可以借鉴国内外的先进经验和最佳实践，学习和运用新的薪酬管理理念和方法。比如，可以关注全球薪酬趋势和行业最新动态，学习其他企业的成功经验并进行借鉴和应用。通过与同行业或跨行业的企业进行交流和合作，可以推动薪酬管理的创新和改进。

三、薪酬管理与企业绩效挂钩的注意事项

（一）公平公正原则

薪酬管理是企业人力资源管理的重要组成部分，其目标是通过合理的薪酬制度激励

员工积极工作，提高企业绩效。薪酬管理与企业绩效挂钩时，必须遵循公平公正的原则，确保全体员工在获得薪酬上都能受到公平对待。

公平公正原则要求评估机制公开透明。企业应当建立明确的评估标准和流程，并向所有员工公示。评估标准应当客观、公正，以能力、贡献和职责为核心，而非主观判断或偏见。评估程序应当规范、透明，避免因个别员工或团队的因素而导致不公平。

公平公正原则要求激励机制公平公正。薪酬激励应根据员工的工作表现和贡献程度进行测量和决定，而不是基于个人关系或其他不公平因素。企业可以设立奖励制度，如年终奖、绩效奖金等，以激励员工为企业做出更大的贡献。同时，激励机制应当有利于员工个人发展和职业提升，鼓励员工不断提升自身能力和专业素养。

公平公正原则要求员工有权了解并参与薪酬管理。企业应当建立健全的沟通机制，确保员工了解薪酬制度、评估标准和流程等相关信息。员工有权对自身的薪酬进行查询和申诉，企业应积极回应员工的合理需求和诉求，并及时做出处理。

（二）绩效评估的客观性

企业进行绩效评估时，需要确保评价员工工作表现的客观性和公正性，以避免主观因素对评估结果的影响。为了提高评估结果的准确性和可靠性，企业可以采用多种评价方法和多个数据来源。

评估方法的选择应该考虑到评估目标的特点和员工工作的实际情况。常见的评价方法包括360度评价、目标管理法、行为事件记录法等。通过采用不同的评价方法，可以从多个角度和不同的参与者视角来评估员工的绩效，减少单一评价方法带来的偏差。

评估过程中应当收集多方面的数据，以形成综合的评价结果。除了直接上级的评价意见，还可以结合同事评价、下属反馈、客户满意度调查等信息，全面了解员工在工作中的表现。还可以利用关键绩效指标（KPI）和工作成果来量化评估结果，使评估更加客观可衡量。

同时，评估过程中要注重数据的准确性和可靠性。评估数据的收集应当准确无误，避免因为数据不真实或者错误导致评估结果的偏差。数据来源的可靠性也是评估的重要保证，确保评估结果基于客观、可信的数据。

为了增加评估结果的客观性，评估过程应当尽量避免主观性因素的介入。评估人员应当具备专业的素养和公正的判断力，避免个人喜好、偏见或主观评价对结果的影响。在评估过程中可以引入多位评估人员的意见，进行综合评估，以减少个体主观因素对评估结果的影响。

(三)激励措施的合理性

激励措施的合理性在企业管理中起着重要的作用。当制定激励措施时,企业应该考虑到员工的多样化需求和激励方式的多样性,避免过于依赖薪酬奖励而忽视其他非金钱激励方式。

薪资激励是一种常见的激励手段,可以通过提供具有竞争力的薪资水平来吸引和留住人才。然而,仅仅依靠薪资激励可能无法满足员工的全部需求,特别是对于那些追求职业发展和成长的员工来说。因此,企业应该综合考虑不同激励方式的有效组合,以满足员工的多元化需求。

培训发展机会是一种重要的非金钱激励方式。员工希望通过学习和成长来提升自己的能力和技能,从而实现个人价值的最大化。企业可以为员工提供培训课程、专业认证等发展机会,帮助他们提升专业技能和职业素养。这不仅可以激励员工的积极性和工作动力,还可以提高企业的整体竞争力。

职业晋升空间也是一种重要的非金钱激励方式。员工渴望在职业生涯中有更好的发展机会和晋升通道。企业应该为员工提供明确的晋升规划和职业发展路径,并制定公平公正的晋升机制。通过明确的晋升标准和透明的晋升程序,可以激励员工不断提升自己的绩效和能力,为企业的长期发展提供人才支持。

改善工作条件也是一种重要的非金钱激励方式。员工在舒适、安全的工作环境中能够更好地发挥工作效能。企业可以投入资源改善工作环境、提供灵活的工作安排、提供福利待遇等方式来激励员工。良好的工作条件和员工福利不仅可以提高员工的满意度和忠诚度,还可以促进员工的工作效率和创造力。

(四)风险与收益平衡

风险与收益平衡在将薪酬与绩效挂钩时是非常重要的。虽然绩效导向的激励可以激发员工的积极性和动力,但过于强调绩效可能会带来一定的风险,如员工过度竞争、压力过大等问题。因此,在设定薪酬与绩效关系时,企业需要谨慎考虑,根据不同岗位和员工的特点进行合理的平衡。

企业应该明确绩效指标和考核标准。这些指标和标准应该能够客观反映员工的工作表现和贡献,并且能够与企业的战略目标相匹配。通过设立明确的指标和标准,可以避免主观性和不公正性的评估,确保绩效考核的公正性和准确性。

企业应该根据不同岗位和员工的特点,合理设定薪酬和绩效的关系。对于一些关键岗位或高风险岗位,可以适度提高绩效对薪酬的影响,以鼓励员工更加努力地工作。而对于一些团队合作和创新性要求较高的岗位,可以将绩效考核与团队的整体表现和成果挂钩,以促进团队合作和协作精神。

第三章　财务管理理论综述

第一节　传统财务管理理论回顾

　　传统财务管理理论是财务学的重要分支，旨在为企业提供有效的财务决策和管理方法。随着经济全球化和金融市场的快速发展，传统财务管理理论也不断演进和完善。下面将回顾传统财务管理理论的发展历程，探讨其主要内容和局限性，并简要介绍一些新兴的财务管理理论。

一、传统财务管理理论的发展历程

　　（一）财务目标理论

　　财务目标理论是传统财务管理理论的基石，早期代表性的理论是股东财富最大化理论。该理论认为，企业应该以最大化股东财富为目标，通过合理的财务决策来实现这一目标。随着社会责任观念的兴起，股东财富最大化理论逐渐受到了质疑，人们开始关注企业的多元利益相关者，提出了更加综合的财务目标理论。

　　股东财富最大化理论认为，企业的首要职责是为股东创造最大的经济利益。根据该理论，企业在财务决策中应当优先考虑股东的权益，并采取措施最大化股东的投资回报率和股东权益价值。这种理论主张企业应将所有决策纳入一个框架下，以经济效益为导向进行资源配置和决策制定。

　　但随着社会责任观念的兴起，人们对于单一追求股东利益的观点开始产生怀疑。企业不仅仅是为股东创造财富，还应承担起更广泛的社会责任。在现代经济中，企业需要平衡各方利益，包括员工、顾客、供应商、社区和环境等利益相关者。

　　因此，人们提出了更加综合的财务目标理论。这些理论强调企业的可持续发展和长期价值创造，将关注点从短期股东利益转向了长期稳健发展。例如，可持续发展理论认为，企业应当在经济、社会和环境方面取得平衡，不仅追求经济效益，还应积极履行社会责任，推动绿色发展和可持续发展。

　　同时，一些财务目标理论也开始关注其他利益相关者的权益。例如，利润最大化理论认为，企业应当追求长期稳定的利润增长，以满足各方利益相关者的合理期望。利润最大化并不意味着单纯追求短期利润的最大化，而是考虑到企业的长期生存和发展。

（二）资本结构理论

资本结构理论是财务管理领域的重要理论之一，它主要研究企业在融资过程中债务和股权的比例选择以及优化问题。资本结构的合理选择对企业的经营和发展具有重要意义。

静态财务理论是资本结构理论的一种重要分支，它认为企业应该通过债务和股权的比例来平衡风险和收益。根据静态财务理论，企业应该在债务成本和税收优惠之间寻求最优的资本结构。债务融资可以降低企业的融资成本，但也增加了偿债压力和财务风险；股权融资可以提高企业的盈利能力和灵活性，但会稀释现有股东的权益。因此，在选择资本结构时，企业需要综合考虑这些因素，并根据自身情况确定最适合的比例。

动态财务理论则强调了时间价值的概念，认为企业在资本结构选择上应该考虑到未来的成长和变化。根据动态财务理论，企业应该在不同阶段采取不同的资本结构策略，以适应不同的发展需求。初创期的企业可以更多地依靠股权融资来支持快速成长和创新；成熟期的企业则可以逐渐引入债务融资，以降低成本和提高利润。

信息不对称理论是资本结构理论中的另一个重要分支，它认为企业的融资行为受到市场信息不对称的影响。根据信息不对称理论，企业在选择资本结构时需要考虑到外部投资者对企业信息的不完全了解。债务融资可以通过抵押和契约等方式减少投资者的风险，但也可能增加了企业的监管成本；股权融资则可以提高企业的透明度和信誉度，但会面临潜在的代价问题。因此，企业在资本结构选择上需要平衡信息披露和成本之间的关系。

（三）投资决策理论

投资决策理论关注企业在有限资源下如何进行投资选择和项目评估。有效的投资决策对于企业的盈利能力和长期发展至关重要。

资本预算理论是投资决策理论的核心，它主要研究企业如何评估和选择不同的投资项目。根据资本预算理论，企业应该通过计算和比较项目的现金流量、回报率、风险和时间价值等指标来评估项目的可行性。常用的评价方法包括净现值法、内部收益率法和会计回报期法等。通过这些方法，企业可以确定哪些项目具有潜在的经济效益，并做出相应的决策。

风险与收益理论强调了投资决策中风险和回报之间的权衡。根据这个理论，投资决策应该考虑到项目的风险水平以及预期的回报。高风险项目通常具有更高的回报潜力，但也存在更大的失败风险。企业需要根据自身的风险承受能力和投资目标，在风险和回报之间找到适当的平衡点。风险管理工具如多样化投资、保险和衍生品等也可以用于降低投资风险。

现金流量评价理论强调了现金流量对投资决策的重要性。根据这个理论,企业应该关注项目的现金流量情况,特别是净现金流量。正向的净现金流量可以为企业提供稳定的现金流入,支持企业的经营和发展;负向的净现金流量则可能导致资金不足和经营困难。企业在进行投资决策时,需要对项目的现金流量进行充分评估,并确保项目能够产生可持续的现金流。

(四)资金管理理论

资金管理理论旨在研究企业如何合理管理和利用资金资源。它涉及现金管理、应收账款管理、库存管理等方面的理论和方法,以实现企业的流动性管理和运营效率优化。

1.现金管理

现金管理理论是资金管理的核心内容之一。现金是企业运营中最基本的资金形式,对企业的正常运转至关重要。现金管理理论旨在帮助企业有效管理现金流量,包括资金的筹集、支付和储备等方面。通过优化现金流动性,企业能够更好地应对经营风险,提高资金利用效率,并确保企业的稳定运营。

2.应收账款管理

应收账款管理理论也是资金管理的重要内容之一。应收账款是企业与客户之间的信用交易,在企业的资金运作中起到了极为重要的作用。应收账款管理理论旨在帮助企业控制和管理应收账款的规模、期限和回收速度,以减少坏账风险、缩短资金回收周期,提高企业的现金流入速度和回报率。

3.库存管理

库存管理理论也是资金管理的重要组成部分。库存是企业资金的重要组成部分,过高或过低的库存都可能对企业的资金流动和利润率造成不利影响。库存管理理论旨在帮助企业确定合理的库存水平、优化采购和销售计划,以降低库存持有成本和风险,并确保及时满足客户需求。

二、传统财务管理理论的局限性

传统财务管理理论在实践中存在一些局限性,主要表现在以下几个方面。

(一)假设前提过于简化

传统财务管理理论常常建立在一系列简化的假设前提之上,这些假设包括完全市场假设、信息对称假设等。然而,在现实世界中,经济环境复杂多变,这些假设前提往往无法完全符合实际情况,从而限制了传统理论的适用性和准确性。

1.完全市场假设

完全市场假设是传统财务管理理论的一个重要前提。该假设认为市场是完全竞争的，不存在交易成本和摩擦。然而，实际市场中存在各种不完善因素，如垄断力量、信息不对称、交易成本等，这些因素都会对企业的决策和行为产生影响。例如，在存在垄断力量的市场中，企业可能面临价格操纵、市场份额争夺等问题，从而需要调整其财务决策策略。

2.信息对称假设

信息对称假设也是传统财务管理理论的一个基本前提。该假设认为市场参与者都具有相同的信息，并且能够根据这些信息做出理性决策。在现实世界中，信息不对称普遍存在，不同市场参与者拥有不同的信息获取渠道和能力，从而导致市场交易的不对称性。这种信息不对称可能会导致市场价格偏离真实价值，进而影响企业的财务决策和资本配置。

3.不确定性和变化性

传统财务管理理论通常忽视了外部环境的不确定性和变化性。现实世界中，经济、政治、技术等因素都在不断变化，这些变化对企业的财务决策和风险管理产生直接影响。例如，金融危机、政策调整、新兴技术的涌现等都可能导致企业面临新的挑战和机遇，需要灵活调整财务策略。

（二）忽视非经济因素

传统财务管理理论在追求经济利益最大化的同时，往往忽视了企业的非经济目标和社会责任。在当今社会，企业已经不仅仅是经济实体，还承担着广泛的社会责任，包括环境保护、员工福利、社会公益等方面。这些非经济因素对企业的财务决策产生了重要的影响。

环境保护是企业应承担的一项重要社会责任。随着全球环境问题的日益突出，社会对企业的环境责任要求也越来越高。传统财务管理理论往往忽视了环境成本的内部化和环境风险的评估，导致企业在财务决策中忽视了环境影响。然而，对于现代企业来说，积极采取环保措施、降低环境污染和资源浪费不仅有助于提升企业形象，还可以减少环境风险带来的财务损失，并获得长期可持续的发展。

员工福利也是企业应关注的重要非经济因素。员工是企业最重要的资产，其工作满意度和福利待遇直接关系到企业的生产效率和竞争力。然而，传统财务管理理论往往过于关注成本控制，忽视了员工福利对企业价值创造的重要影响。合理的薪酬制度、员工培训和发展计划、良好的工作环境等措施不仅有助于提高员工满意度和忠诚度，还可以促进员工的创新能力和团队合作，从而为企业带来长期的经济效益。

社会公益也是企业应承担的一项重要责任。企业在追求经济效益的同时，也应积极参与社会公益活动，回馈社会。这种社会责任不仅有助于提升企业形象和品牌价值，还可以增强企业与利益相关者的信任关系，并为企业带来长期稳定的发展环境。

（三）理论与实践脱节

传统财务管理理论往往是通过理论推导和计算模型来构建的，然而在实践中，企业面临着各种复杂的情况和风险，无法简单地套用理论模型进行决策。这导致了理论与实践之间存在一定的脱节。

传统财务管理理论通常基于静态假设，假设市场和企业环境是稳定且可预测的。在现实世界中，市场和企业环境变化非常快速和不确定。企业需要根据具体情况灵活应对，而不仅仅依赖于静态的理论模型。因此，理论推导出的结论往往无法完全适应实际操作的需求。

传统财务管理理论往往忽视了人的主观因素和行为决策的影响。理论模型通常假设市场参与者是理性的、追求经济效益最大化的。在现实世界中，人的行为往往受到情感、信念、偏好等主观因素的影响，决策并不总是理性的。这就导致了理论模型与实际行为之间存在一定的差距，需要考虑人的主观因素来更好地指导实际决策。

传统财务管理理论忽视了企业的特殊情况和行业特点。不同行业和企业具有不同的经营模式、市场竞争和风险特征。然而，传统理论通常将企业视为单一实体，忽略了行业特殊性的影响。在实践中，企业需要根据自身特点和行业环境进行个性化的财务决策，而不是简单地套用通用的理论框架。

三、新兴的财务管理理论

为了克服传统财务管理理论的局限性，一些新兴的财务管理理论逐渐兴起并得到广泛关注。这些理论包括可持续发展理论、行为金融理论和创新金融理论等。

（一）可持续发展理论

可持续发展理论强调了企业在经济、社会和环境方面的可持续性发展。该理论认为，企业不仅应追求经济利益，还应积极履行社会责任，推动绿色发展和可持续发展。

可持续发展理论强调企业在经济发展上的可持续性。传统的经济发展常常以牺牲环境和资源为代价，但这种模式是不可持续的。可持续发展理论呼吁企业通过创新和高效资源利用，实现经济增长与资源保护的平衡。例如，企业可以采用清洁能源、节能减排技术来降低生产过程中的碳排放，推动低碳经济发展。

可持续发展理论关注企业在社会方面的责任。企业作为社会成员，应当承担起一定的社会责任，关心员工福利、社会公益和公正竞争等问题。通过提供良好的工作环境、合理的薪酬待遇，企业可以提高员工满意度和忠诚度，促进员工的创造力和生产力。企业还可以积极参与社会公益活动，回馈社会，改善社会环境和民生福祉。

可持续发展理论注重企业在环境方面的责任。企业应当积极采取环境保护措施，减少对自然资源的消耗和环境污染。通过推行循环经济、资源回收利用等举措，企业可以实现经济效益与环境保护的双赢。可持续发展理论也强调了企业在供应链管理中的责任，鼓励企业要求供应商遵守环境和社会标准，确保整个产业链都能够实现可持续发展。

（二）行为金融理论

行为金融理论研究人们在金融决策中的行为模式和心理因素。相对于传统财务管理理论假设人们是理性决策者的观点，行为金融理论认为人们在金融决策中受到情绪、认知偏差等因素的影响。

行为金融理论的核心观点之一是认为投资者并非完全理性，而是存在诸多行为偏差。例如，投资者可能受到情绪的影响，如过度自信或恐惧导致决策失误。认知偏差也是行为金融理论关注的重要内容，比如对风险的感知和评估有时会出现系统性错误。这些行为偏差可能导致投资者的不理性行为和市场的非理性波动。

行为金融理论还研究了投资者的信息获取与处理行为。传统理论假设投资者具有对信息的完全获取和准确分析能力，然而实际上，投资者的信息获取受限，且容易受到信息过载和选择性注意的影响。行为金融理论指出，投资者往往依赖于简化的启发式方法进行决策，而非全面分析。这种信息获取与处理的有限性可能导致投资者产生误判和错误决策。

除了投资者行为，行为金融理论也关注市场的非理性波动。传统理论认为市场是有效的，即市场价格能够准确反映所有可得信息。然而，行为金融理论认为市场存在过度反应和低估反应的现象，导致市场价格偏离真实价值。例如，投资者的羊群效应和情绪传染现象可能引起市场的短期波动。这些非理性行为和市场波动给投资者带来机会和风险。

行为金融理论的研究成果对金融市场和投资者行为具有重要的启示意义。它提醒投资者注意自身的行为偏差和心理影响，避免因情绪波动而做出不理性的投资决策。行为金融理论也为金融从业人员和监管机构提供了参考，帮助他们更好地理解市场行为和风险，并采取相应措施进行风险管理和市场监管。

（三）创新金融理论

创新金融理论主要研究新兴金融工具和金融技术对财务管理的影响。随着金融科技的快速发展，创新金融理论成了财务管理领域的一个重要研究方向。

创新金融理论关注金融科技对传统金融服务的变革。传统金融服务往往面临着信息不对称、高成本、低效率等问题，而金融科技通过应用人工智能、区块链、云计算等技术手段，提供了更加高效便捷的金融服务。创新金融理论研究如何利用金融科技改进金融产品和服务，降低交易成本、提高金融效率，并推动金融业的可持续发展。

创新金融理论研究新兴金融工具的设计和应用。新兴金融工具如债券衍生品、交易所交易基金（ETF）、数字货币等在金融市场中得到越来越广泛的应用。这些金融工具通过提供多样化的投资选择和风险管理工具，为投资者和企业提供了更多的机会和灵活性。创新金融理论研究这些新兴金融工具的特点、风险和应用方式，以帮助投资者和企业更好地理解和利用它们。

创新金融理论也关注金融科技对风险管理和监管的影响。随着金融科技的发展，风险管理和监管也面临新的挑战和机遇。例如，人工智能和大数据分析可以改进风险评估和预测，区块链技术可以提高交易的透明度和安全性。创新金融理论研究如何应用金融科技来加强风险管理和监管，保护投资者利益并维护金融市场的稳定。

在实践中，创新金融理论为企业和金融机构提供了指导和启示。企业可以借鉴创新金融理论的成果，利用金融科技创新来优化财务管理、拓展融资渠道、提高运营效率。金融机构可以通过引入新兴金融工具和技术，提供更加个性化和创新的金融产品和服务，满足客户的多样化需求。

第二节 新经济环境下的财务管理理论发展

随着信息技术的飞速发展和全球化的进程，新经济环境正在快速演变。这种新环境给传统的财务管理带来了许多挑战和机遇。在新经济环境下，企业面临着更加复杂的市场竞争、快速变化的商业模式和不断创新的金融工具。因此，财务管理理论也需要不断发展以适应这一新环境。

一、创新金融工具的应用

随着新经济环境的快速发展，传统的财务管理理论和方法已经不再适应企业面临的复杂金融环境。在这样的背景下，创新金融工具的应用成了财务管理领域关注的焦点之一。创新金融工具的引入，旨在满足企业在资金筹集、风险管理和投资决策等方面的多样化需求。

（一）金融衍生品

金融衍生品是一类基于金融资产的衍生工具，它们通过衍生出来的方式来实现金融交易。在新经济环境下，金融衍生品的应用范围和种类不断扩大，为企业提供了更多的风险管理和投资工具。

金融衍生品的种类非常多样化。其中包括期货、期权、互换等。期货合约是一种约定在未来特定日期以特定价格买卖某一标的资产的合约。期权则是给予买方在未来特定日期以特定价格购买或者卖出某一标的资产的权利。而互换合约是双方约定在未来按照一定规定进行资产交换的合约。

这些金融衍生品可以用于对冲市场风险和汇率风险。例如，企业可以使用期货合约来锁定商品或货币的价格，以降低市场波动带来的风险。同时，期权合约也能够为企业提供灵活的投资策略，使其能够根据市场变化来调整自己的持仓。

金融衍生品还可以用于对冲信用风险。信用违约掉期是一种常见的金融衍生品，它允许买方在发行人信用违约时获得赔偿。这样，企业可以通过购买信用违约掉期来保护自己在债券投资中的利益，减少信用违约风险带来的损失。

金融衍生品还可以应用于实物采购的价格锁定等方面。例如，企业可以使用商品期货合约来锁定原材料或商品的价格，以确保在未来购买时能够以固定价格进行交易，避免价格波动对采购成本造成的影响。

通过合理运用金融衍生品，企业可以降低金融风险，提高资金利用效率，并为投资者提供更多的选择。然而，金融衍生品也存在着一定的风险，包括市场风险、信用风险和操作风险等。因此，在使用金融衍生品时，企业需要根据自身的风险承受能力和投资目标来进行仔细评估和管理。

（二）智能投顾

智能投顾是一种利用人工智能技术提供的财务管理服务，通过算法模型和数据分析为投资者提供个性化的投资建议和资产配置方案。在新经济环境下，智能投顾已成为一种受欢迎的投资方式，因为它能够根据投资者的风险偏好、目标和市场条件等因素，为其量身定制投资组合。

相对于传统的人工投顾和研究分析师，智能投顾具有以下几个优势。

1.高效性

智能投顾利用先进的算法模型和大数据分析能力，能够迅速处理庞大的金融数据，并基于这些数据生成投资建议。相比之下，人工投顾需要更多的时间和精力进行研究和分析。

2.低成本

智能投顾通常采用在线平台或移动应用程序的形式提供服务,这样可以大幅降低运营成本。相比之下,传统的人工投顾通常需要支付较高的费用,因为需要支付专业研究人员的工资和其他成本。

3.广泛的服务范围

智能投顾可以为不同类型的投资者提供服务,包括个人投资者、机构投资者和企业。无论是小额投资还是大额资产配置,智能投顾都能根据客户的需求提供相应的投资建议和方案。

通过智能投顾,企业可以获得更准确和及时的投资建议,优化资产配置,降低投资风险。投资者只需提供相关的个人信息和投资目标,智能投顾系统就能够根据其特定情况生成适合的投资组合。智能投顾还能够根据市场变化和投资者的风险偏好进行动态调整,以确保投资组合始终符合投资者的需求。

需要注意的是,智能投顾也存在一些风险和限制。由于智能投顾主要依赖算法模型和数据分析,对于特殊的市场情况和不可预测的事件可能无法做出准确的判断。因此,投资者在使用智能投顾时仍需要谨慎评估,并结合自身的判断进行决策。

二、可持续发展理论

新经济环境下,可持续发展成了企业发展的重要目标。财务管理需要将可持续发展理论与实践相结合,推动企业在经济、社会和环境方面的可持续发展。

(一)绿色金融

绿色金融是指在金融领域中应用可持续发展理念的具体实践。它通过引入一系列绿色金融工具,如绿色债券、绿色贷款等,来鼓励企业在环境保护和可持续发展方面进行投资和融资。

随着全球对环境问题日益关注,绿色金融作为一种新兴金融模式得到了广泛的认可和推动。它不仅有助于解决环境问题,还能够促进经济可持续发展和社会责任的履行。

绿色金融的核心目标是将环境因素纳入金融决策和风险管理过程中,引导资金流向可持续发展的项目和行业。通过绿色金融工具的运用,金融机构可以对环境友好型企业提供更有利的融资条件,同时帮助这些企业提高环境效益和竞争力。

绿色债券是绿色金融中的重要工具之一。它是由发行人用于资助与环境相关的项目的债券,比如可再生能源项目、能源效率改进项目等。绿色债券的发行可以吸引更多资金流向可持续发展领域,同时为投资者提供了一种低风险、长期回报的投资选择。

绿色贷款也是绿色金融的重要组成部分。绿色贷款是指金融机构向环境友好型企业提供的贷款，用于支持其实施环境保护和可持续发展项目。通过提供绿色贷款，金融机构能够帮助企业减少环境污染和资源浪费，推动经济向绿色、低碳方向转型。

为了促进绿色金融的发展，许多国家和地区已经出台了相关政策和监管措施。例如，一些国家制定了绿色金融标准和认证体系，规范了绿色债券和绿色贷款的发行和使用。一些国际金融组织也在积极推动绿色金融的发展，如联合国环境规划署、国际金融公司等。

（二）ESG 投资评估

ESG 投资评估是对企业在环境、社会和公司治理三个方面的绩效进行评估的一种方法。ESG 代表着环境（Environmental）、社会（Social）和公司治理（Governance）三个关键因素，通过对这些因素的评估，投资者可以更好地了解企业的可持续发展能力和风险水平。

环境因素评估主要关注企业在环境保护、资源利用和碳排放等方面的表现。这包括企业是否采取了有效的环境管理措施，是否遵守相关的环境法规和标准，以及其在减少对环境的负面影响方面所做的努力。环境因素评估的结果可以帮助投资者判断企业是否具备可持续发展的潜力，同时也有助于识别与环境相关的风险和机会。

社会因素评估关注企业在员工权益、人权保护、社区参与和消费者权益等方面的表现。社会责任意识强的企业通常会重视员工福利、推动多元化和包容性，并积极履行社会责任。通过对社会因素的评估，投资者可以了解企业在社会方面的表现和形象，进而判断其可持续性和品牌价值。

公司治理因素评估涉及企业内部管理结构、透明度、道德标准以及股东权益保护等方面。良好的公司治理有助于确保企业高效运营，并提供投资者所需的透明度和可靠性。通过评估公司治理因素，投资者可以了解企业的决策过程、董事会结构和内部控制体系等关键信息，以便更好地评估其经营风险和潜在回报。

ESG 评估结果对财务管理具有重要意义。将 ESG 因素纳入投资决策和风险管理可以帮助投资者更全面地评估企业的价值和风险，从而做出更明智的投资决策。越来越多的投资者和金融机构倾向于选择具有良好 ESG 绩效的企业进行投资，这也促使企业更加注重 ESG 因素的管理，以实现可持续发展的目标。

（三）可持续报告与透明度

可持续发展报告是企业为公众和利益相关方提供有关其可持续发展实践、目标、措施和成果的一种途径。这种报告的制定和公开披露对于企业的财务管理至关重要，可以提高企业的透明度和信任度。

可持续发展报告能够向公众和利益相关方展示企业在环境、社会和公司治理等方面的表现和努力。通过报告，企业可以清晰地定义和沟通自己的可持续发展目标，并公开披露所采取的具体措施和实施进展情况。这样做不仅可以增加公众对企业的了解和认同，还能够帮助建立良好的企业形象和品牌声誉。

可持续发展报告与财务报告的结合可以提高企业的整体透明度。传统的财务报告主要关注企业的财务状况和业绩，而可持续发展报告则从更广泛的角度评估企业的价值创造和风险管理。将两者结合起来，可以呈现出企业在经济、环境和社会等多个维度上的表现，帮助投资者和利益相关方更全面地了解企业的运营状况和可持续性。

制定可持续发展报告可以促使企业加强内部管理和绩效评估。为了编制报告，企业需要建立相应的数据收集、监测和报告机制，从而更好地了解自身在可持续发展方面的情况。这种过程可以推动企业改进管理体系，提高资源利用效率，减少环境影响，并加强与利益相关方的沟通和合作。

可持续发展报告的制定和披露也受到法规和标准的要求和引导。越来越多的国家和地区出台了相关的法规和指导意见，要求企业进行可持续发展报告的编制和公开披露。同时，一些国际性的可持续发展报告准则和框架，如全球报告倡议（GRI）和国际综合报告理事会（IIRC）的框架，也提供了对企业报告的指导和标准，有助于提高报告的质量和可比性。

第三节 新技术在财务管理中的应用与影响

随着科技的不断进步和数字化转型的加速，新技术在各个领域都产生了深远的影响，财务管理也不例外。新技术的应用为财务管理带来了许多机遇和挑战，对传统的财务管理方式进行了革新和改进。

一、人工智能与机器学习

新技术，尤其是人工智能（AI）和机器学习（ML），在财务管理领域中的应用正逐渐改变着传统的财务业务模式，并对企业的决策制定、风险管理和财务分析产生了深远的影响。以下将介绍新技术在财务管理中的应用与影响。

（一）数据分析与预测

AI和机器学习在财务管理中的一个重要应用领域是数据分析与预测。传统的财务管理往往依赖于人工处理和分析大量的财务数据，这既费时又容易出现错误。而借助AI

和机器学习技术，财务部门可以更加高效地处理和分析大规模的数据，并通过算法和模型生成准确的预测结果。

AI 和机器学习可以通过对历史财务数据的分析来预测未来的销售额、利润和现金流量等关键财务指标。它们可以识别出隐藏在数据背后的模式和趋势，并根据这些模式和趋势进行预测。例如，通过分析过去几年的销售数据，AI 和机器学习可以发现季节性销售波动的规律，并在未来的同一时间段做出相应的预测，帮助企业更好地安排生产计划和资金调度。

AI 和机器学习还可以利用更广泛的市场和经济数据来预测行业趋势和市场风险。它们可以自动获取和整合来自各种来源的数据，包括供应链数据、市场数据、竞争对手数据等，并利用这些数据来分析市场的变化和趋势。例如，AI 和机器学习可以分析消费者行为数据，预测不同产品或服务的需求量，并帮助企业制定更有效的营销策略。

通过准确的数据分析和预测，财务部门可以更好地规划和决策。他们可以基于预测结果进行资金调度，合理安排投资计划，并制定可行的财务目标和策略。AI 和机器学习还可以帮助财务部门及时发现潜在的风险和问题，从而采取相应的措施进行风险管理和控制。例如，它们可以检测出异常交易模式、欺诈行为等，并及时向相关人员发出警报，以防止财务损失和法律风险。

值得注意的是，在应用 AI 和机器学习进行数据分析和预测时，仍然需要对数据的质量和准确性进行严格的管理和监控。因为数据质量的问题可能会导致预测结果的不准确性，从而影响企业的决策效果。AI 和机器学习算法的选择和调整也需要专业知识和经验的支持，以确保预测结果的可靠性和适用性。

（二）自动化与效率提升

AI 和机器学习在财务管理中的另一个重要应用领域是自动化与效率提升。传统的财务管理工作通常需要大量的人力和时间来处理烦琐的任务，如数据录入、账单处理和报表生成等。而借助 AI 和机器学习技术，这些任务可以得到自动化处理，从而节省时间、降低成本，并提高整体工作效率。

AI 和机器学习可以通过自动化软件实现财务数据的快速录入和处理。它们可以识别和提取财务文件中的关键信息，并将其自动录入到相应的系统中。例如，在处理供应商发票时，AI 和机器学习可以自动识别发票号码、日期、金额等信息，并将其自动记录到财务系统中，避免了手动录入的错误和耗时。

AI 和机器学习可以帮助财务部门自动生成各种财务报表和分析报告。它们可以根据预设的模板和规则，自动从财务数据库中提取数据，并生成标准化的报表和图表。例如，利润表、资产负债表和现金流量表等可以通过自动化软件快速生成，减少了手动整理数据和制作报表的时间和工作量。

AI 和机器学习还可以应用于财务数据的智能分析和异常检测。它们可以通过建立模型和算法，自动分析财务数据中的趋势、关联性和异常情况。例如，在进行财务分析时，AI 和机器学习可以自动识别出销售额下滑、成本增加等潜在问题，并向财务团队发出警报，以便及时采取措施进行调整和优化。

通过自动化和智能化的处理，财务部门可以将更多的时间和精力投入到数据分析、战略规划和决策支持等高价值的工作上。财务人员可以更深入地理解和分析财务数据，挖掘出其中的商业洞察，并为企业的决策提供有力的支持。同时，自动化也减少了人为因素带来的错误和风险，提高了工作的准确性和可靠性。

在实施自动化技术时，需要注意数据安全和隐私保护的问题。财务数据涉及企业的核心资产和敏感信息，必须确保在自动化过程中数据的安全性和保密性。自动化技术的应用也需要与现有的 IT 系统和流程进行良好的整合，以确保顺畅地运行和协同工作。

（三）风险管理与欺诈检测

传统的风险管理和欺诈检测方法通常依赖于人工的抽样和审核，往往无法及时发现潜在的风险和欺诈行为。而借助 AI 和机器学习技术，财务部门可以通过对大规模财务数据进行实时监控和分析，从中识别出异常模式和行为，及时发现并应对潜在的风险和欺诈情况。

AI 和机器学习可以利用历史财务数据和行业指标来建立预测模型，帮助企业预测未来的风险情况。它们可以分析过去的财务数据，找出与风险相关的特征和模式，并将其应用到新的数据中进行预测。例如，通过分析以往的供应商付款记录和交易模式，AI 和机器学习可以预测出潜在的供应商违约风险，帮助企业采取相应的措施进行风险管理。

AI 和机器学习可以通过监控实时财务数据来发现异常交易模式和虚假账目。它们可以自动识别出与正常交易模式不符的行为，如异常高额的资金转移、频繁变更账户等，并将其标记为潜在的风险。例如，在检测财务欺诈方面，AI 和机器学习可以分析员工的报销记录，发现虚假报销、重复报销等异常情况，并及时进行警示和调查。

AI 和机器学习还可以通过建立模型来预测潜在的违规行为。它们可以分析财务数据中的关联性和异常模式，识别出存在违规行为的潜在因素，并提供相应的预警和建议。例如，在预防内部欺诈方面，AI 和机器学习可以分析员工的行为模式和权限使用情况，识别出潜在的违规行为，并采取相应的控制措施，如强化审批流程和权限管理等。

通过 AI 和机器学习的风险管理与欺诈检测，企业可以更加及时地发现并应对潜在的风险和欺诈行为，保护企业的资产和利益。同时，这也有助于提高公司的整体治理水平，增强财务部门对风险管理的能力和效果。

（四）智能投资和资产管理

传统的投资决策通常依赖于人工分析和经验判断，而借助 AI 和机器学习技术，投资者可以更加准确和全面地评估投资标的的潜力和风险，并做出更明智的投资决策。

AI 和机器学习可以通过分析大量的市场数据和财务指标，对潜在的投资标的进行快速评估。它们可以利用历史数据和趋势分析，识别出市场中的机会和风险，并根据这些分析结果为投资者提供个性化的投资建议。例如，AI 和机器学习可以分析股票市场中的公司财务报表、行业数据和宏观经济指标等，评估不同公司的价值和潜力，并为投资者推荐适合的投资组合。

AI 和机器学习还可以帮助投资者优化投资组合的结构和配置。它们可以通过数学模型和算法，自动进行资产配置和风险控制，以实现预期的投资回报和风险水平。例如，在投资组合管理方面，AI 和机器学习可以根据投资者的风险偏好、时间目标和资金限制等因素，优化资产的分配比例，并实时监控和调整投资组合的表现。

AI 和机器学习还可以利用大数据和算法模型来进行市场预测和交易决策。它们可以分析市场情报、交易数据和情绪指标等，识别出市场的趋势和周期，并根据这些分析结果生成智能交易信号。例如，在股票交易中，AI 和机器学习可以根据市场数据和技术指标，自动执行交易策略，提高交易的准确性和效率。

通过智能投资和资产管理，投资者可以更好地把握市场机会，降低投资风险，并实现更稳定的投资回报。AI 和机器学习的应用使得投资决策更加客观和科学，减少了人为因素的干扰，提高了投资的成功率和效果。

在应用 AI 和机器学习进行智能投资和资产管理时，也面临一些挑战。需要充分考虑数据的质量和准确性，因为投资决策的准确性和可靠性取决于数据的质量。还需要考虑算法模型的选择和优化，以确保投资建议和交易决策的有效性和可靠性。也需要关注机器学习算法的解释性和透明度，以便投资者能够理解和信任这些智能系统的决策过程。

（五）个性化财务服务

传统的财务咨询通常是通用性的，无法满足每个人不同的财务需求和目标。而借助 AI 和机器学习技术，可以根据个人的收入、支出和投资情况，提供定制化的财务建议和规划方案，帮助个人用户更好地管理自己的财务，并实现个人财富的增长。

AI 和机器学习可以通过分析个人的收入和支出情况，为用户提供个性化的预算和理财建议。它们可以基于历史数据和消费模式，识别出个人的消费习惯和风险偏好，并根据这些信息给出相应的建议。例如，AI 和机器学习可以分析用户的收入来源和开支项目，提醒用户关注节约支出、制定合理的预算，并推荐适合的理财产品和投资策略。

AI 和机器学习还可以利用投资组合优化模型，为个人用户提供个性化的投资规划和配置建议。它们可以根据用户的风险承受能力、投资期限和目标收益率等因素，优化资产的配置比例，并推荐适合的投资产品和策略。例如，AI 和机器学习可以分析用户的投资目标和时间要求，结合市场情报和历史数据，为用户提供个性化的投资组合规划，帮助他们实现长期财富增长。

AI 和机器学习还可以通过自动化服务和智能助手来提供个性化的财务建议和咨询。它们可以基于用户的需求和偏好，定制化地推送相关信息和提醒，帮助用户及时了解和掌握重要的财务事件和决策。例如，AI 和机器学习可以通过智能手机应用程序向用户发送个性化的理财建议、账单提醒和投资提示，方便用户随时获取和管理自己的财务信息。

通过个性化财务服务，个人用户可以更好地理解和管理自己的财务状况，并根据个人的需求和目标制定合理的财务规划。AI 和机器学习的应用使得财务服务更加个性化和精准，满足了个人用户对于财务管理的个别化需求。

在提供个性化财务服务时，需要注意用户隐私和数据安全的问题。个人财务信息是敏感的，必须确保在处理过程中得到充分的保护和控制。还需要确保 AI 和机器学习算法的准确性和可靠性，以提供可信赖的财务建议和规划。

二、云计算与移动技术

云计算和移动技术是当今财务管理领域中日益重要的新技术。它们提供了更灵活、高效和便捷的解决方案，对企业的财务管理流程和决策制定产生了深远的影响。以下将详细介绍云计算和移动技术在财务管理中的应用和影响。

（一）云计算在财务管理中的应用与影响

1.数据存储和处理

云计算技术使得财务部门能够将大量的财务数据存储在云平台上，免去了传统本地存储的限制。同时，云计算提供强大的计算能力，可以快速处理大规模的财务数据，加快财务分析和报告的速度。这有助于提高财务部门的工作效率，并提供及时准确的数据支持。

2.财务共享和协作

云计算为企业内部各部门之间以及与外部合作伙伴之间的财务数据共享和协作提供了便利。通过云平台，不同部门可以实时访问和更新财务数据，提高团队间的沟通和协作效率。同时，云计算还可以支持多地点办公和远程工作，使得跨地域团队的财务管理更加便捷。

3.财务软件和系统

云计算为企业提供了许多财务软件和系统的在线部署和使用方式。企业可以通过订阅云服务的方式使用各种财务管理软件，无须自行购买和维护硬件设备。这降低了企业的IT成本，并提供了灵活的财务软件选择和更新方式，满足不同企业规模和需求的财务管理要求。

4.数据安全与风险管理

云计算提供了更强大的数据安全控制和备份机制。云服务提供商通常具有高水平的数据安全保护措施，包括数据加密、访问控制和灾备恢复等。这有助于保护财务数据免受外部攻击和数据丢失的风险，提高企业的信息安全性和风险管理能力。

（二）移动技术在财务管理中的应用与影响

1.移动报销和审批

移动技术使得财务报销和审批流程变得更加简便和高效。通过移动应用，员工可以随时提交报销申请，并上传相关票据和文件，减少了传统纸质报销流程中的烦琐步骤。同时，移动审批功能可以让上级领导随时审核和批准报销申请，加快了整个报销流程的速度。

2.移动财务分析和报告

移动技术使得财务分析和报告变得更加灵活和实时。通过移动应用，财务人员可以随时查看和分析财务数据，生成实时的财务报告和图表。这有助于加强对企业财务状况的监控和分析，提高决策的准确性和时效性。

3.移动投资和理财

移动技术为个人投资者提供了更方便和灵活的投资和理财方式。通过移动应用，个人用户可以随时进行投资交易、查看投资组合和获取市场信息。移动技术也为个人投资者提供了智能化的投资建议和分析工具，帮助他们做出更明智的投资决策。

云计算和移动技术在财务管理中的应用给企业带来了许多好处。它们提高了财务部门的工作效率，加速了财务数据的处理和报告速度，并改善了团队间的协作和沟通。同时，云计算和移动技术还降低了企业的IT成本，提供了更灵活和便捷的财务管理解决方案。这些新技术还改变了个人投资者的理财方式，使其更加智能和个性化。

然而，在应用云计算和移动技术时，企业需要注意数据安全和隐私保护的问题。云计算中的数据存储和传输可能面临潜在的风险，企业需要选择可信赖的云服务提供商，并采取相应的数据安全措施。同时，移动技术的应用也需要充分考虑用户隐私和数据保护的需求，以确保用户信息的安全和合规性。

第四章 人力资源管理理论演进

第一节 传统人力资源管理理论回顾

传统人力资源管理（Traditional Human Resource Management）是指在过去几十年中广泛应用的一种管理模式。它主要关注组织内部人力资源的招聘、培训、薪酬和员工福利等方面，旨在提高员工的工作效率和生产力。下面将回顾传统人力资源管理理论，并探讨其优缺点以及对现代人力资源管理的影响。

一、传统人力资源管理的基本原则

传统人力资源管理理论主要包括以下几个基本原则。

（一）招聘与选拔

在传统的人力资源管理中，招聘和选拔是获取适合岗位人才的重要环节。这一过程通常包括发布招聘广告、筛选简历和面试候选人等步骤，以确保组织能够雇佣到最适合岗位的员工。

招聘广告的发布是吸引人才的关键步骤之一。组织会通过不同的渠道，如网络招聘平台、报纸、招聘会等，将招聘信息传播出去。招聘广告中会详细说明招聘岗位的职责、要求和待遇，以吸引符合条件的人才申请。

筛选简历是对应聘者进行初步评估的重要环节。人力资源部门会仔细审查收到的简历，根据候选人的教育背景、工作经验、技能等方面进行筛选。通过筛选，可以初步确定哪些候选人符合岗位要求，并进入下一轮面试。

面试是选拔过程中最关键的环节之一。通过面试，组织可以更全面地了解候选人的能力、个性特点和适应能力。面试通常分为多轮，包括个人面试、小组面试、模拟演练等形式。在面试中，面试官会提问候选人关于工作经历、解决问题的能力、团队合作能力等方面的问题，以评估其是否适合岗位。

为了更好地选拔人才，一些组织还会采用其他辅助手段，如背景调查、能力测试和参观实习等。背景调查可以了解候选人的个人背景、信誉度和社交关系等情况，能力测试可以评估候选人的专业知识和技能水平，参观实习可以观察候选人在实际工作环境下的表现。

（二）培训与发展

在传统的人力资源管理中，培训与发展被认为是提高员工能力和业务水平的重要手段。通过培训，员工可以获得必要的技能和知识，从而更好地完成工作任务。

培训计划的制定是培训与发展的关键步骤之一。根据组织的战略目标和员工的需求，人力资源部门会制定相应的培训计划。这些计划可以包括新员工入职培训、岗位培训、专业技能培训、领导力发展等方面。培训计划的制定需要充分考虑员工的实际需求，并与组织的发展目标相匹配。

培训方式多样化是传统人力资源管理中的一个特点。培训可以通过内部培训、外部培训、在线培训等多种方式进行。内部培训可以由组织内部的专业人员或经验丰富的员工来进行，通过分享经验和知识来提升员工的能力。外部培训可以借助专业机构或培训机构的资源，提供更系统和专业的培训内容。在线培训则可以通过网络平台提供，使员工可以随时随地进行学习。

培训内容的选择也是传统人力资源管理中的重要考虑因素。培训内容应该与员工的工作职责和发展方向密切相关，以提高其实际工作能力和业务水平。培训内容可以包括专业知识、技能培养、沟通与协作能力、领导力发展等方面。通过有针对性的培训，员工可以不断提升自己的能力，适应组织的需求变化。

培训评估是培训与发展过程中的关键环节之一。通过培训评估，可以评估培训效果，了解员工在培训后所掌握的知识和技能，并对培训计划进行调整和改进。培训评估可以通过问卷调查、观察、考试等方式进行，以客观地评估培训的效果和影响。

（三）薪酬与福利

在传统的人力资源管理中，薪酬与福利被认为是激励和保留员工的重要手段。通过合理的薪资待遇和额外的福利，组织可以吸引、激励和留住优秀的员工。

薪酬制度的设计是传统人力资源管理中的核心任务之一。薪酬制度应该根据岗位的需求和员工的贡献进行合理设定。这包括确定基本工资、绩效奖金、年终奖金等方面。基本工资是员工工作的基本报酬，绩效奖金和年终奖金则是根据员工的绩效表现来进行奖励。薪酬制度的设计应考虑到公平性、竞争力和激励性，以确保员工得到合理的回报，并激发其更好地工作表现。

福利待遇是传统人力资源管理中重要的补充措施。福利待遇包括医疗保险、退休金、带薪年假、培训机会等。医疗保险可以为员工提供医疗费用的支付保障，退休金则是为员工的退休生活提供经济支持。带薪年假可以让员工享受到适当的休息和休闲时间，培训机会则可以提升员工的能力和职业发展。

传统人力资源管理中还需注重激励措施的设计。除了薪酬和福利外,组织还可以通过其他激励措施来激发员工的积极性和创造力。这包括奖励制度、晋升机会、团队合作和文化建设等方面。奖励制度可以为员工在工作中的杰出表现进行奖励,晋升机会可以让员工看到自己在组织中的发展空间,团队合作和文化建设可以增强员工的归属感和凝聚力。

（四）员工关系

在传统的人力资源管理中,建立良好的员工关系是非常重要的。这是因为良好的员工关系有助于提高员工的满意度和忠诚度,进而增强组织的稳定性和竞争力。在这方面,人力资源部门通常会采取一系列措施来促进员工与组织之间的良好关系。

建立有效的沟通渠道是非常关键的。人力资源部门应该确保信息的及时传递和双向沟通的顺畅进行。他们可以通过组织内部的会议、邮件、内部网站等方式向员工传达重要信息,并鼓励员工提出问题和建议。人力资源部门还可以定期组织员工座谈会或调查问卷,以了解员工的需求和意见,并及时采取相应的措施。

处理员工投诉也是非常重要的一项任务。人力资源部门应该建立一个公正、透明和高效的投诉处理机制。当员工有任何不满或投诉时,他们应该能够毫无顾虑地向人力资源部门反映,并且能够得到合理的解决。在处理投诉时,人力资源部门应该保持中立,仔细听取双方的意见,并尽快采取行动解决问题。这样可以有效地缓解员工的不满情绪,增强员工对组织的信任和认可。

提供员工支持也是建立良好员工关系的重要环节之一。人力资源部门可以通过开展培训计划、提供福利待遇、关注员工的健康和福利等方式来支持员工。他们应该确保员工能够获得必要的培训和发展机会,以提高他们的工作技能和职业素养。人力资源部门还可以制定灵活的工作安排,提供适当的福利待遇,以满足员工的个性化需求。通过这些支持措施,人力资源部门可以帮助员工实现自我价值,增强他们对组织的认同感。

二、传统人力资源管理的优缺点

传统人力资源管理虽然在过去发挥了重要的作用,但也存在一些优缺点。

（一）优点

1.规范性强

规范性强是传统人力资源管理的一大优点。传统人力资源管理注重建立明确的规章制度和流程,以规范员工的行为和管理方式。这样做有助于确保员工了解和遵守组织的政策和规定,从而提高工作效率和质量。

通过明确的规章制度和流程,组织可以指导员工在工作中的行为和决策。例如,制定明确的考勤制度可以要求员工按时上下班,确保工作时间的规范和有效利用。制定职业道德准则可以规范员工的职业行为,促进诚信和职业素养的提升。这些规章制度和流程的存在,能够为员工提供明确的指引,使他们在工作中更加明确自己的职责和要求。

规范性强也能够降低组织面临的风险和法律纠纷。通过建立明确的规章制度和流程,可以减少员工违规行为的发生。例如,制定合理的员工行为准则,明确禁止违反法律、道德或公司规定的行为,有助于降低组织因员工不当行为而面临的法律风险和潜在损失。规范性强还能够确保员工在工作中遵守安全、环保和劳动法规等方面的要求,提高组织的合规性和形象。

2.管理稳定性高

传统的人力资源管理注重提升员工的满意度和忠诚度,以建立良好的员工关系来维护组织的稳定性。通过积极营造良好的工作环境和氛围,传统管理方法可以减少员工流失率,并减轻不稳定因素对组织的影响。传统管理方法还可以提高员工的工作积极性和参与度。

传统的人力资源管理强调员工满意度的提升。这意味着组织需要关注员工的需求和期望,并提供相应的支持和福利。例如,提供具有竞争力的薪酬和福利待遇,提供培训和发展机会,以及建立健全的绩效评估体系等。通过满足员工的各种需求,组织可以增加员工对组织的认同感和忠诚度,从而降低员工流失率。

传统的人力资源管理还通过建立稳定的制度和流程来维护组织的稳定性。例如,建立健全的人力资源规章制度和流程,确保公平和一致的员工管理和评估标准。传统管理方法还注重对员工的持续培训和发展,以提高他们的专业素质和能力水平。这些措施有助于激发员工的工作积极性,提高他们的工作效能和贡献度。

3.组织控制能力强

传统的人力资源管理注重权威和层级结构,强调组织的控制和管理。这种管理方式有助于提高组织的运作效率和效果,确保组织能够达成既定的目标。通过设定明确的职责和权限,传统管理方法可以实现对员工的有效管理和激励。

传统的人力资源管理注重建立清晰的组织结构和职责分工。通过明确规定每个岗位的职责和权限,组织可以确保工作任务得以顺利完成,并降低工作冲突和混乱的可能性。同时,传统管理方法也注重设定合理的工作目标和绩效指标,以便对员工的工作进行量化评估和控制。

传统的人力资源管理强调权威和层级结构。这意味着在组织中存在明确的上下级关系和决策层次。通过这种层级结构，传统管理方法可以实现对员工行为和工作流程的监督和控制。上级领导可以对下属进行指导和指挥，确保他们按照组织的要求和标准进行工作。

传统的人力资源管理还注重制定和执行各种管理政策和程序。这些政策和程序可以帮助组织规范员工行为、管理资源和控制成本。例如，传统管理方法会制定招聘政策、培训计划、绩效评估流程等，以确保组织能够有效地吸引、培养和留住合适的人才。

传统的人力资源管理强调对员工进行激励和奖惩。通过设定明确的绩效考核机制和激励制度，传统管理方法可以激发员工的工作积极性和动力。同时，对不符合要求的员工进行相应的纠正和处罚，有助于维护组织的纪律和秩序。

4.保护员工权益

保护员工权益一直是传统人力资源管理的重要任务之一。在这方面，组织通常会采取一系列措施，以确保员工得到合理的薪酬福利和安全健康的工作环境。

薪酬福利是保护员工权益的核心内容之一。组织需要根据员工的工作表现、能力和贡献来制定合理的薪酬体系，并确保员工能够获得公平和竞争力的薪资待遇。组织还应该为员工提供完善的福利制度，包括医疗保险、养老保险、带薪休假等，以满足员工各种生活和工作需求。

提供安全健康的工作环境也是保护员工权益的重要方面。组织应该积极采取措施，确保工作场所符合相关的安全标准，并提供必要的培训和装备，以保障员工的身体和心理健康。组织还可以建立员工援助计划，提供心理咨询和支持服务，帮助员工处理工作和个人生活中的压力和困难。

保护员工权益不仅有助于增强员工对组织的信任和认同，还能提高员工的满意度和忠诚度。当员工感受到组织对他们的关心和重视时，他们更容易产生归属感，并且愿意为组织付出更多的努力。而且，员工满意度和忠诚度的提升也会带来其他积极的影响，如降低员工流失率、提高生产效率和质量等。

（二）缺点

1.缺乏灵活性

传统的人力资源管理常常被指责缺乏灵活性和个性化考虑，因其以规章制度和标准化流程为核心。这种刚性的管理方式可能在面对复杂多变的市场环境时无法及时做出调整，从而影响了组织的适应能力和创新能力。

传统人力资源管理往往依赖于一套固定的规章制度和程序，限制了员工和管理层的自由度。这导致了一种"一刀切"的管理风格，不能充分考虑到员工的个体差异和需求。在现代社会，员工的需求和期望多种多样，有些员工可能更加看重工作与生活的平衡，而有些员工则更注重职业发展。如果管理层不能灵活地满足这些不同的需求，就可能导致员工不满和流失。

传统的人力资源管理往往过于强调标准化流程，忽视了组织在不断变化的市场环境中的灵活性和敏捷性。在现代经济中，市场竞争激烈，变化迅速，组织需要及时调整战略和运营方式以适应市场的需求和变化。然而，传统的人力资源管理往往需要花费大量时间和精力来执行烦琐的流程和程序，从而耽误了组织对市场变化做出及时反应的能力。

2.忽视员工发展

传统人力资源管理往往将组织的需要和目标放在首位，而忽视了员工的个人发展需求。这种偏重于组织的管理方式可能导致员工感到不被重视，缺乏成长机会，从而降低他们的工作动力和积极性。

传统的人力资源管理常常将员工视为组织中的资源和工具，而非关注其个人发展和成长。这种观念使得员工的职业发展被忽略或边缘化，仅仅被视为完成组织任务的工具。员工希望能够在工作中获得发展和成长的机会，提升自己的技能和知识，但如果组织无法满足这些需求，员工可能会感到沮丧和失望。

传统的人力资源管理往往侧重于日常的任务分配和绩效评估，而忽视了员工的长期发展规划。组织应该与员工进行持续的对话和反馈，了解他们的职业目标和发展需求，并制定相应的培训和发展计划。然而，在传统管理模式下，这种关注员工发展的机会往往被忽视，导致员工的成长受限。

3.员工参与度低

传统的人力资源管理模式通常由人力资源部门单方面制定政策和决策，并将其传达给员工。这种单向的管理方式存在一些问题，其中之一就是员工参与度低。员工参与度是指员工对组织活动、决策和目标的积极参与程度。

在传统的管理模式中，员工往往只是被动地接受和执行上级的指令和决策，缺乏发表意见和参与决策的机会。这种单向的管理方式限制了员工发挥自己的创造力和潜力，使得他们对工作缺乏主动性和积极性。员工可能感到被忽视和不被重视，从而对组织的发展和目标产生疏远感。

4.缺乏战略性

传统的人力资源管理往往侧重于日常操作和问题解决，缺乏战略性思维和长远规划。在这种管理模式下，人力资源部门往往只是被动地执行任务，而没有积极地参与组织的战略决策和规划过程。

由于缺乏战略性，人力资源部门可能无法充分了解组织的战略目标和发展方向。他们可能只关注于短期的人力资源需求和问题解决，而忽视了如何通过人力资源管理来支持和推动组织的长期发展。这样就会导致人力资源部门与其他部门之间的协调不足，难以实现整体战略目标。

5.信息不对称

在传统的人力资源管理中，信息不对称是一个普遍存在的问题。通常情况下，组织拥有更多的信息，而员工却了解较少。这种信息不对称可能导致员工对组织决策的理解不足，进而产生猜测和不满情绪。

由于组织拥有更多的信息，员工往往无法全面了解组织的战略目标、运营状况和未来发展计划等重要信息。缺乏这些信息，员工难以理解为何会做出某些决策，从而产生困惑和质疑。他们可能会怀疑组织的动机，认为某些决策是不公正或不合理的，进而对组织失去信任。

信息不对称也可能影响员工对自身职业发展的认知。在没有足够信息支持的情况下，员工很难了解组织的培训和晋升机会，也无法清楚地评估自己的发展前景。这可能导致员工感到迷茫和不安，影响他们的工作积极性和承诺度。

由于信息不对称，员工在与组织沟通和协商时处于弱势地位。他们很难提出合理的建议或反馈，因为他们缺乏足够的信息来支持自己的观点。这可能导致员工的声音被忽视，他们感到无力改变组织的决策或政策，从而产生不满情绪。

三、传统人力资源管理对现代管理的影响

传统人力资源管理是指过去几十年来在组织中使用的管理方法和实践。随着时间的推移，现代管理理念逐渐兴起，传统人力资源管理也开始受到挑战。

（一）组织结构与层级

传统的人力资源管理通常采用层级化的组织结构，权力和决策集中在高层管理人员手中。这种结构使得组织内部形成了明确的等级关系，高层管理人员拥有更多的权力和决策权，而员工则相对较少参与决策和创新的机会。这种层级化结构限制了员工的创造力和自主性，使得组织变得僵化且难以应对变化。

随着社会的发展和管理理念的演进，现代管理强调扁平化组织结构的重要性。扁平化组织结构意味着减少层级，缩小管理范围，鼓励员工参与决策和创新。相比于传统的层级化结构，扁平化结构更加注重员工的参与和自治，能够激发员工的积极性和创造力。

扁平化组织结构赋予员工更多的自主权和责任感。在这种结构下，权力和决策分散到各个层级和团队中，每个员工都有机会参与决策过程，并承担相应的责任。这不仅能够提高员工的积极性和主动性，还能够激发他们的创造力和创新思维。

扁平化组织结构能够加强信息流通和沟通效率。由于层级较少，信息在组织内部能够更快速地传递和共享。这有助于减少信息滞后和误解，提高组织内部的协作效率和决策效果。同时，扁平化结构也鼓励开放式的沟通和反馈机制，使得员工更容易表达自己的想法和意见，促进了组织内部的知识共享和学习。

扁平化组织结构增加了组织的灵活性和适应性。在一个快速变化的市场环境中，组织需要能够快速做出决策和调整战略。扁平化结构能够提高组织对外部环境的感知和反应能力，使得组织能够更加迅速地适应市场需求和变化。

（二）工作内容和分工

传统人力资源管理通常采用传统的工作内容和分工方式，即将工作分割成独立的任务，并按照职位进行分配。这种方式容易导致员工缺乏全局视野，只专注于自己的工作，缺乏团队合作精神。

随着时代的变化和管理理念的演变，现代管理倡导工作内容的丰富化和多样化，鼓励员工在不同领域进行学习和发展。现代企业越来越重视员工的综合素质和能力，强调员工的多元化发展，使其具备跨领域合作和创新的能力。

现代管理注重打破传统的岗位限制，强调团队协作和跨部门合作。相比之下，传统的工作内容和分工方式过于机械、僵化，容易导致沟通不畅、工作效率低下等问题。因此，现代企业开始尝试将工作内容进行重新定义和划分，让员工在不同领域间进行交流和合作，提高工作效率和创造力。

改变工作内容和分工方式的关键是丰富工作内容，赋予员工更多的自主权和责任。现代企业鼓励员工参与到项目的不同阶段中，让他们能够全面了解项目的整体情况，培养跨部门合作和解决问题的能力。

现代管理还倡导员工的多元化发展，提供各种学习和发展的机会。企业可以通过内部培训、外部培训、岗位轮换等方式，让员工在不同领域进行学习和实践，提升他们的综合素质和能力。这样可以激发员工的潜力，提高他们的自信心和创造力。

在工作内容和分工方面，现代企业也注重员工的个人发展和职业规划。企业可以与员工进行沟通，了解他们的兴趣和目标，并为他们提供相应的发展机会和资源支持。通过与员工共同制定个人发展计划，企业可以更好地满足员工的需求，提高员工的工作动力和满意度。

第二节　新经济时代下的员工需求与招聘策略

随着新经济时代的到来,员工需求和招聘策略也在不断发生变化。新经济时代注重创新、高效和灵活性,企业需要适应这种变革并重新评估他们对员工的需求。下面将探讨新经济时代下的员工需求和招聘策略。

一、员工需求的变化

新经济时代的到来带来了许多变革和挑战,对企业的员工需求和招聘策略也产生了重要影响。在这个快速发展和高度竞争的时代,企业需要关注并适应员工需求的变化,以吸引和留住优秀的人才。

（一）技术能力的需求

随着科技的迅猛发展,企业对技术能力的需求日益增加。在新经济时代,拥有先进技术能力的员工对企业来说具有重要意义。例如,人工智能、大数据分析、云计算等领域的专业知识和技能成了热门需求。

企业需要关注候选人的技术背景和相关经验。招聘策略应该以技术能力为重点,通过面试、技术测试、项目演示等方式评估候选人的实际能力。这样可以确保企业雇佣到具备所需技术能力的人才,能够顺利应对复杂的技术挑战。

企业可以与高校、科研机构建立合作关系,以吸引具备前沿技术能力的人才。与高校合作可以参与学生实习项目,提供实践机会和培训资源,从而吸引优秀的学生加入企业。与科研机构合作可以共同开展科研项目,促进技术创新,并吸引科研人员加入企业。

企业还可以通过内部培训和发展计划提升员工的技术能力。通过提供专业培训课程、参与技术研讨会和行业交流活动,帮助员工不断更新技术知识,提高技术能力。同时,企业可以制定个人发展计划,为员工提供晋升机会和技术专家角色,激励他们持续学习和成长。

（二）创新能力的重视

在新经济时代,创新能力对于企业获得竞争优势至关重要。寻找具备创新思维和问题解决能力的员工成了招聘策略中的重要环节。这些员工能够提出新的想法、创造独特的产品和服务,并推动企业不断进步。

在招聘过程中，可以通过面试中的案例分析、问题解决等环节来评估候选人的创新能力。例如，候选人可以被要求描述他们在之前工作中遇到的挑战以及如何应对和解决这些挑战的方法。这样可以评估候选人是否有创新思维和解决问题的能力。

企业可以鼓励员工参与创新项目，并提供相应的奖励和激励机制。这样可以培养和吸引具备创新能力的人才。例如，企业可以设立创新奖励计划，对于提出创新想法、实施创新项目并取得成功的员工给予奖励和认可。企业还可以创建创新团队或设立专门的创新部门，为员工提供一个积极的创新环境和平台。

（三）灵活性和适应性的要求

在新经济时代，市场环境变化迅速，企业需要具备灵活性和适应性才能应对这种变化。因此，企业对员工的需求也更加注重他们的灵活性和适应性。员工需要具备快速学习和适应新技术和工作方式的能力，同时还需要具备灵活的工作时间和地点安排。

在招聘策略上，企业可以注重评估候选人的学习能力和适应能力。通过面试、测试等方式，了解候选人是否具备快速学习和适应新环境的能力。例如，可以询问候选人在过去的工作中是否遇到过变化和挑战，以及他们如何应对和适应这些变化。这样可以评估候选人的适应能力和应变能力。

企业可以提供培训和发展机会，帮助员工不断提升技能，以适应新经济时代的需求。通过组织内部培训课程、参与外部培训项目或者提供在线学习资源，帮助员工学习新的技术和知识。企业还可以鼓励员工参与跨部门或跨岗位的工作，让他们有机会接触不同的工作内容和团队合作，培养其灵活性和适应性。

（四）多样性和包容性的重要性

在新经济时代，企业越来越认识到多样性和包容性对于创造力和创新的重要性。员工的多元化背景和文化差异可以促进不同思维和观点的碰撞，激发更多创新的火花。因此，企业对于多样性和包容性的需求也日益增加。

在招聘策略中，企业可以注重候选人的多元化背景和文化差异。通过广泛招聘、开放式面试和评估程序，吸引具有不同背景和观点的人才。这样可以构建一个多元化的团队，其中每个成员都能够为企业带来独特的视角和经验。

企业可以鼓励多元化团队的构建，并提供相应的培训和活动。通过组建由不同背景和专业领域的员工组成的团队，可以促进不同思维方式的交流和合作。企业可以组织培训课程和工作坊，帮助员工了解和尊重不同文化之间的差异，并学习如何有效地协同工作。

企业还可以开展庆祝多样性和包容性的活动，如文化节日庆祝、多元文化展览等。这样可以增强员工之间的交流和理解，促进团队的凝聚力和合作性。

同时，企业应该倡导一个包容性的工作环境，鼓励员工分享自己的观点和意见，并尊重他人的不同声音。这样可以建立一个开放和宽容的氛围，使每个员工都感到被接纳和重视。

二、招聘策略的变化

（一）强调技术能力

在招聘过程中，企业需要更加强调候选人的技术能力和相关经验。随着科技的迅猛发展，技术能力对于企业的重要性日益突出。在新经济时代，企业在招聘策略中应该将技术能力作为一个重点关注的方面。

企业可以通过技术测试来评估候选人的实际技术能力。技术测试可以包括编程题、算法设计、数据分析等方面的考核。通过这些测试，企业可以了解候选人的技术水平和解决问题的能力。同时，技术测试还可以帮助企业筛选出具备所需技术能力的候选人，从而提高招聘效率。

企业可以要求候选人进行项目演示。候选人可以展示自己在之前的项目中所做的工作，并详细说明使用的技术和解决的问题。通过项目演示，企业可以直观地了解候选人在实际工作中的表现和能力。这样可以更好地评估候选人是否具备所需的技术能力，以及其在团队合作和问题解决方面的能力。

除了技术测试和项目演示，企业还可以要求候选人提供相关的技术经验和证书。候选人可以提供自己在相关领域的工作经历、参与的项目以及获得的相关证书和奖项等。这些信息可以帮助企业更加全面地了解候选人的技术背景和能力，并作为招聘决策的重要依据。

（二）引入新的招聘渠道

随着新经济时代的发展，企业在招聘策略中需要引入新的招聘渠道以满足不断变化的需求。传统的招聘渠道可能无法充分吸引具备创新意识和技术能力的候选人。企业可以考虑利用社交媒体、专业平台等新兴渠道来进行招聘。

1.社交媒体

社交媒体成了一个广泛而有效的招聘渠道。企业可以利用社交媒体平台如 LinkedIn、Facebook、Twitter 等，在招聘过程中发布招聘信息、职位描述和公司文化等内容，吸引更多的候选人关注。通过这些平台，企业可以直接与潜在候选人进行互动和沟通，提高招聘效率。企业还可以利用社交媒体的广告功能，将招聘信息精准地投放给符合要求的目标人群，进一步提升招聘的准确性和针对性。

2.专业平台

专业平台也是一个重要的招聘渠道。针对特定行业或领域的人才需求,企业可以利用专业平台如 Stack Overflow、Behance 等,发布相关岗位的招聘信息,并主动寻找具备相应技能和经验的候选人。这些专业平台聚集了许多行业内的专业人士,通过在这些平台上进行招聘,企业可以更精准地找到符合要求的候选人。

3.招聘网站和应用程序

除了社交媒体和专业平台,企业还可以利用在线招聘网站和招聘应用程序进行招聘。这些平台提供了便捷的招聘工具和功能,包括发布职位、筛选简历、安排面试等。企业可以根据自身需求选择合适的在线招聘平台,并结合其他渠道一起使用,以扩大招聘的覆盖面和吸引力。

4.其他新招聘渠道

企业还可以通过参与行业展会、组织招聘活动和与高校合作等方式来开拓新的招聘渠道。参加行业展会和组织招聘活动可以直接接触到感兴趣的候选人,并加深对企业的了解。与高校合作可以通过实习计划、校园宣讲会等形式,吸引优秀的学生加入企业。

(三)建立合作关系

在新经济时代,企业可以与高校、科研机构等建立合作关系,以吸引优秀的人才。这样的合作关系可以通过提供实习机会、项目合作等方式来实现,从而与有潜力的候选人建立联系,并在他们毕业后争取他们加入企业。

与高校建立合作关系是一个有效的招聘渠道。企业可以与相关专业的高校合作,参与学生实习项目。通过提供实践机会和培训资源,企业可以吸引优秀的学生加入企业,并在实习期间评估他们的工作表现和潜力。对于表现优秀的实习生,企业可以给予留用的机会,进一步发展和培养他们成为优秀的员工。

企业可以与科研机构建立合作关系。通过与科研机构合作开展科研项目,企业可以获取前沿的科技知识和创新思维,并吸引具备创新能力的科研人员加入企业。企业可以提供资金支持、技术资源和市场应用平台,与科研机构共同开展研究和开发工作。这样不仅可以促进技术创新,还能吸引那些渴望将科研成果应用到实际生产中的人才加入企业。

通过与高校和科研机构建立合作关系,企业可以与优秀的候选人建立联系,并在毕业后争取他们加入企业。这种合作关系可以为企业提供一个直接接触人才资源的途径,同时也可以让企业更早地了解候选人的能力和潜力。

除了提供实习机会和项目合作,企业还可以通过参与招聘活动、举办校园宣讲会等方式与高校建立紧密的联系。企业可以派遣代表团参加高校的招聘活动,向学生介绍企业文化、职业发展机会和岗位需求。企业还可以定期在高校举办宣讲会或技术讲座，与学生面对面交流，吸引他们加入企业。

（四）培养内部人才

招聘虽然重要，但并不是唯一的解决方案。在新经济时代，企业应该注重培养和发展内部人才，以满足不断变化的需求。通过提供培训机会、晋升通道等方式，激励员工持续学习和成长。

企业可以提供专业培训课程和资源，帮助员工不断更新技术知识，提高技术能力。这些培训可以包括内部培训课程、参与外部培训项目或者提供在线学习资源。通过培训，员工可以学习到最新的技术趋势和行业知识，提高自身的竞争力。企业还可以组织技术研讨会、行业交流活动等，为员工提供一个分享和学习的平台。

企业可以制定个人发展计划，为员工提供晋升机会和技术专家角色。通过清晰的职业发展路径和晋升机制，激励员工持续学习和成长。员工可以明确自己的目标，并根据个人发展计划制定相应的行动步骤。同时，企业可以设立技术专家岗位，鼓励员工在特定领域成为专家，并提供相应的支持和奖励。

企业可以鼓励员工参与跨部门或跨岗位的工作。通过给予员工不同的工作机会和角色，他们可以扩展自己的知识面和技能范围。这样有助于员工拓宽视野，提高解决问题的能力，同时也促进团队合作和沟通。

除了个人发展计划和跨部门工作，企业还可以建立导师制度和内部交流平台。通过为新员工分配导师，帮助他们更快地适应和融入企业文化。同时，企业可以创建内部交流平台，让员工分享经验和知识，激发创新思维和团队合作。

第三节　全球化背景下的人才管理

随着全球化的不断发展，世界各国之间的经济、文化和技术交流日益密切。这种全球化的趋势对企业来说既带来了机遇，也带来了挑战。在全球化背景下，人才的管理变得尤为重要。以下将探讨全球化背景下的人才管理，并提出相应的策略和方法。

一、全球化背景下的人才管理的挑战

全球化背景下的人才管理面临着诸多挑战。随着全球经济一体化的加深，企业面临着国际竞争的压力，需要拥有高素质的人才来应对市场的变化和挑战。然而，在全球化的背景下，人才的管理也面临着一系列的挑战。

（一）人才流动的增加和多样化

全球化背景下，人才流动的增加和多样化是人才管理面临的重要挑战之一。随着全球交流和移民的便利化，越来越多的人才选择跨国就业或移居他国，这为企业提供了更广阔的人才选择范围，但也带来了招聘、吸引和留住人才的新挑战。

企业在全球范围内竞争优秀人才。全球化使得企业可以从全球范围内吸引和选拔人才，但同时也意味着企业需要面对更大的竞争压力。优秀人才往往有多个选择，企业需要通过提供具有竞争力的薪酬福利、良好的发展机会和积极的工作环境来吸引他们选择自己的企业。企业还需要建立良好的品牌形象和声誉，以提升在全球范围内的知名度和吸引力。

企业需要适应不同文化背景下员工的需求。随着人才流动的增加，企业在全球范围内雇用了来自不同文化背景的员工。不同的文化背景意味着不同的价值观、行为方式和沟通方式。企业需要适应并尊重不同文化背景下员工的需求，提供跨文化培训和支持，以促进员工之间的理解、合作和共融。

全球化背景下的人才管理还需要面对语言障碍和法律法规的挑战。不同国家和地区使用不同的语言，语言障碍可能影响到团队合作和信息传递。企业需要提供语言培训和翻译支持，以帮助员工克服语言障碍。同时，不同国家和地区的法律法规也存在差异，企业需要了解并遵守当地的劳动法规和就业政策，以确保人才管理的合规性和公平性。

全球化背景下的人才管理需要解决远程协作和领导的问题。随着人才流动的增加，企业往往面临分散在不同地区的员工，如何实现高效的远程协作和领导成为一个挑战。企业需要建立有效的沟通渠道和协作平台，利用信息技术和数字化工具来促进远程团队的协作和信息共享。同时，企业需要培养具备跨文化领导能力的管理人员，以适应多样化团队的管理需求。

（二）跨文化管理

在全球化背景下，人才管理面临着跨文化管理的挑战。随着企业业务涉及不同国家和地区，管理来自不同文化背景的员工变得尤为重要。不同的文化背景意味着员工具有不同的价值观、行为方式和沟通方式，这会对企业的运营和团队合作带来一定的困扰。

企业需要适应不同文化背景下员工的需求。不同文化背景的员工对于工作环境、福利待遇、晋升机会等方面的期望可能存在差异。因此，企业需要了解并满足员工的多样化需求，制定灵活的人力资源政策和措施，以提高员工满意度和留存率。

企业需要提供跨文化培训和沟通渠道。由于员工来自不同的文化背景，他们之间可能存在着语言、习俗等方面的差异。为了促进员工之间的有效合作和协调，企业可以开展跨文化培训，帮助员工了解和尊重不同文化的差异，并学习如何在跨文化环境中进行有效沟通和协作。企业可以建立多样化的沟通渠道，包括面对面会议、在线协作工具等，以便员工能够方便地进行信息交流和合作。

企业需要重视文化融合与多元化管理。在全球化的背景下，企业要积极推动文化融合，将不同文化背景的员工融入企业文化中。这意味着企业需要尊重并包容不同文化的特点，鼓励员工分享自己的文化背景和经验，创造一个开放、包容的工作环境。同时，企业还应该倡导多元化管理，提倡平等、公正的机会分配，避免偏见的存在。

企业需要建立全球人才管理体系。随着企业业务的全球化，人才流动性也变得越来越普遍。为了更好地管理跨国员工和跨文化团队，企业可以建立全球人才管理体系，包括招聘、培训、绩效评估、激励体系等方面的标准化和规范化。通过统一的管理体系，企业可以更好地整合全球资源，提高人力资源的效益和管理水平。

（三）知识和技能转移

在全球化背景下，人才管理面临着知识和技能转移的挑战。全球化使得知识和技术的转移更加容易，企业需要在全球范围内共享最新的知识和技术，以保持竞争优势。然而，知识和技能的转移并不简单，需要解决语言障碍和法律法规等问题。同时，企业还需要建立良好的知识管理系统，促进知识的创造、共享和应用。

语言障碍是知识和技能转移的主要挑战之一。在全球化的背景下，企业可能涉及多个语言环境，员工之间的沟通可能存在语言障碍。为了解决这个问题，企业可以提供语言培训，帮助员工掌握必要的语言技能。企业还可以使用翻译工具或雇佣翻译人员来协助跨语言沟通，确保知识和技能能够顺利传递。

法律法规也是知识和技能转移的一项重要考虑因素。不同国家和地区可能存在着不同的法律法规，涉及知识产权、劳动合同、商业机密等方面的保护。企业需要确保知识和技能的转移符合当地的法律法规，并采取必要的措施保护知识产权和商业机密。在开展跨国合作时，企业可以与专业法律团队合作，确保知识和技能的转移过程合法合规。

企业需要建立良好的知识管理系统，促进知识的创造、共享和应用。知识管理系统可以包括知识库、在线协作平台、专家网络等，以便员工能够轻松获取和共享知识。同时，企业还可以设立知识分享和交流的机制，鼓励员工积极参与到知识共享的过程中，提高整个组织的学习和创新能力。

二、全球化背景下的人才管理的策略

在全球化背景下，人才管理的策略至关重要。企业需要采取一系列措施来吸引、培养和保留优秀的全球人才，以应对竞争激烈的国际市场。以下是一些在全球化背景下人才管理的策略。

（一）招聘全球人才

在全球化背景下，招聘全球人才是企业人才管理的重要策略之一。以下是具体的招聘全球人才的措施和方法。

1.参加国际招聘会

参加国际性的招聘会或职业博览会，与潜在候选人面对面交流。这种方式可以让企业直接了解候选人的能力和素质，并进行初步筛选。

2.海外合作伙伴和猎头公司

与海外的合作伙伴和猎头公司建立合作关系，利用他们的资源和专业知识来寻找全球人才。这些合作伙伴可以帮助企业拓展海外市场，并提供针对性的人才推荐和招聘服务。

3.多元化招聘团队

组建多元化的招聘团队，包括具有不同文化背景和语言能力的成员。这样可以更好地理解和吸引来自不同国家和地区的求职者，提高招聘效果和准确度。

4.引进移民人才

鼓励企业引进移民人才，通过技术移民、海外留学生就业计划等方式吸引具有专业技能和经验的外籍人才。这些人才通常具有跨文化背景和丰富的国际经验，对企业在全球化市场中的发展具有重要意义。

5.全球化品牌形象

建立积极的全球化品牌形象，提升企业的知名度和吸引力。通过展示企业的国际化背景、多元化文化和全球市场影响力，吸引全球人才加入企业，并认同企业的价值观和发展战略。

在招聘全球人才的过程中，企业还应该注意适应当地法律法规，确保招聘程序合法合规。同时，对于被录用的外籍员工，企业需要提供必要的移民和签证支持，以确保他们能够顺利进入和工作在目标国家。

（二）灵活的人力资源政策

灵活的人力资源政策是指企业根据员工的需求和特点，制定灵活多样的管理措施和政策，以满足不同文化背景员工对工作环境、福利待遇和晋升机会等方面的个性化需求。这样的政策能够增加员工的满意度和留存率，提高企业的竞争力。

灵活的人力资源政策包括灵活的福利制度。不同文化背景的员工对于福利待遇的需求也存在差异。企业可以根据员工的个人需求和家庭状况，提供多样化的福利选择，如弹性假期安排、医疗保险、子女教育津贴等。这样能够更好地满足员工的需求，增强员工的归属感和忠诚度。

灵活的人力资源政策还需要提供多元化的晋升途径。不同文化背景的员工对于职业发展和晋升的期望也会有所不同。企业可以建立公平、公正的晋升机制，提供多样化的晋升途径和培训机会，让员工能够根据自身的兴趣和能力发展职业生涯，激发员工的工作动力和创造力。

（三）跨国交流项目

跨国交流项目对于企业来说是非常重要的，它能够促进知识和经验的转移，为员工提供了在不同国家和地区的工作环境中学习和成长的机会。在全球化的背景下，企业需要具备跨文化沟通和合作的能力，而跨国交流项目正是帮助员工培养这些能力的有效方式。

通过跨国交流项目，员工可以更好地理解和适应不同文化背景下的工作方式。不同国家和地区拥有各自独特的文化、价值观和工作习惯，通过亲身体验，员工可以深入了解并体验当地的文化特点。这种跨文化的学习经历有助于打破员工的局限性，提高他们的文化敏感度和包容性，使其能够更好地与来自不同文化背景的同事合作。

跨国交流项目也能够拓宽员工的视野和能力。在不同国家和地区的工作环境中，员工将面临新的挑战和机遇。他们需要适应不同的管理方式、工作流程和市场环境，积极应对各种变化和困难。这种跨国交流的经历将帮助员工发展出全球化思维，拓宽自己的视野，提高解决问题和创新能力。

跨国交流项目还能够促进不同地区之间的合作和协同发展。员工在跨国交流中建立的人际关系和合作网络可以为企业打通各个市场之间的联系，促进资源共享和业务合作。通过跨国交流项目，企业能够加强全球团队的凝聚力和协作能力，提高组织的整体竞争力。

（四）强化领导力发展

在全球化的背景下，强化领导力发展对企业来说至关重要。企业需要培养具备全球视野和跨文化管理能力的领导者，他们能够有效地引领和管理多元化团队，应对不断变化的市场环境和挑战。

为了实现这一目标，企业可以建立领导力发展计划。该计划可以包括领导力培训课程，帮助员工学习和掌握各种领导技能和知识。这些培训可以涵盖沟通技巧、决策能力、团队管理、变革管理等方面的内容，以提高员工的领导力水平。通过系统性的培训，员工可以更好地理解和掌握领导力的核心概念和实践方法。

企业还可以建立导师制度或领导力发展社群，促进员工之间的互相学习和经验分享。通过导师的指导和合作伙伴的互助，员工可以从他人的经验中汲取营养，不断完善自己的领导能力。领导力发展社群可以提供一个交流和学习的平台，通过定期举办研讨会、讲座和活动，激发员工的学习热情和主动性。

领导力的发展是一个渐进的过程，培养周期较长，需要时间和实践的积累。企业需要给予员工足够的支持和鼓励，同时也要有耐心和长远的眼光。

三、全球化背景下的人才管理的方法

（一）建立全球人力资源网络

在全球化的背景下，建立一个全球人力资源网络对企业来说具有重要意义。这种网络可以帮助企业集中管理和调配全球各地的人才，实现更高效的人力资源管理。

建立全球人力资源网络可以统一企业的招聘制度。通过建立标准化的招聘流程和标准化的岗位要求，企业可以更有效地筛选和招聘全球各地的人才。这样不仅可以节省招聘成本，还可以确保招聘过程的公平性和透明度。

全球人力资源网络还可以统一企业的培训制度。通过共享培训资源和经验，企业可以为全球员工提供统一的培训课程，提高员工的专业能力和素质水平。同时，通过培训的标准化和系统化，可以加强员工之间的沟通和合作，促进知识共享和团队协作。

建立全球人力资源网络还可以实现全球绩效评估的统一管理。通过建立统一的绩效评估指标和评估体系，企业可以公平地评估全球各地员工的表现，并根据绩效结果进行激励和奖励。这样可以激发员工的工作积极性和创造力，提高整体绩效水平。

全球人力资源网络还可以促进全球人才的流动和跨地域的合作。通过搭建一个统一的人才数据库和交流平台，企业可以更便捷地调配和利用全球各地的人才资源。这样可以实现人才的最优配置，提高企业的竞争力和创新能力。

（二）发挥科技的作用

随着信息技术的快速发展，企业可以充分利用先进的科技工具来促进跨国团队的协同工作和沟通。这些工具不仅能够提高工作效率，还能够加强团队之间的合作和交流。

视频会议成了跨国团队沟通的重要方式之一。通过视频会议，团队成员无论身处何地，都可以实时进行面对面的交流和讨论。他们可以分享屏幕、展示文档、讨论问题，并能够看到彼此的表情和身体语言。这种直观的交流方式大大减少了时间和空间上的限制，有助于团队成员更好地理解和协调彼此的工作。

在线协作平台的应用也在跨国团队中变得越来越普遍。通过这些平台，团队成员可以共享文档、编辑文件，甚至可以同时进行实时协作。这样，即使团队成员分散在不同的地方，他们仍然能够共同参与项目的进展，及时反馈和修改内容。这种实时协作的模式大大提高了团队的工作效率，并且减少了沟通和协调上的障碍。

企业还可以利用其他信息技术工具来加强跨国团队的协作。例如，云存储服务可以方便团队成员共享和存储文件，保证数据的安全性和可访问性。项目管理工具可以帮助团队成员跟踪任务的进度和分配，确保项目按时完成。在线聊天工具和社交媒体平台可以促进团队成员之间的日常交流和合作。

发挥科技的作用不仅仅在于提供了高效便捷的工具，更重要的是改变了传统的工作模式和组织架构。通过科技的应用，企业可以实现虚拟化办公、弹性工作制等灵活的工作方式，使得团队成员能够更好地平衡工作和生活，提高工作满意度和效率。

尽管科技的发展给跨国团队带来了巨大的便利和机会，但也面临着一些挑战。例如，语言和文化差异可能导致沟通障碍；信息安全问题需要得到有效的解决；技术设备和网络稳定性也是使用科技工具的前提条件。因此，企业需要制定相关的政策和流程，提供培训和支持，确保科技的应用能够顺利进行。

第五章　新科技对人力资源管理的影响

第一节　人力资源数字化管理

随着科技的迅猛发展和互联网的普及应用,人力资源管理也在不断地进行数字化转型。人力资源数字化管理是指将传统的人力资源管理过程中的各种信息、数据和流程进行数字化处理,通过运用信息技术手段实现对人力资源的全面管理和优化。

一、人力资源数字化管理的意义

（一）提高工作效率

人力资源数字化管理的一个重要意义是可以大幅度提高工作效率。传统的人力资源管理过程中,往往需要依赖大量的纸质文件和手工操作,如员工档案管理、薪资核算和绩效评估等。这些烦琐的操作不仅耗费时间和人力成本,还容易出现错误。

而通过引入数字化管理,可以建立人事管理系统、人才管理系统等软件平台,实现自动化的数据录入、计算和分析。例如,企业可以利用人力资源信息系统快速建立员工档案,并实现自动化的薪资核算和绩效考核。这样一来,不仅节约了大量的时间和人力成本,还减少了人为错误的发生,大幅度提高了工作效率。

数字化管理使得各种流程和任务可以更加高效地进行。例如,员工的入职手续可以通过电子方式完成,无须纸质文件和复杂的审核流程。薪资核算和发放也可以通过系统自动生成和自动执行,避免了烦琐的手工计算和排队领取工资的环节。数字化管理还可以通过提供在线培训和学习平台,实现灵活的学习和知识共享,进一步提高员工的学习效率和工作能力。

数字化管理还可以实现各个环节的协同和集成。传统的人力资源管理往往存在信息孤岛的问题,不同部门之间的沟通和协作比较困难。而数字化管理通过建立统一的信息系统,可以将各个环节和部门连接起来,实现信息的共享和流动。例如,通过人力资源信息系统,不同部门可以共享员工的信息和数据,实现更加高效的招聘、培训和绩效管理等工作。

（二）优化决策依据

人力资源数字化管理的优势之一是能够提供更准确、科学的决策依据。通过数字化管理，企业可以实时收集、整理和分析大量的人力资源数据，为企业决策提供全面、准确的信息支持。

1.绩效管理

利用人力资源信息系统，企业可以对员工的绩效进行跟踪和评估。系统能够记录员工的工作表现、完成的任务和目标达成情况等数据，并生成相关报表和分析结果。这些数据可以帮助企业了解员工的绩效状况，识别出高绩效员工和低绩效员工，为激励和奖励制度的设计提供依据。系统还可以帮助企业发现绩效下滑的原因，并及时采取相应措施加以改善。

2.培训与发展

数字化管理可以帮助企业对员工的培训需求进行准确评估。通过记录员工的技能、知识和培训历程，系统可以为企业提供员工培训计划的建议和指导。同时，企业可以根据系统提供的数据，对培训方案进行调整和优化，提高培训的效果和成本效益。

3.预测与模拟

数字化管理可以利用数据挖掘和人工智能技术，对人力资源进行预测和模拟。通过分析历史数据和趋势，系统可以帮助企业预测未来的人力需求和流动趋势。这有助于企业制定合理的人员招聘计划和组织调整方案。系统还可以通过模拟不同的人力资源决策方案，评估其对企业绩效和运营的影响，为决策提供科学、精确的依据。

（三）加强员工参与和满意度

通过数字化管理，企业可以打破传统的信息孤岛，促进员工与人力资源管理部门之间的沟通和互动。以下是一些具体的方式。

1.员工自助平台

建立员工自助平台是数字化管理的重要组成部分。通过这样的平台，员工可以随时随地查询个人信息、申请休假、查看薪资福利等。这样的便利性提高了员工对人力资源管理的参与度和满意度。员工无须长时间等待或填写大量纸质表格，而是可以通过简单的操作完成各种事务，节省时间和精力。

2.在线考勤系统

建立在线考勤系统是数字化管理的重要应用之一。员工可以通过手机或电脑登录系统进行考勤打卡，实现远程办公和灵活工作时间的管理。这不仅提升了员工的工作体验，也增加了他们的满意度。员工可以更加自主地安排工作时间，适应个人的生活需求，提高工作与生活的平衡。

3.员工反馈平台

数字化管理可以通过在线问卷调查、员工反馈平台等方式，及时收集员工的意见和建议。这为企业改进管理和优化工作环境提供了重要参考。员工可以匿名或实名反馈工作中的问题、困惑以及对组织的建议。这种开放性和透明性促进了员工参与和沟通的氛围，提高了员工的满意度和忠诚度。

4.员工培训与发展

数字化管理可以通过在线学习平台和培训资源库，提供个性化的培训和发展机会。员工可以根据自己的需求和兴趣选择适合的培训课程，并自主进行学习。这样的灵活性和个性化满足了员工的学习需求，增强了他们的参与感和满意度。

（四）促进组织发展

人力资源数字化管理在促进组织发展方面发挥着重要作用。

1.人才管理精细化

通过数字化管理，企业可以对员工的技能、经验、职业发展规划等进行全面记录和分析。这有助于企业更好地了解员工的潜力和特长，并根据其个人需求和发展目标进行精细化的人才管理。企业可以为员工制定个性化的培养计划和晋升路径，帮助他们实现职业发展目标。这样的精细化管理有助于提高员工的工作满意度和忠诚度，促进组织内部的人才流动和发展。

2.智能匹配和推荐

借助人才管理系统，企业可以根据员工的能力和背景进行智能匹配，推荐适合的培训课程和岗位机会。这有助于激发员工的积极性和创造力，提升他们的工作表现和成长速度。同时，智能匹配还可以帮助企业更好地利用内部人才资源，提高员工的工作满意度和归属感。

3.人才预测和储备

数字化管理可以帮助企业进行人才预测和人才储备。通过分析员工的绩效、能力和潜力等数据，系统可以识别出潜在的高潜力人才，并为其提供相应的发展机会和培训计划。这有助于企业提前发现和培养未来的领导者和核心骨干，为组织的长远发展做好准备。

4.组织文化建设

数字化管理可以促进组织内部的信息共享和沟通，加强企业的组织文化建设。通过在线社交平台、员工反馈渠道等方式，员工可以更便捷地分享工作经验、互动交流，并参与到企业的决策和改进过程中。这有助于形成积极向上的工作氛围和团队合作精神，推动组织的协同发展。

二、人力资源数字化管理的实施步骤

人力资源数字化管理的实施步骤可以分为以下几个关键步骤。

（一）制定数字化战略

在实施人力资源数字化管理之前，企业需要制定明确的数字化战略。

企业需要明确数字化的目标。这可以是提高工作效率、降低成本、优化人力资源流程等。通过明确数字化目标，企业可以更好地指导后续的数字化工作，并为相关利益相关者提供清晰的方向。

企业需要确定数字化的范围。这涉及决定哪些方面的人力资源管理将被数字化，例如招聘、培训、绩效管理等。明确范围有助于企业更加精确地确定所需的数字化解决方案和技术支持。

接下来，企业需要制定数字化的时间表。这意味着确定数字化实施的阶段和时间节点。根据企业的实际情况和资源状况，可以将数字化分阶段进行，以确保有效的推进和适应性调整。

在制定数字化战略时，企业还需要确定数字化管理所需的资源和预算。这包括人力资源、技术设备、软件系统等方面的投入。企业需要评估自身的资源能力，并制定相应的预算计划，以确保数字化管理的顺利实施。

最后，企业需要明确数字化管理对组织发展的重要性和预期效益。数字化管理可以提高工作效率、减少人力资源管理的错误和纰漏，同时提供更精确的数据支持决策。这些优势将有助于提升组织的整体竞争力和可持续发展能力。

（二）评估当前情况

评估当前情况是制定数字化战略的重要步骤。通过对人力资源管理现状进行评估，企业可以全面了解现有的人力资源流程、信息系统和数据基础的状况，找出存在的问题和痛点，并识别出数字化管理的机会和挑战。

评估现有的人力资源流程是必要的。企业需要审查招聘、培训、绩效管理、薪酬福利等各个环节的流程，了解其效率和效果如何。例如，是否存在人工操作频繁、流程冗长、沟通不畅等问题，这些都可能成为数字化管理的改进点。

评估现有的信息系统也非常关键。企业需要了解目前使用的人力资源管理软件或系统的功能和性能如何。是否能够满足企业的需求，是否存在数据冗余、信息孤岛等问题。还需要考虑系统的兼容性和扩展性，以确保数字化管理的顺利实施。

另外，评估数据基础是不可忽视的一部分。企业应该检查现有的人力资源数据的质量和完整性，了解是否存在数据缺失、数据错误等问题。同时，也需要评估数据的存储和管理方式，以确定是否需要进行数据清洗、整合或迁移。

通过对现有人力资源管理情况的评估，企业可以发现一些问题和痛点。例如，可能存在招聘流程不透明、培训资源浪费、绩效评估不公平等问题。这些问题可能导致人力资源管理效率低下、员工满意度降低等后果，需要在数字化战略中加以解决。

同时，评估还可以帮助企业识别数字化管理的机会和挑战。例如，通过引入人工智能技术，可以实现招聘自动化、培训个性化、绩效评估智能化等创新。然而，数字化管理也面临着数据安全风险、技术转型困难等挑战，需要制定相应的应对策略。

（三）确定需求和优先级

确定需求和优先级是企业在制定人力资源数字化管理策略时的重要一步。基于前面的评估结果，企业需要具体确定哪些方面的管理需要进行数字化，并按照战略目标和资源限制来确定实施的优先级顺序。

企业可以根据评估结果确定不同方面的需求。员工信息管理是其中之一。企业可以考虑引入人力资源管理系统，用于集中管理员工档案、薪酬福利信息、合同和证书等相关信息。这样能够提高信息的准确性和及时性，降低数据冗余和错误的风险。

另一个重要的需求是绩效管理。企业可以通过数字化工具来建立绩效评估体系，实现目标设定、绩效考核和反馈的自动化和可视化。这有助于提高绩效管理的公正性和透明度，激励员工的积极性和发展潜力。

培训与发展也是人力资源数字化管理的关键需求之一。企业可以利用在线学习平台、虚拟培训等数字化手段，提供个性化的培训内容和学习路径，帮助员工提升技能和知识。同时，数字化管理还可以通过数据分析和智能推荐等功能，为企业提供更准确的培训需求预测和人才发展规划。

在确定需求的基础上，企业需要根据战略目标和资源限制来确定实施的优先级顺序。例如，如果企业的目标是提高员工满意度和绩效表现，那么绩效管理可能是优先考虑的领域。如果企业面临着大量员工信息管理的烦琐工作，那么员工信息管理系统的实施可能具有较高的优先级。

企业还需要考虑资源的可用性和投入成本。数字化管理的实施需要投入人力、财力和技术支持。企业应该根据自身的资源状况和预算限制，合理安排实施的优先级。可以采取分阶段实施的方式，逐步推进数字化管理的全面落地。

（四）寻找合适的解决方案

寻找合适的解决方案是企业在实施人力资源数字化管理时的重要一步。根据之前确定的需求和优先级，企业可以考虑购买商业化的人力资源管理软件或开发定制化的数字化管理系统。

购买商业化的人力资源管理软件是一种常见的选择。这些软件通常具有成熟的功能模块，涵盖员工信息管理、绩效管理、培训与发展等各个方面。企业可以根据自身需求选择合适的软件，并按照提供商的规定进行部署和配置。这种解决方案具有快速启动和相对低成本的优势，可以满足大部分企业的基本需求。

另一种选择是开发和定制自己的数字化管理系统。这种解决方案通常需要企业自行组建开发团队，进行系统设计、开发和测试。相比购买商业软件，定制化系统可以更好地满足企业特定的需求和流程，具有较高的灵活性和个性化。然而，这种解决方案需要投入更多的时间、资源和技术支持，并且需要考虑后续的运维和升级。

在选择解决方案时，企业需要综合考虑多个因素。首先是功能和易用性。解决方案应该能够满足企业的核心需求，并且具备良好的用户界面和操作体验，以提高员工的接受度和使用效率。

其次是成本和可扩展性。企业需要评估购买或开发系统的初期投资和后续运营成本，确保符合预算和资源限制。同时，也需要考虑解决方案的可扩展性，即在未来业务扩张或需求变化时是否能够方便地进行功能扩展或定制开发。

企业还可以参考其他用户的评价和建议，与供应商进行沟通和演示，以获取更多的信息和了解解决方案的实际效果。

（五）实施与集成

在选择了合适的人力资源数字化解决方案后，企业需要实施和进行集成工作。这一过程涉及系统的安装和配置、数据的迁移和整合，以及与其他相关系统的集成。同时，还需要对员工进行培训和推广，确保他们能够正确使用和理解数字化管理系统。

企业需要进行系统的安装和配置。根据解决方案提供商的指导，将软件部署到企业的服务器或云平台上，并进行相应的设置和参数配置。这确保系统能够正常运行，并满足企业的需求。

数据的迁移和整合是非常重要的一步。企业需要将现有的员工数据、绩效数据、培训记录等迁移到新的数字化管理系统中。这可能涉及数据清洗、转换和导入等工作，确保数据的准确性和完整性。同时，如果存在多个数据源，需要进行整合，以便于系统的统一管理和查询。

与其他相关系统的集成也是必要的。例如，数字化管理系统可以与财务系统集成，实现薪酬福利信息的自动化处理；还可以与人事系统集成，实现员工档案的共享和同步更新。这样可以避免重复录入数据，提高数据的一致性和准确性。

在系统实施和集成完成后,企业需要进行员工培训和推广。通过培训课程、培训文档、在线帮助等方式,向员工介绍数字化管理系统的功能和使用方法,并解答他们的疑问和问题。还可以组织一些推广活动,如内部宣传、示范演示等,以提高员工对数字化管理系统的接受度和使用意愿。

在实施和集成过程中,企业应该密切与解决方案提供商合作,及时反馈问题和需求变更。同时,也要注意项目进度的控制和风险管理,确保实施工作按计划进行,并及时解决可能出现的问题。

(六)数据管理与分析

一旦数字化管理系统上线,企业需要建立有效的数据管理和分析机制。这包括确保数据的准确性和完整性、制定数据安全和隐私政策,以及建立数据分析能力和指标体系。通过有效的数据管理和分析,企业可以从大量的人力资源数据中获取洞见,为决策提供科学依据。

确保数据的准确性和完整性是数据管理的重要一环。企业应该制定数据录入和维护的标准操作规程,确保员工信息、绩效评估结果、培训记录等数据的准确记录和及时更新。同时,也要加强数据质量控制,例如进行数据清洗、去重和校验,以保证数据的可靠性和一致性。

制定数据安全和隐私政策也是非常重要的。企业需要建立相应的安全措施和权限设置,确保数据的机密性和完整性。同时,还要遵守相关法律法规,尤其是个人信息保护法规,保护员工的隐私权益。可以采用数据加密、访问控制、备份和灾备等技术手段,提高数据的安全性和可靠性。

建立数据分析能力和指标体系是数据管理的重要目标。企业可以利用数据分析工具和技术,对人力资源数据进行挖掘和分析,发现潜在的规律和趋势。例如,通过分析员工流失率、绩效评估结果和培训投入与产出等指标,可以了解员工的离职原因、绩效表现和培训需求,为人才管理和战略决策提供有价值的信息。

此外,建立合适的指标体系也是数据管理的关键。企业可以根据自身的战略目标和业务需求,制定一套科学有效的人力资源指标体系,包括员工满意度、人力成本、绩效指标等。这些指标可以帮助企业进行绩效评估、薪酬调整、人才发展等决策,并监控人力资源管理的效果和改进方向。

(七)持续改进与优化

人力资源数字化管理是一个持续改进的过程。企业需要定期评估数字化管理的效果和满意度,识别存在的问题和改进的机会,并持续优化数字化管理系统和流程。同时,企业还需要关注新技术的发展和趋势，及时调整数字化战略和方案，以适应不断变化的市场环境。

定期评估数字化管理的效果和满意度是非常重要的。企业可以通过员工反馈、数据分析和绩效评估等方式，了解数字化管理的实施情况和效果。这可以帮助企业识别存在的问题和痛点，了解员工对系统的满意度和使用体验。根据评估结果，企业可以制定相应的改进计划，优化数字化管理系统和流程。

企业需要持续优化数字化管理系统和流程。随着业务的变化和技术的进步，数字化管理系统可能需要进行功能升级或扩展。企业可以与解决方案提供商合作，定期进行系统的维护和升级，确保系统始终处于良好的运行状态。还需要不断优化数字化管理的流程，提高工作效率和用户体验。

除了内部的持续改进，企业还需要关注新技术的发展和趋势。例如，人工智能、大数据分析等新技术的应用在人力资源管理领域逐渐成熟，为企业提供了更多的机会和挑战。企业可以密切关注这些技术的发展，并根据实际需求进行相应的调整和创新。例如，通过引入智能招聘系统、人脸识别打卡等技术，进一步提高招聘效率和员工考勤管理的精确性。

还要关注市场和行业的变化，及时调整数字化战略和方案。随着市场竞争的加剧和人才需求的变化，企业可能需要调整人力资源管理的重点和策略。数字化管理系统应该具备灵活性和可扩展性，以便快速适应新的要求和挑战。

三、人力资源数字化管理存在的问题与挑战

人力资源数字化管理的发展和应用给企业带来了许多好处，但同时也面临着一些问题和挑战。以下是一些常见的问题和挑战。

（一）技术和系统选型

在数字化管理过程中，选择合适的技术和系统是一个关键的决策。企业需要评估不同的解决方案，并根据自身需求和预算限制做出选择。然而，市场上存在各种各样的人力资源管理软件和系统，选择适合自己的解决方案可能会面临困难。

技术和系统选型面临的问题是多样性和复杂性。市场上存在众多供应商提供的人力资源管理软件和系统，涵盖了招聘、培训、绩效管理、薪酬福利等多个方面。每个软件和系统都有其独特的功能和特点，企业需要对不同的解决方案进行全面评估，并与自身需求进行对比。由于每个企业的需求各不相同，选择最适合自己的解决方案可能会面临困难。

预算限制也是技术和系统选型中的挑战之一。引入人力资源数字化管理技术和系统需要一定的投资，包括软件购买费用、硬件设备更新、培训成本等。尤其是对于中小型企业来说，预算限制可能会成为一个制约因素。因此，在选型过程中，企业需要综合考虑技术的性价比和预期回报，确保选择的技术和系统能够实现预期的效益。

（二）数据安全和隐私

在数字化管理过程中，大量的员工个人信息和敏感数据被收集、存储和处理。这些数据包括身份证号码、银行账户信息、薪资福利等，一旦泄露或被黑客攻击，将给员工和企业带来严重的损失。因此，确保数据的安全性成为数字化管理的首要任务之一。

数字化管理系统必须具备强大的防护措施，如加密技术、防火墙和入侵检测系统等，以防止未经授权的访问和数据泄露。合适的权限管理机制应建立起来，只有经过授权的人员才能访问特定的数据，从而减少数据泄露的风险。同时，定期进行安全审计和漏洞扫描，及时修复系统漏洞，以确保数据的安全。

另一个问题是数据隐私。员工的个人信息被数字化管理系统所记录和使用，可能会引发对隐私的担忧。员工担心他们的个人信息被滥用或泄露，从而影响到自己的权益和利益。因此，保护员工的数据隐私成为数字化管理的另一个重要任务。

在数字化管理过程中，企业应制定明确的数据隐私政策，并向员工进行充分的解释和沟通。员工应该知道自己的个人信息将如何被收集、使用和保护，以及他们有权利对其进行访问和修改。加强对员工个人信息的保护措施，如数据脱敏、匿名化处理等，可以有效减少数据泄露的风险。

（三）系统集成和数据共享

在传统的人力资源管理中，各个部门通常使用不同的软件和系统来处理员工信息、薪资福利、绩效评估等。这导致了信息孤岛和数据分散的问题，使得人力资源管理流程复杂而低效。数字化管理的一个重要目标是实现系统集成和数据共享，以提高管理效率和数据准确性。

在实践中，系统集成和数据共享面临着一些挑战。不同系统之间的兼容性问题。由于不同厂商开发的系统采用不同的技术和架构，使得系统之间的集成变得困难和复杂。这可能需要企业投入大量的时间和资源来开发和测试集成接口，以确保系统能够正常地交换数据。

数据共享涉及数据格式、安全性和权限控制等方面的问题。不同部门可能对数据的需求和访问权限有所不同，因此需要建立合适的权限管理机制，确保只有经过授权的人员才能访问特定的数据。同时，数据的格式和结构也需要统一，以便不同系统能够正确地解读和使用数据。

系统集成和数据共享还需要跨部门的协作和沟通。不同部门之间需要进行良好的合作，共同制定数据共享的规范和流程，并及时沟通和解决可能出现的问题。这对企业来说是一项挑战，需要建立良好的沟通渠道和团队合作精神。

（四）变革管理和文化转变

数字化管理对企业的组织结构、流程和工作方式都带来了巨大的改变，这需要企业进行有效的变革管理和文化转变，以适应和应对这些变化。

数字化管理的实施通常需要对现有的组织结构和流程进行重新设计和调整。这可能涉及职责和权限的重新划分、流程的优化和简化等。这种组织结构和流程的变革可能会引发员工的不适和阻力。因此，企业需要进行有效的变革管理，包括明确变革目标和理念、与员工进行充分的沟通和参与、建立变革的激励机制等，以帮助员工理解和接受变革，并积极参与到变革过程中。

数字化管理的引入还需要进行文化转变。传统的人力资源管理往往强调集中控制和层级管理，而数字化管理更加强调信息共享、自主决策和团队合作。这就要求企业建立一种开放、协作和创新的文化氛围，鼓励员工分享知识和经验，以及敢于尝试新方法和新思路。文化转变是一个漫长且复杂的过程，需要企业领导者的坚定承诺和示范，以及培养员工的新型工作价值观和行为习惯。

（五）数据分析和洞见提取

在数字化管理过程中，大量的员工数据被收集、存储和处理。这些数据包括员工的个人信息、绩效评估、培训记录等。但仅仅收集和存储数据是不够的，更重要的是如何利用这些数据进行分析，提取有价值的洞见，为企业的决策和战略提供支持。

由于数据来源的多样性和质量的差异，可能存在数据不完整、重复、错误等问题。因此，企业需要建立数据清洗和校验的机制，确保数据的准确性和可靠性。还需要关注数据的时效性，及时更新和处理数据，以反映最新的情况。

不同系统和部门可能使用不同的数据格式和结构，导致数据的分析和整合变得困难和复杂。因此，企业需要建立统一的数据标准和架构，以便将数据整合到一个统一的平台上，方便进行分析和提取洞见。

数据分析还需要解决数据洞见的应用问题。仅仅获得数据洞见是不够的，更重要的是将这些洞见转化为实际的行动和决策。企业需要建立良好的沟通渠道和协作机制，确保洞见能够被相关部门和管理层及时获取和应用。

第二节 人工智能在招聘与培训中的应用

随着科技的不断进步和人工智能（AI）技术的迅速发展，越来越多的企业开始将人工智能应用于招聘和培训领域。人工智能在招聘与培训中的应用可以大大提高效率、减少成本，并且更加客观公正地评估和选择候选人。下面将详细探讨人工智能在招聘与培训中的具体应用。

一、招聘

随着社会的发展和企业的壮大，人才招聘成了每个企业不可或缺的重要环节。如何高效、精准地吸引和选拔到合适的人才，对于企业的发展至关重要。在这个信息化时代，人才招聘也开始融入了 AI 技术，以提高效率、降低成本，并且更加客观公正地进行招聘。

（一）简历筛选

简历筛选是人才招聘过程中的重要环节，传统的简历筛选需要耗费大量的时间和精力，并且由于主观偏见的存在，容易错过优秀的候选人。随着人工智能技术的发展，人工智能在简历筛选中的应用可以大大提高效率、降低成本，并且更加客观公正地评估候选人的素质。

使用人工智能技术进行简历筛选，需要对简历进行自动解析和分析。人工智能可以通过文本分析和自然语言处理技术，识别简历中的关键词、技能和经验等信息。通过建立专业的算法模型，人工智能可以自动判断候选人是否符合岗位要求，从而快速筛选出合适的候选人。相比传统的手动筛选，人工智能可以实现大规模、高效率的简历筛选，大大节省了人力资源的投入。

人工智能还可以通过机器学习算法不断优化筛选结果。通过对大量的简历数据进行训练和学习，人工智能可以逐渐提升准确度和可靠性，更加精准地匹配候选人与岗位需求。同时，人工智能还可以根据招聘人员的反馈和调整需求，不断优化筛选算法，使其更符合实际情况。

除了自动化的简历解析和分析，人工智能还可以结合其他技术手段，如人脸识别和情感分析等，进行更全面的评估。例如，通过面部识别技术，人工智能可以分析候选人在照片或视频中的表情、姿势等特征，帮助招聘人员了解候选人的情绪状态和沟通能力。这些辅助技术可以进一步提高筛选的准确性和客观性。

尽管人工智能在简历筛选中的应用有很多优势，但也需要注意一些潜在的问题。例如，人工智能算法的训练数据可能存在偏见，导致结果不够公正。因此，在使用人工智能进行简历筛选时，需要进行监督和调整，确保算法的准确性和公正性。

（二）智能推荐

智能推荐是人工智能在人才招聘中的一项重要应用。传统的招聘过程中，招聘人员需要花费大量时间和精力筛选、评估候选人的简历和面试结果。而利用人工智能技术进行智能推荐，可以通过分析岗位需求和候选人的技能、经验等信息，快速找到最匹配的候选人，并提供给招聘人员参考。

人工智能的智能推荐系统首先需要建立一个完善的候选人和岗位数据库。这个数据库包含了各种与候选人相关的信息，例如教育背景、工作经历、技能和兴趣爱好等。同时，还需要对不同岗位的需求进行准确的描述和分类。通过将岗位需求和候选人信息进行匹配，人工智能可以根据算法模型快速推荐最合适的候选人。

在智能推荐过程中，人工智能会利用机器学习和数据挖掘的技术，分析大量的数据，寻找潜在的关联和模式。通过比对岗位需求和候选人的技能、经验等信息，人工智能可以判断候选人与岗位的匹配度，并给出相应的推荐结果。这样不仅可以节省招聘人员的时间和精力，还能提高候选人的匹配度，增加招聘的成功率。

智能推荐系统还可以通过不断学习和优化来提高推荐准确性。系统会根据招聘人员的反馈和候选人的表现进行评估和调整。通过分析招聘结果和候选人的表现，智能推荐系统可以逐渐提升推荐算法的准确性和效果，更好地满足企业的招聘需求。

智能推荐系统在人才招聘中有很多优势，但也需要注意一些问题。例如，数据质量和数据隐私是智能推荐面临的挑战之一。为了保护候选人的隐私，招聘人员需要合法、合规地收集和使用候选人的信息。在建立智能推荐系统时，还需要考虑到算法的公正性和透明度，避免出现偏见性的结果。

（三）面试辅助

在人才招聘中，面试是评估候选人能力和素质的重要环节。传统的面试过程需要招聘人员亲自与候选人进行沟通和评估，这不仅耗时费力，还容易受到主观因素的影响。而人工智能可以用于面试辅助，通过语音识别和面部识别等技术，提供更客观、全面的评估方法。

语音识别技术可以自动转录和分析面试过程中的对话内容。人工智能可以识别和记录候选人的回答、表达方式和语言能力等方面的信息。通过对面试内容的分析，招聘人员可以更准确地评估候选人的表达能力、思维逻辑和沟通技巧。语音识别技术还可以帮助招聘人员记录面试过程，方便后期回顾和参考。

面部识别技术可以用于情绪分析。面部识别技术可以分析候选人面部表情的变化和微表情，从而推测候选人的情绪状态和应对能力。通过分析候选人在面试过程中的表情和情绪反应，招聘人员可以更全面地了解候选人的情绪稳定性、应变能力和社交技巧等方面的素质。

通过语音识别和面部识别等技术，人工智能在面试辅助中可以提供客观、全面的评估结果。相比传统的主观评价，人工智能可以帮助招聘人员更准确地判断候选人的能力和潜力，避免主观偏见的干扰，提高面试的公正性和可靠性。

需要注意的是，人工智能在面试辅助中应用语音识别技术可能受到口音、背景噪音等因素的影响，导致识别精度不够准确。面部识别技术也可能存在误判的情况，需要结合其他评估手段进行综合考量。

（四）候选人背景调查

候选人背景调查是通过了解候选人的背景信息，可以更全面地评估其能力和潜力。利用人工智能技术，可以快速、准确地获取候选人的社交媒体信息、个人项目等背景信息，帮助招聘人员更全面地了解候选人。

人工智能在候选人背景调查中的应用主要通过网络搜索和数据挖掘等方式实现。人工智能可以通过网络搜索引擎自动抓取候选人在互联网上公开的信息。例如，通过搜索候选人的姓名、教育经历、工作经验等关键词，人工智能可以快速收集到候选人在各种平台上的社交媒体资料、博客文章、论坛回帖等相关信息。

人工智能可以利用数据挖掘技术对收集到的信息进行分析和整合。通过建立专业的算法模型，人工智能可以从海量的数据中提取出与候选人能力和素质相关的特征。例如，通过分析候选人在社交媒体上的互动、个人项目的成果等信息，可以了解其团队合作能力、创新能力和沟通能力等方面的表现。

通过人工智能技术进行候选人背景调查可以提高速度和效率。传统的背景调查需要人工逐一搜索和整理信息，而使用人工智能可以实现自动化的信息收集和处理，大大节省时间和精力。准确性和客观性也能得到增强。人工智能通过算法模型的分析，可以提取出客观的数据和特征，避免主观判断和偏见的干扰。这样可以更全面、公正地了解候选人的能力和潜力，为招聘决策提供更科学的依据。

在收集和使用候选人的个人信息时，需要遵守相关法律法规，并确保数据的安全性和保密性。人工智能的算法模型需要经过充分的训练和验证，以确保其能够准确地从海量数据中提取有价值的信息。

二、员工培训

（一）个性化学习

个性化学习是人工智能在员工培训中的一项重要应用。通过利用人工智能技术，企业可以根据员工的背景、兴趣、学习风格和需求，为每个员工提供个性化的学习内容和学习路径，以增强培训效果和提高员工的学习成果。

人工智能可以通过分析员工的学习数据和表现来识别出每个员工的学习偏好和弱点。通过收集和分析员工在培训过程中的学习数据，例如答题情况、学习进度和反馈等，人工智能可以了解到员工在不同领域的优势和劣势。基于这些数据，AI 可以准确地评估员工的学习水平，并确定员工所需的知识和技能。

基于员工的学习偏好和需求，人工智能可以推荐相应的培训课程和学习资源。通过分析员工的背景、职位要求和兴趣爱好等信息，AI 可以为每个员工量身定制学习计划，推荐适合其学习目标和学习风格的培训课程和教材。这种个性化的推荐可以提高员工的学习动力和参与度，使其更加愿意主动参与培训活动。

个性化学习还可以通过自适应学习路径来满足不同员工的学习需求。人工智能可以根据员工的学习进度和理解情况，动态地调整学习内容和难度，确保每个员工都能够按照自己的学习节奏进行学习。通过自适应学习路径，员工可以更好地掌握所需的知识和技能，并在学习过程中不断提升自己的能力。

（二）虚拟教练和辅助教学

虚拟教练和辅助教学是人工智能在员工培训中的另一项重要应用。通过利用人工智能技术，企业可以模拟虚拟教练或助教的角色，与员工进行互动和指导，以提供更加个性化和高效的学习体验。

虚拟教练可以通过语音识别和自然语言处理技术与员工进行对话交流。员工可以通过语音或文字与虚拟教练进行互动，提出问题、寻求帮助或讨论学习内容。虚拟教练能够理解员工的提问，并给予准确的回答和解释。这种交互式的学习方式使得员工能够随时随地获取到所需的指导和支持，提高学习效率和学习成果。

虚拟教练可以为员工提供及时的反馈和建议。在学习过程中，虚拟教练可以根据员工的学习表现和答题情况，给予实时的评价和反馈。通过分析员工的学习数据，虚拟教练可以识别出员工的弱点和需要改进的方面，并针对性地提供指导和建议，帮助员工更好地理解和掌握所学知识。这种个性化的反馈和建议可以帮助员工及时纠正错误，提高学习效果。

辅助教学是人工智能在员工培训中的另一个重要应用。AI可以根据员工的学习进度和理解情况，自动生成针对性的辅助教材和练习题。通过分析员工的学习数据和表现，AI可以确定员工的知识掌握情况，并根据其需要生成相应的辅助教材，例如补充阅读材料、案例分析或模拟实践任务等。这些辅助教材和练习题可以帮助员工更好地理解和巩固所学知识，提高学习的深度和广度。

（三）虚拟实践环境

虚拟实践环境是人工智能在员工培训中的又一重要应用。通过利用人工智能技术，企业可以创建虚拟实践环境，模拟真实工作场景和复杂任务，为员工提供安全、无压力的实际操作和实践的机会。

虚拟实践环境可以为员工提供丰富的学习资源和案例。通过建立虚拟的工作场景和任务，员工可以在虚拟环境中进行模拟操作和实践。这种模拟操作和实践可以涉及各种复杂的工作流程、业务场景或技能训练，帮助员工更好地理解和掌握相关知识和技能。虚拟实践环境还可以提供大量的案例和场景，使员工能够在不同情况下进行反复练习和实践，加深对知识的理解和应用。

虚拟实践环境可以帮助员工锻炼技能和培养经验。在虚拟环境中，员工可以自由地进行实际操作和任务执行，积累宝贵的实践经验。通过多次的模拟实践，员工可以逐渐熟悉和掌握工作流程、技能要点和操作规范，提高自己的业务水平和工作效率。虚拟实践环境还可以设定不同难度级别的任务，让员工逐步挑战自己，提升技能和能力。

虚拟实践环境还可以及时纠正错误和提供反馈。在虚拟环境中进行实际操作和实践时，人工智能可以即时监测员工的行为和操作，并对其进行评估和反馈。如果员工在操作过程中出现错误或不规范的行为，虚拟实践环境可以及时发出警示，帮助员工纠正错误。通过这种实时的反馈和指导，员工可以快速改进和提高自己的操作技巧和工作质量。

虚拟实践环境可以记录员工的操作过程和结果，为后续的学习评估和改进提供数据支持。人工智能可以自动记录员工在虚拟环境中的操作路径、决策过程和结果，生成详细的操作日志和学习报告。这些数据可以用于对员工的学习进展和表现进行评估分析，帮助企业了解员工的学习情况和培训需求，进而优化培训计划和提供有针对性的支持。

（四）知识管理和共享

知识管理和共享是人工智能在员工培训中的又一重要应用。通过利用人工智能技术，企业可以对员工的知识和经验进行整理、分类和共享，提高知识的传递效率和员工的学习与工作效率。

人工智能可以自动化地识别、提取和归纳企业内部的知识资料和培训资源。AI 技术可以分析和理解企业内部的文档、培训资料、学习材料等内容，并将其按照特定的标签、分类或关键词进行整理和归类。这样就建立起了一个全面、准确的知识库，包含了企业内部丰富的知识资源。员工可以通过智能搜索技术快速找到所需的知识和学习资源，避免了烦琐的手动查找过程，提高了学习的效率和准确性。

人工智能可以通过智能推荐算法将知识和学习资源分享给其他员工。基于员工的背景、职位要求、学习历史等信息，AI 可以分析员工的学习需求和兴趣爱好，精准地推荐适合其学习目标的知识和学习资源。这种个性化的推荐可以帮助员工快速找到符合自己需求的学习材料，并提高学习的效果和积极性。同时，通过智能推荐，员工还可以发现和接触到其他领域或新兴技术的知识，拓宽自己的视野和能力。

知识管理和共享还可以促进员工之间的协作和互动。人工智能技术可以构建企业内部的社交学习平台，让员工可以分享自己的知识和经验，以及从其他员工那里获取有价值的信息和反馈。通过社交学习平台，员工可以进行在线讨论、问答交流和协作学习，促进知识的共享和沟通，加强团队合作和协同效应。

第三节　灵活就业与新经济环境下的劳动力供应链管理

灵活就业是指个人在工作方式和工作时间上具有更大的自主权和弹性，不再局限于传统的全职、长期雇佣关系。随着新经济环境的发展，灵活就业模式得到了广泛应用，对劳动力供应链管理提出了新的挑战。

一、灵活就业的特点

随着经济的发展和社会的变迁，灵活就业成为一种新型的就业模式，逐渐受到广大劳动者的青睐。

（一）自由度高

灵活就业模式给予个体更高的自由度，使其能够根据自身情况和需求选择合适的工作方式。灵活就业者可以自由选择工作项目、工作地点和工作时间，更好地平衡工作和生活。

1.工作项目选择自由

灵活就业者拥有工作项目选择的自由度。他们可以根据个人兴趣、技能和专业背景，自主地选择适合自己的工作项目。相比传统的全职雇佣关系，灵活就业为个体提供了更大的自主权和决策权。

在灵活就业模式下，个体可以根据市场需求和个人优势来确定自己的工作方向。他们可以选择自己感兴趣的领域或行业进行工作，从而更好地发挥自己的才能和潜力。例如，一个具有设计天赋的灵活就业者可以选择承接与设计相关的项目，将自己的创意和想法转化为实际的作品。

灵活就业者也可以根据自身的技能和专业背景来选择工作项目。他们可以利用自己已经掌握的知识和技能，承接与之相关的项目，从而提高工作效率和质量。例如，一名具有编程技能的灵活就业者可以选择参与软件开发或网站建设等与编程相关的项目，将自己的专业知识发挥到极致。

通过自主选择适合自己的工作项目，灵活就业者能够更好地提高工作满意度和创造力。因为他们能够投入更多的热情和精力，从事自己感兴趣的领域或项目，获得更大的成就感和满足感。同时，个体也能够根据市场需求不断调整自己的工作方向，保持与时俱进，提高竞争力。

2.工作地点灵活性

灵活就业者在工作地点上拥有较大的灵活性。传统的全职工作通常需要在公司办公室或指定场所工作，而灵活就业模式允许个体选择适合自己的工作地点，包括家庭、共享办公空间或其他场所。

一种常见的工作地点选择是在家办公。随着信息技术的进步和互联网的普及，越来越多的工作可以通过远程方式完成。灵活就业者可以利用家中的设备和资源，在舒适的环境下进行工作。这种工作地点选择不仅能够提高工作效率，还减少了通勤时间和成本，同时也更加符合个体的生活习惯和需求。

另一种选择是共享办公空间。共享办公空间是一种新兴的工作场所，提供了专业的办公环境和设施。灵活就业者可以租用共享办公空间，与其他从事不同行业的个体共享资源和经验。这种工作地点选择提供了与他人交流和合作的机会，扩大了社交网络，并且为个体创造了一个专业的工作环境。

灵活就业者还可以根据具体需求选择其他合适的工作地点。例如，他们可以在咖啡馆、图书馆或公共空间进行工作，以获得不同的工作氛围和刺激。这种选择不仅能够增加工作的多样性，还能够提高个体的灵感和创造力。

通过灵活选择工作地点，灵活就业者能够更好地适应自己的生活和工作需求。他们可以根据具体情况选择最适合的工作环境，提高工作效率和生产力。灵活就业模式还有助于减少通勤时间和成本,降低交通压力,提升个体的工作生活质量。

  3.工作时间弹性

  灵活就业者在工作时间上拥有较大的弹性。与传统的全职工作相比,他们可以根据自己的生活节奏和习惯安排工作时间,更好地平衡工作与个人生活。

  一方面,灵活就业者可以选择早晨或晚上进行工作。有些人可能更适合在清晨时分思维敏捷,精力充沛,可以高效地完成工作任务。而其他人则更喜欢晚上工作,认为这是他们思考和创造的最佳时间段。通过选择适合自己的工作时间,灵活就业者能够发挥出最佳状态,提高工作效率和质量。

  另一方面,灵活就业者也可以根据家庭责任和个人需求来安排工作时间。例如,有些人可能需要在白天照顾孩子或处理家务事情,而晚上才有时间专注于工作。对于这些人来说,灵活的工作时间安排能够帮助他们更好地平衡家庭和工作,减少冲突和压力。

  周末也是灵活就业者安排工作时间的一个选项。有些人可能更愿意在周末集中投入工作,以便在工作日有更多的自由时间。这种灵活安排可以让个体根据自己的需求和偏好,更好地掌控自己的工作生活。

  通过灵活选择工作时间,灵活就业者能够更好地平衡工作与个人生活,并提高工作效率和生产力。他们可以根据自身的节奏和习惯,找到最适合自己的工作时间段,从而更加专注和高效地完成工作任务。灵活的工作时间安排还能够帮助个体更好地处理家庭责任和个人事务,提升整体生活质量。

  (二)多样性

  灵活就业形式多样,不再局限于传统的全职、长期雇佣关系。个体可以选择适合自己的就业形式,灵活地组织自己的工作方式。

  1.自由职业

  自由职业是灵活就业模式中的一种形式,它允许个体作为独立的职业者来承接工作项目,并与不同的客户建立合作关系。自由职业者可以根据自身的专业领域和技能,提供各种服务,并获得相应的报酬。

  作为自由职业者,个体可以根据自己的专业背景和兴趣选择适合自己的工作项目。他们可以根据市场需求和自身优势,确定自己的工作方向。例如,一个具有设计技能的自由职业者可以承接平面设计、网页设计或品牌设计等相关项目。而一个擅长编程的自由职业者则可以提供软件开发、网站建设或移动应用开发等服务。

  作为自由职业者,个体独立承接工作项目,并与客户建立合作关系。这意味着他们可以根据自己的时间安排和工作能力来管理项目进度和交付期限。自由职业者通常会与客户签订合同或协议，明确工作内容、报酬方式和交付要求等细节。通过与不同的客户合作，自由职业者可以扩展自己的客户网络，并积累丰富的工作经验。

自由职业者通过提供专业的服务，获得相应的报酬。他们可以按照项目完成情况、工作时间或固定费用等方式与客户进行报酬的协商和支付。同时，自由职业者还需要考虑税务申报、财务管理和保险等方面的问题，以确保自己的经济独立性和稳定性。

2.兼职工作

兼职工作是灵活就业模式中的一种形式，个体可以选择同时从事多个工作项目。兼职工作为个体提供了额外的收入来源，并且拓宽了他们的工作经验和技能。

通过兼职工作，个体可以在不同的领域或行业中获得工作机会。他们可以根据自己的兴趣、技能和时间安排，选择适合自己的兼职工作。例如，一个主修市场营销的大学生可以在学校期间参与学生组织的活动策划，同时还可以在周末承接一些市场调研或推广的项目。这样做既能够锻炼自己的专业能力，又能够赚取一定的报酬。

兼职工作还提供了拓宽工作经验和技能的机会。通过从事不同的工作项目，个体可以接触到不同的行业和领域，积累丰富的工作经验。这有助于个体发展多样化的技能，提高自身的竞争力和适应性。例如，一个兼职教师可以通过在不同的学校或教育机构工作，积累教学经验并提升自己的教学能力。

兼职工作还可以提高个体的收入来源的多样性。通过同时从事多个工作项目，个体可以获得来自不同来源的报酬。这有助于减轻个体对单一工作项目的依赖，增加经济稳定性和灵活性。兼职工作也可以帮助个体探索潜在的职业机会和发展方向，为未来的职业发展做好准备。

3.临时工

临时工作是灵活就业模式中的一种形式，个体可以选择参与一些短期或季节性的项目。这种工作形式可以帮助个体在特定的时间段内获取额外的收入。

临时工作通常出现在某些特定的场合或需求下，例如大型活动、展览会、节假日购物季等。个体可以根据自己的可用时间和兴趣，选择参与适合自己的临时工作。例如，一名学生可以在寒暑假期间选择参与零售店的临时销售员工作，以赚取额外的零花钱。

临时工作的特点之一是工作时间相对较短，通常只是一个短期的项目。这使得个体可以在特定的时间段内专注于工作，不需要长期的承诺或责任。个体可以根据自己的时间安排，选择参与符合自己需求和能力的临时工作。

临时工作还可以为个体提供额外的收入来源。个体可以通过参与临时工作，获得来自项目报酬的收入。这对于那些希望增加收入、缓解经济压力或实现特定财务目标的个体来说，具有重要意义。

临时工作还提供了一种获取工作经验和展示个人能力的机会。通过参与不同类型的临时工作项目，个体可以积累实际工作经验，并展示自己的专业能力和适应性。这对于那些刚刚步入职场或正在转换职业方向的个体来说，具有特别的价值。

（三）独立性强

灵活就业者通常是独立承接工作项目或服务，并负责自己的营销、客户关系和财务管理。他们具有较高的独立性和自主权。

1.独立承接工作

独立承接工作是灵活就业模式中的一种形式，个体可以根据自身能力和专业背景，独立承接工作项目。相比传统的全职雇佣关系，独立承接工作使得个体不再依赖于单一的雇主，而是通过与多个客户建立合作关系来获取工作机会。

作为独立承接工作的个体，他们可以根据自己的专业领域和技能提供各种服务，并独立完成工作项目。他们可以自主决定接受哪些项目，与哪些客户合作，以及如何安排工作时间和进度。这种自主性使得个体能够更好地掌控自己的事业发展和工作内容。

通过独立承接工作，个体不再局限于单一的雇主或组织，而是能够与不同的客户建立合作关系。他们可以积极拓展自己的客户网络，与不同行业、规模和地域的客户合作。这为个体提供了更广阔的工作机会和发展空间。

独立承接工作还带来了经济上的灵活性和机会。个体可以通过与多个客户合作，获得来自不同项目的收入。这减少了个体对单一雇主的依赖，增加了收入来源的多样性。同时，个体可以根据自身需求和市场状况，调整工作报价和合同条件，以获得更好的经济回报。

然而，独立承接工作也面临一些挑战。个体需要具备较高的专业素质和技能，才能在竞争激烈的市场中脱颖而出。他们还需要具备良好的沟通和协商能力，与客户建立良好的合作关系。个体还需要注意合理管理时间、财务和保险等方面的问题，确保自己的经济独立性和稳定性。

2.营销和客户关系管理

灵活就业者在寻求工作机会时，需要主动进行市场推广和客户开发，以吸引更多的机会。在这个过程中，他们需要注重建立良好的人际关系和口碑，并积累业务资源。

灵活就业者可以通过多种方式进行市场推广。例如，他们可以利用社交媒体平台，如 LinkedIn、Facebook、Instagram 等，展示自己的专业能力和经验，吸引潜在雇主或客户的注意。他们还可以参加行业相关的展览会、研讨会和网络研讨会，与同行和潜在合作伙伴建立联系，并了解最新的市场趋势和需求。

灵活就业者需要重视客户关系管理。他们应该与客户保持密切的沟通，了解客户的需求和期望，并及时回应客户的反馈和问题。他们可以通过定期举办面对面会议、电话沟通或电子邮件交流等方式，建立良好的工作关系，并确保客户对他们的工作满意度和信任度。

口碑对于灵活就业者来说也非常重要。他们可以通过提供优质的服务和产品，赢得客户的口碑推荐。在工作过程中，灵活就业者要始终保持专业和诚信，确保交付高质量的成果，并与客户保持良好的沟通和合作。通过积极回应客户需求、解决问题并提供超出期望的服务，他们可以获得更多的口碑推荐，吸引更多的潜在客户。

灵活就业者还应该积累业务资源，以支持他们的工作发展。他们可以建立和维护一个专业的网络，包括同行、合作伙伴和行业专家等，分享经验和资源，并寻求合作机会。他们还可以不断学习和提升自己的技能，通过参加培训课程、自我学习和持续教育，不断提高自己的竞争力和市场价值。

3.财务管理

灵活就业者在承担自己的财务管理时面临着多项任务，包括报价、薪酬谈判和税务申报等。为了确保经济独立性和稳定性，他们需要具备一定的财务知识和技能。

灵活就业者需要学会正确定价和报价。他们应该了解市场行情和竞争对手的价格水平，同时考虑自身的专业能力和经验，合理确定自己的服务或产品的价格。在报价过程中，他们还应该将成本因素考虑进去，确保盈利空间足够，并避免亏本经营。

薪酬谈判是灵活就业者需要面对的另一个重要任务。他们应该了解自己的市场价值和所提供的价值，以便在与客户或雇主进行薪酬谈判时能够有据可依。在谈判过程中，灵活就业者可以根据项目的复杂性、时间要求和所需技能等因素，提出合理的薪酬要求，同时与对方进行妥协和讨论，最终达成双方满意的协议。

税务申报也是灵活就业者需要重视的一项任务。他们应该了解税法和相关规定，确保自己按时、准确地申报个人所得税和其他相关税费。为了简化税务申报流程，灵活就业者可以使用专业的财务软件或寻求会计师的帮助，以确保自己遵守法律法规，并最大限度地合理减税。

除了以上任务，灵活就业者还应该建立良好的财务管理习惯。他们应该制定预算和财务计划，合理安排收入和支出，控制开支并储备应急资金。他们还应该定期进行财务分析和评估，以监控经济状况，并及时调整策略和计划。

二、灵活就业下的劳动力供应链管理策略

在灵活就业下,劳动力供应链管理策略对于保障个体劳动者权益、提高劳动力市场效率具有重要意义。

（一）强化信息沟通和透明度

在灵活就业的背景下,个体劳动者与用人单位之间缺乏长期稳定的雇佣关系,因此信息沟通和透明度变得尤为重要。为了有效管理劳动力供应链,需要建立一个平台来促进个体劳动者和用人单位之间的信息交流和匹配。

在劳动力供应链管理平台中建立个体劳动者档案和用人单位需求库。个体劳动者可以上传自己的个人资料、技能证书以及工作经历等信息,而用人单位则可以发布招聘需求和岗位描述。通过这种方式,个体劳动者和用人单位可以更好地了解彼此,提高匹配度。

通过劳动力供应链管理平台加强信息沟通和透明度。平台可以提供实时的招聘信息和求职者的简历,使个体劳动者能够及时了解用人单位的招聘需求、工作内容、薪酬待遇等信息。同时,用人单位也可以通过平台获取个体劳动者的技能、经验和工作意愿等信息。这样一来,双方可以更准确地评估彼此的适配度,提高招聘和就业的效率。

劳动力供应链管理平台还可以提供交流和评价功能。个体劳动者和用人单位可以在平台上进行实时的沟通,进一步明确工作要求、条件和期望。同时,其他用户也可以对参与过的个体劳动者或用人单位进行评价和评级,为其他用户提供参考。

（二）加强培训和技能提升

在灵活就业的背景下,个体劳动者需要具备多样化的技能以适应不同用人单位的需求。因此,为了提高劳动力供应链的管理效果,劳动力供应链管理策略应当注重培训和技能提升。

建议在劳动力供应链管理平台中设立培训资源库。该资源库可以提供各类技能培训课程和学习资料,涵盖不同领域的技能培训内容。个体劳动者可以根据自身需求和兴趣选择适合的培训课程,并通过在线学习获得相应的技能提升。这样的培训资源库能够满足个体劳动者的学习需求,提高他们的专业素养和竞争力。

劳动力供应链管理平台还可以通过与培训机构、教育机构等合作,为个体劳动者提供定制化的培训机会。平台可以根据用人单位的需求和行业发展趋势,组织相关的培训班或工作坊,帮助个体劳动者掌握所需的专业知识和技能。这种定制化的培训形式可以更好地满足用人单位的需求,提高个体劳动者的就业机会和竞争力。

劳动力供应链管理策略还应鼓励个体劳动者主动学习和自我提升。平台可以提供相关的学习资源和学习社群,促进个体劳动者之间的交流和分享。同时,平台还可以推荐

优质的培训课程和学习机会，帮助个体劳动者发现新的学习领域和机会，提高自身的综合素质和竞争力。

（三）建立灵活合同制度

在灵活就业背景下，个体劳动者与用人单位之间的工作关系通常是短期或零工合同，这种灵活的合同制度给双方带来了便利，但也存在一定的风险。为了保护个体劳动者的权益，劳动力供应链管理策略需要建立灵活合同制度，并采取相应的措施防止合同纠纷的发生。

建议在劳动力供应链管理平台上提供标准化的合同模板。该模板应包含必要的条款和内容，明确个体劳动者和用人单位之间的权利和义务，如工作岗位、工作时间、薪酬待遇、社会保险等。个体劳动者和用人单位在签订合同时可以参考这些标准合同模板，以确保合同的合法性和公平性。

劳动力供应链管理平台还可以提供法律咨询服务。通过与法律专家或律师事务所合作，为个体劳动者和用人单位提供相关的法律咨询和解答，帮助他们了解劳动法律法规并正确执行合同。这样可以减少因合同条款不明确或解释不一致而引发的纠纷，保护个体劳动者的权益。

用人单位也应遵守劳动法律法规，并履行相应的责任。平台可以向用人单位提供相关的法律法规培训和指导，加强他们对个体劳动者权益的认识和保障。同时，平台可以与相关部门或机构合作，监督用人单位的合规行为，确保个体劳动者的劳动权益得到有效保障。

劳动力供应链管理策略还应鼓励个体劳动者和用人单位之间建立良好的沟通渠道。双方在签订合同前应充分沟通、协商并明确双方的期望和要求，以减少因信息不对称而引发的问题。平台可以提供在线沟通工具和支持，促进个体劳动者和用人单位之间的交流和理解，以维护合同关系的稳定性。

灵活就业在新经济环境下已经成为一种趋势，对劳动力供应链管理提出了挑战，但也带来了机遇。企业需要根据实际情况制定相应的管理策略，充分利用灵活就业模式的优势，提高劳动力资源的配置效率，实现可持续发展。

第六章　财务管理与人力资源管理的关系

第一节　财务管理与人力资源管理的协同作用

财务管理和人力资源管理在组织运作中扮演着不可或缺的角色。两者之间的协同作用对于组织的成功至关重要。

一、财务管理对人力资源管理的影响

（一）预算编制和控制

财务管理在预算编制和控制方面对人力资源管理产生直接影响。预算的编制是指根据企业的发展战略和目标，制定出相应的财务计划和指标，包括人力资源开支的合理规划和分配。预算可以帮助人力资源管理者更好地掌握企业的财务状况，确保人力资源策略和计划的实施与财务范围的可接受性相一致。

预算编制可以帮助人力资源管理者合理规划和分配人力资源开支。人力资源开支通常包括员工薪酬、培训费用、福利待遇等方面的支出。通过预算编制，人力资源管理者可以根据企业的需求和财务能力，制定出合理的人力资源开支计划。例如，在预算编制过程中，可以考虑到企业的人力资源需求与供给的匹配程度，合理安排培训和发展预算，以提升员工的绩效和竞争力。同时，预算编制还可以考虑到员工薪酬的合理增长幅度，确保员工的薪酬福利与市场水平相适应，以保持员工的积极性和稳定性。

财务管理通过控制预算执行情况，确保人力资源开支的有效性和合理性。预算控制是指对预算执行情况进行监控和评估，及时发现偏差，并采取相应的措施进行调整和改进。通过预算控制，可以及时了解人力资源开支的实际执行情况，与预期目标进行比较，分析偏差原因，并及时采取纠正措施。例如，如果某项人力资源开支超出了预算，可以通过优化流程、减少浪费或重新安排资源等方式来控制成本。同时，预算控制还可以帮助人力资源管理者评估投入与产出的关系，确保人力资源的开支能够创造价值和效益，提高企业的绩效和竞争力。

（二）资本投资

财务管理在资本投资决策中对人力资源管理产生重要影响，为人力资源投资提供必

要的资金支持。人力资源是组织最重要的资产之一,而资本投资决策则涉及组织在不同项目和领域中的资金配置。

财务管理通过成本效益分析帮助人力资源管理者选择最合适的人力资源投资项目。成本效益分析是一种评估投资项目潜在收益与成本之间关系的方法。在人力资源投资决策中,财务管理可以帮助人力资源管理者对各项投资进行成本效益分析,评估投资项目所能带来的预期收益和成本,并将其与其他可选方案进行比较。例如,在招聘新员工时,财务管理可以协助人力资源管理者评估新增员工的成本和预期带来的价值,以确定是否值得进行这项投资。通过成本效益分析,财务管理可以帮助人力资源管理者做出明智的决策,选择对组织有利且具有回报的人力资源投资项目。

财务管理通过风险评估帮助人力资源管理者降低人力资源投资的风险。在人力资源投资决策中,存在着不确定性和风险。财务管理可以通过风险评估的方法帮助人力资源管理者识别和评估潜在的风险因素,并制定相应的风险管理策略。例如,在进行培训和发展投资时,财务管理可以协助人力资源管理者评估培训项目的风险,包括培训效果的不确定性、员工流失的可能性等。通过风险评估,财务管理可以帮助人力资源管理者了解潜在风险并采取措施进行风险控制,以减少组织在人力资源投资中可能面临的风险和损失。

二、人力资源管理对财务管理的影响

(一)人力资源规划

人力资源规划对财务管理具有直接影响,可以帮助预测和满足组织未来的人力资源需求,从而避免因人力资源不足或过剩而造成的财务浪费。合理的人力资源规划可以确保组织在财务上做出明智的决策,避免不必要的成本支出。

人力资源规划可以帮助预测和满足组织未来的人力资源需求。通过分析组织的战略目标、业务发展计划以及行业趋势等因素,人力资源管理者可以进行有效的人力资源需求预测。根据预测结果,可以制定相应的招聘计划、培训计划和绩效管理方案,以满足未来人力资源需求。合理的人力资源规划可以避免因人力资源短缺而导致的生产能力下降或项目延迟,进而减少因此而产生的额外成本。

人力资源规划可以避免因人力资源过剩而造成的财务浪费。如果组织没有进行有效的人力资源规划,可能会导致过多的员工数量,从而增加薪资和福利支出、办公空间成本等方面的开支。过剩的员工可能无法充分发挥其潜力,导致人力资源的浪费和效率低下。通过人力资源规划,可以根据实际需求进行招聘和裁员,并合理安排员工的工作任务和岗位配置，从而避免因过剩人力资源而造成的财务浪费。

人力资源规划还可以帮助优化人力资源管理的成本效益。在制定人力资源策略和计划时，人力资源管理者可以考虑到不同的人力资源供给渠道和策略，以降低招聘、培训和福利等方面的成本。例如，可以通过内部培训和晋升来提高员工的专业能力，减少外部招聘的成本；或者通过灵活的薪酬制度和福利政策，吸引和留住高价值的员工，减少人才流失的损失。这些措施可以在满足组织人力资源需求的同时，控制成本并提高财务效益。

（二）组织文化与员工满意度

人力资源管理通过塑造良好的组织文化和提高员工满意度对财务管理产生间接影响。良好的组织文化可以提高员工的工作积极性和归属感。组织文化是指组织内部的共同价值观、行为规范和工作氛围等方面的特征。通过建立积极、支持和激励的组织文化，人力资源管理者可以激发员工的工作热情和动力，提高员工的工作表现和创造力。员工在良好的组织文化中更容易获得成就感和认同感，从而提高其对组织的忠诚度和承诺度。这些因素将直接影响员工的离职率，减少组织在招聘和培训上的成本，并提高组织的稳定性和绩效。

提高员工满意度可以增加组织的财务收益。员工满意度是指员工对工作和组织的满意程度。通过关注员工的需求、提供良好的福利待遇、开展有效的沟通和反馈机制等措施，人力资源管理者可以提高员工满意度。满意度高的员工更有动力和动力去创造价值，提高工作效率和质量。他们更愿意积极参与工作并为组织付出额外努力，从而促进组织的绩效和竞争力的提升。同时，员工满意度也与客户满意度之间存在正向关联，满意度高的员工更有可能提供优质的产品或服务，吸引更多的客户和业务，增加组织的财务收益。

良好的组织文化和员工满意度还有助于降低员工流失率和招聘成本。员工流失对组织来说往往意味着重新招聘、培训和融入新员工的成本。通过塑造积极的组织文化和提高员工满意度，可以提高员工的忠诚度和留任率。员工在满意的工作环境中更愿意长期留在组织中，减少员工流失率和相关的招聘成本。同时，良好的组织文化和员工满意度也有助于吸引优秀的人才加入组织，降低招聘的难度和成本。

三、财务管理与人力资源管理的协同作用

财务管理和人力资源管理之间的协同作用体现在以下两个方面。

（一）策略制定与执行

财务管理和人力资源管理需要紧密协作，共同参与组织战略的制定与执行。财务管

理提供对组织财务状况和可行性的分析,为人力资源管理者提供支持和指导。而人力资源管理则根据组织战略制定相应的人力资源策略和计划,并确保其财务可行性。

财务管理在战略制定阶段为人力资源管理者提供支持和指导。在制定组织战略时,财务管理通过对企业的财务数据、市场趋势和竞争环境等进行分析,为人力资源管理者提供重要的信息和洞察。财务管理可以评估不同战略方案的财务可行性和风险,包括人力资源投资的成本和回报等。这些信息可以帮助人力资源管理者更准确地评估不同战略对人力资源需求和开支的影响,从而制定符合财务可行性的人力资源策略和计划。

人力资源管理根据组织战略制定相应的人力资源策略和计划,并确保其财务可行性。一旦组织战略确定,人力资源管理者需要根据战略目标和需求制定相应的人力资源策略和计划。这包括确定招聘计划、培训和发展预算、薪酬福利方案等。在制定这些策略和计划时,人力资源管理者需要考虑财务限制和可行性,确保其符合组织的财务预算和资源分配。财务管理部门可以提供财务数据和预测,帮助人力资源管理者评估和优化各项人力资源开支,确保其在财务范围内可行。

财务管理在战略执行过程中对人力资源管理也起到重要的支持作用。财务管理可以通过预算控制和绩效评估等手段监控人力资源开支的执行情况,并提供及时的财务报告和分析。这为人力资源管理者提供了对财务状况的了解和决策依据,以便及时调整人力资源策略和计划。同时,财务管理还可以为人力资源管理者提供经费支持,确保组织在战略执行过程中有足够的资金投入到人力资源相关活动中。

(二)风险管理与可持续发展

财务管理和人力资源管理共同参与风险管理和组织的可持续发展。财务管理通过资本投资决策和风险评估为人力资源管理者提供支持。在面临不同的投资项目和决策时,财务管理可以提供对潜在风险和回报的评估分析。例如,在人力资源管理中,如果需要进行大规模的员工培训项目或新技术的引进,财务管理可以协助人力资源管理者评估投资的风险和预期收益。通过风险评估,可以识别潜在的风险因素并制定相应的风险管理措施,以确保投资决策的可行性和回报。

人力资源管理通过人力资源规划、培训与发展等手段确保组织拥有足够的人力资源来应对风险,并实现可持续发展。人力资源规划是根据组织的战略目标和需求,预测和满足未来的人力资源需求。通过人力资源规划,人力资源管理者可以识别组织面临的风险,如人才流失、关键岗位空缺等,并采取相应的措施进行风险管理。例如,通过培养内部人才和建立人才储备池,可以降低员工流失对组织的影响,并确保组织拥有足够的人力资源来持续发展。

培训与发展是人力资源管理中重要的手段，可以提高员工的能力水平和适应能力，增强组织的抵御风险的能力。通过为员工提供培训和发展机会，人力资源管理可以提高员工的专业素质和技能，使其能够适应变化的工作环境和任务需求。这种持续的培训和发展不仅可以提高员工的工作表现和生产力，还可以增加组织的灵活性和应变能力，从而更好地应对风险并实现可持续发展。

第二节 新经济环境下财务管理与人力资源管理的融合策略

在新经济环境下，财务管理与人力资源管理的融合策略变得越来越重要。新经济环境以技术创新、数字化转型和全球化竞争为特征，这些因素对企业的财务管理和人力资源管理提出了新的挑战和机遇。通过融合财务管理和人力资源管理，企业可以更好地应对这些挑战，实现持续增长和竞争优势。

一、建立战略协同

在新经济环境下，财务管理和人力资源管理的融合策略变得尤为重要。传统上，财务管理和人力资源管理是组织中两个独立的职能部门，各自负责不同的任务和目标。然而，在面对快速变化的商业环境和竞争压力时，将财务管理与人力资源管理紧密结合起来，建立战略协同，可以帮助组织更好地应对挑战并实现可持续发展。

（一）加强沟通与协作

在新经济环境下，加强财务管理与人力资源管理之间的沟通和协作至关重要。以下是加强沟通与协作的具体措施。

1.建立定期沟通机制

建立定期沟通机制对于财务部门和人力资源部门之间的沟通与协调至关重要。通过设立定期会议或工作讨论，可以促使双方代表进行交流和信息共享，从而增加彼此的了解和理解。

定期沟通可以帮助财务部门和人力资源部门了解彼此的工作职责和需求。财务部门可能需要了解人力资源部门的招聘计划、员工薪酬福利以及培训开支等方面的信息，以便更好地进行预算和资金管理。而人力资源部门则需要了解财务部门的财务状况和预算限制，以便在制定人力资源策略时能够考虑到财务因素。

定期沟通也有助于双方共同解决问题和制定战略。财务部门和人力资源部门在日常工作中可能会遇到一些共同的挑战，如员工福利成本上升、预算紧缺等。通过定期沟通，双方可以共同分析和讨论这些问题，并制定相应的解决方案和策略，以确保财务和人力资源的有效运作。

定期沟通还可以促进财务部门和人力资源部门之间的合作与协调。双方代表可以分享各自的工作进展和成果，互相借鉴经验和最佳实践，共同提高工作效率和质量。他们还可以在沟通过程中发现潜在的合作机会和创新点，从而推动更紧密的合作关系。

2.设置跨部门工作小组

为了加强财务部门和人力资源部门之间的沟通与协调，可以考虑设置一个跨部门工作小组。这个小组由财务和人力资源代表组成，专注于解决双方共同面临的问题和挑战。

跨部门工作小组可以提供一个共同参与问题解决过程的平台。通过共同参与解决问题，财务和人力资源代表可以增加彼此之间的信任和合作意愿。他们可以一起讨论和分析问题，并共同制定解决方案。这样的合作过程可以促进双方更好地理解对方的需求和利益，从而达到更好的协同效果。

跨部门工作小组可以加强沟通效果。通过定期召开会议或工作讨论，财务和人力资源代表可以直接交流和分享信息。他们可以共同讨论各自的工作进展、项目计划以及预算情况等方面的问题。这种面对面的沟通方式可以避免信息的误解和不准确传递，有助于双方更好地协调工作，减少沟通障碍。

跨部门工作小组还可以激发创新和合作的思维。当财务和人力资源代表共同参与问题解决过程时，他们可以互相借鉴经验和最佳实践。这种知识的分享和交流可以带来新的思路和方法，促进创新的发展。同时，小组成员之间也可以通过合作解决问题，培养团队合作精神和协作能力。

3.共享数据和信息

财务部门和人力资源部门应该建立一个有效的数据和信息共享机制。财务部门可以向人力资源部门提供必要的财务数据。这些数据包括公司的财务状况、预算情况以及资金分配等方面的信息。通过了解公司的财务状况，人力资源部门可以更好地制定预算计划，并确保在人力资源策略中考虑到财务因素。例如，在制定员工薪酬福利计划时，人力资源部门可以根据财务数据来确定可行的薪酬水平，从而实现财务和人力资源的协调。

同时，人力资源部门也可以向财务部门共享员工绩效数据和培训需求等信息。员工绩效数据可以帮助财务部门评估投资回报率，并对绩效奖励和激励计划进行预算。人力资源部门还可以分享培训需求和开支情况，以便财务部门在预算分配时能够充分考虑培训成本。

通过共享数据和信息,财务部门和人力资源部门可以更好地了解彼此的需求和目标。这有助于双方在制定决策和计划时能够更加准确地考虑到对方的利益和要求,从而实现更好的协同效果。

为了确保数据和信息的共享安全和有效性,财务部门和人力资源部门可以采用合适的技术工具和系统来支持数据交流和共享。例如,可以建立一个共享文件夹或者使用专门的数据管理平台,以确保数据的及时更新和准确性。

4.制定协同决策流程

为了确保财务管理和人力资源管理能够在关键决策中充分合作,建立一套协同决策流程和机制是至关重要的。

可以制定一个明确的决策流程,规定财务部门和人力资源部门在关键决策中的角色和责任。例如,在招聘和薪酬制定方面,可以确定财务部门负责提供财务可行性评估,包括预算限制和薪酬水平的可承受范围等方面的信息。同时,人力资源部门负责提供员工需求和市场竞争情况的数据,包括招聘目标、人才市场趋势等方面的信息。通过明确各自的角色和责任,可以确保双方在决策过程中有明确的参与和贡献。

需要建立一个协同决策的机制,促使财务部门和人力资源部门共同参与决策过程。这可以通过定期的会议、工作讨论或项目组的形式来实现。在这些协同决策的机制中,财务部门和人力资源部门的代表可以共同分析问题、讨论可行的解决方案,并共同做出决策。双方代表的参与将确保财务和人力资源的角度得到充分考虑,从而制定出更符合实际情况和可持续发展的决策。

建立一个信息共享平台也是协同决策的关键。财务部门和人力资源部门可以共享相关数据和信息,以便在决策过程中能够更加全面地了解对方的需求和限制。这样的信息共享平台可以包括共享文件夹、内部网站或专门的数据管理系统等。通过共享数据和信息,财务部门和人力资源部门可以更好地理解彼此,达成共识并做出明智的决策。

5.建立共同目标和绩效评估指标

建立共同的目标和绩效评估指标非常重要,这样可以让双方更加紧密地协作,共同努力实现组织的战略目标。

财务管理和人力资源管理需要确立共同的目标。这些目标应该是与组织战略相一致的,能够体现财务和人力资源在支持组织发展方面的重要性。例如,一个共同的目标可以是提高组织的财务健康状况和员工满意度,以实现可持续增长和竞争优势。通过确立共同的目标,财务部门和人力资源部门可以明确各自的责任和贡献,并共同朝着共同目标努力。

制定相应的绩效评估指标是关键的。财务部门和人力资源部门应该制定量化的指标来评估各自的绩效。例如，对于财务部门，可以评估财务稳定性、预算执行情况和成本控制等方面的指标。而对于人力资源部门，则可以评估员工满意度、人才招聘和保留情况、培训效果等方面的指标。通过制定共同的绩效评估指标，财务部门和人力资源部门可以更好地衡量各自的绩效，并发现存在的问题和改进的空间。

在制定绩效评估指标时，还应考虑到互相之间的依赖关系和协作性。财务部门和人力资源部门的工作往往是相互关联的，彼此的绩效会相互影响。因此，在制定绩效评估指标时，应该充分考虑到双方的合作和协调，以确保目标的一致性和有效的绩效评估。

通过加强沟通与协作，财务管理和人力资源管理可以更好地融合，实现协同效应。这不仅有利于组织整体的发展，也能提高工作效率，优化资源配置，提升员工满意度和组织绩效。

（二）制定综合的人力资源战略

在新经济环境下，制定综合的人力资源战略是实现财务管理与人力资源管理融合的重要策略之一。以下是制定综合人力资源战略的关键措施。

1.参与战略规划

通过参与战略规划，人力资源部门可以更好地了解组织的财务状况和目标，并与财务部门紧密合作。

参与战略规划使人力资源部门能够了解组织的财务能力和资源分配情况。财务部门在战略规划中扮演着关键的角色，他们了解组织的财务状况、资金预算以及投资计划等。通过与财务部门的合作，人力资源部门可以获取关键的财务信息，帮助他们制定人力资源策略。例如，在制定员工薪酬福利计划时，人力资源部门可以根据财务数据来确定可行的薪酬水平，从而实现财务和人力资源的协调。

参与战略规划可以促进财务部门和人力资源部门的沟通和协作。在战略规划过程中，财务部门和人力资源部门需要共同讨论和决策关于人力资源投资、招聘计划和培训预算等方面的问题。双方的合作和协调可以确保财务部门的意见和要求得到充分考虑，同时也可以让人力资源部门更好地理解财务部门的约束和目标。

参与战略规划还能够帮助人力资源部门更好地对组织未来发展进行规划。通过了解组织的战略目标和需求，人力资源部门可以制定相应的人才招聘、培训和绩效管理策略，以满足组织发展的需要。这样的规划过程需要与财务部门紧密合作，以确保人力资源策略的可行性和财务可持续性。

2.招聘与培训计划

招聘与培训计划是组织实现业务目标和长期发展的重要组成部分。根据财务预算和业务需求制定招聘和培训计划,可以确保人力资源部门有足够的资源来吸引和留住优秀的人才,并且与财务目标相结合,提高组织整体的财务管理水平。

制定招聘计划需要考虑到组织的财务预算。财务部门可以提供相应的预算支持,为人力资源部门提供必要的经费和资源,以便开展招聘活动。这包括广告宣传、招聘渠道费用、招聘会参与费用等。财务预算的充足支持可以帮助人力资源部门吸引到更多优秀的候选人,并提高招聘效果。

招聘计划应该根据业务需求确定招聘的岗位和人数。通过与各个部门的沟通和了解,人力资源部门可以明确各个岗位的需求和职责,从而制定出符合业务需求的招聘计划。同时,人力资源部门还可以根据公司的人才储备情况,制定长期的招聘策略,保证组织能够及时补充和更新人才队伍。

在制定培训计划时,需要与财务部门进行沟通,了解财务目标和要求。培训计划应该与财务目标相结合,注重培养员工的专业技能和财务意识,提高组织整体的财务管理水平。例如,可以组织针对不同岗位的财务培训课程,帮助员工掌握财务分析、预算管理、成本控制等方面的知识和技能。

培训计划还应该注重员工的个人发展和职业规划。通过提供各种培训机会和资源,帮助员工不断学习和成长,提高自身的竞争力和职业能力。这可以包括内部培训、外部培训、跨部门交流等形式,让员工有机会获得更广阔的发展空间。

3.薪酬福利设计

薪酬福利设计是人力资源部门的重要职责之一,旨在制定合理的薪酬政策和福利计划,以吸引和激励员工,提高组织的绩效。在设计薪酬福利时,人力资源部门应考虑财务状况和激励机制,并与财务部门合作,确保计划的财务可行性和符合组织的绩效要求。

在薪酬设计方面,人力资源部门应根据市场竞争情况、行业潜规则和公司财务状况,确定具有竞争力的薪酬水平。通过参考同行业和同地区的薪酬调研数据,了解市场行情,制定适当的薪资结构和薪酬体系。还可以根据员工的绩效、能力和经验等因素,进行差异化薪酬设计,以激励员工的表现和发展。

福利计划的设计也应兼顾财务可行性和员工需求。人力资源部门可以通过与员工沟通和调研,了解员工对福利的期望和需求,从而确定适合员工群体的福利项目。常见的福利项目包括社会保险、商业保险、带薪休假、员工旅游、培训和发展机会等。同时,人力资源部门还可以与财务部门合作,寻找适当的福利供应商和合作伙伴,以获取更有竞争力的价格和服务。

通过制定综合的人力资源战略，财务管理和人力资源管理可以更好地融合，共同支持组织的长期发展目标。这样不仅有助于优化人力资源投资，提高员工绩效和满意度，还能够为组织带来更好的财务表现和竞争优势。

二、强化数据驱动决策

新经济环境下，财务管理与人力资源管理的融合策略变得越来越重要。在数字化和信息化的时代背景下，强化数据驱动策略是实现财务管理与人力资源管理融合的关键。

（一）数据整合与分析

在新经济环境下，财务管理和人力资源管理的融合需要加强数据整合与分析能力。通过整合财务和人力资源的相关数据，并进行深入分析，可以更全面地了解组织的财务状况和人力资源情况，为决策提供有力支持，进而提高组织的绩效和效益。

财务管理部门和人力资源管理部门应该加强数据整合的能力。财务和人力资源涉及的数据种类繁多，包括员工薪酬、绩效数据、培训投入与产出等。为了实现数据的整合，可以采用数字化的手段，建立统一的数据存储和管理系统。通过将不同部门的数据进行标准化和格式化，可以消除信息孤岛，实现数据的互通互联。

数据分析在财务管理和人力资源管理中起着重要的作用。通过对整合后的数据进行深入分析，可以发现潜在的关联性和趋势。例如，通过分析员工薪酬与绩效数据的关系，可以了解绩效对薪酬的影响程度，并调整薪酬策略以更好地激励员工；通过分析培训投入与产出的数据，可以评估培训活动的效果，并优化培训资源的配置。

数据分析还可以帮助财务管理和人力资源管理部门进行预测和规划。通过对历史数据的分析，可以预测未来的趋势和需求，从而合理规划财务和人力资源的投入。例如，在制定薪酬预算时，可以通过分析过去的薪酬增长率和市场行情，预测未来的薪酬水平；在制定人力资源规划时，可以通过分析员工流失率和业务增长情况，预测未来的人力资源需求。

数据整合与分析还可以促进财务管理和人力资源管理之间的协同合作。通过共享数据和分析结果，可以加强各部门之间的沟通与协调，实现跨部门的信息共享和决策协同。例如，财务部门可以提供财务指标和预测数据，帮助人力资源管理部门更准确地评估员工的绩效和薪酬水平；人力资源管理部门可以提供员工的培训需求和能力发展计划，帮助财务部门更好地规划培训预算和资源。

（二）财务规划与人力资源规划的结合

在新经济环境下，财务管理部门和人力资源管理部门的密切合作对于实现组织的可持续发展至关重要。其中，财务规划与人力资源规划的结合是一项重要策略，旨在确保财务资源和人力资源之间的最优平衡。

财务规划需要考虑到未来业务发展的人力资源需求。财务管理部门应与人力资源管理部门充分沟通，了解公司的战略目标和业务计划，并确定相应的人力资源需求。例如，如果公司计划扩大业务规模或进入新市场，可能需要增加员工数量或招募特定专业背景的人才。通过与人力资源管理部门密切合作，财务管理部门可以根据未来的人力资源需求进行财务规划，确保财务资源的充足性和可支配性。

人力资源规划也要考虑到财务资源的可支配情况。人力资源管理部门应与财务管理部门协商和共同制定人力资源规划。在制定人力资源需求和招聘计划时，人力资源管理部门应考虑到财务资源的限制和可支配性。例如，在预算有限的情况下，可能需要通过内部培训和发展来提升员工的能力，而不是大量招聘外部人才。通过与财务管理部门的合作，人力资源管理部门可以在保证组织正常运营的同时，合理利用财务资源，实现人力资源的最优配置。

财务规划和人力资源规划的结合还可以促进业务决策的一致性和整体效益。通过统一的规划过程，财务管理部门和人力资源管理部门可以共同审视公司的战略目标和长期规划，并相互协调各自的规划方案。例如，当财务管理部门制定财务预算时，可以与人力资源管理部门商讨并确定薪酬预算，以支持人才的吸引和留住。同时，人力资源管理部门也可以根据财务预算的限制，制定培训和发展计划，提高员工的专业能力和职业素养。

财务规划与人力资源规划的结合还可以提高组织的灵活性和适应性。随着市场环境的变化，公司的业务需求和人力资源需求也会随之调整。通过密切合作的财务管理部门和人力资源管理部门，可以及时调整财务和人力资源规划，以适应市场的变化。例如，在经济不确定性增加时，公司可能需要采取节约成本的措施，财务管理部门可以与人力资源管理部门合作，制定相应的人力资源策略，如减少招聘或优化福利计划。

（三）绩效管理与财务分析的结合

在新经济环境下，将绩效管理和财务分析相结合可以实现组织绩效和财务状况的全面评估。通过建立科学的绩效管理体系，定期对员工的绩效进行评估和反馈，并将绩效结果与财务指标相结合进行分析，可以更准确地了解员工的贡献和价值，并将其与组织的财务目标相对照，找出绩效改进和财务优化的关键点。

建立科学的绩效管理体系是实现绩效管理和财务分析融合的基础。该体系应包括明确的绩效评估标准和流程，能够量化和衡量员工的绩效表现。财务管理部门和人力资源管理部门需要共同制定绩效评估指标，确保绩效评估的客观性和公正性。例如，可以设定与财务目标相关的绩效指标，如销售额增长率、成本控制效果等。这样可以将绩效与财务状况相联系，为后续的财务分析提供数据基础。

定期对员工的绩效进行评估和反馈，形成绩效数据。绩效评估过程中，财务管理部门和人力资源管理部门可以合作，共同参与绩效评估工作，确保评估结果的准确性和公正性。通过定期的绩效评估，可以了解员工在工作中的表现，并将其转化为数据，为后续的财务分析提供基础。同时，及时给予员工反馈，帮助他们了解自己的优势和改进的方向，激发积极性和提高工作效能。

然后，将绩效结果与财务指标相结合进行分析，找出绩效改进和财务优化的关键点。财务管理部门可以利用绩效数据，对员工的绩效与财务目标之间的关联进行分析。例如，可以分析高绩效员工所在的部门或项目的财务状况，探索其成功的因素；还可以通过对低绩效员工的绩效数据进行分析，找出问题所在，并制定改进措施。这样可以根据绩效分析的结果，调整财务策略和资源配置，以实现绩效改进和财务优化的目标。

绩效管理和财务分析的结合还可以促进员工和组织的共同成长。通过科学的绩效管理，员工可以清晰了解组织的期望和要求，进而提高工作表现。同时，财务分析的结果也为员工提供了改进的方向和机会，促使其不断提升自身能力和价值。这种共同成长有助于提高员工满意度和忠诚度，进而增强组织的竞争力和稳定性。

三、培养跨领域的专业人才

在新经济环境下，财务管理与人力资源管理的融合越来越重要。为了有效应对变化多样的市场需求和业务挑战，培养跨领域的专业人才是一项关键策略。这些人才能够兼具财务和人力资源管理的知识和技能，以更好地协调两个领域之间的工作，并为组织提供全面支持。

（一）建立完善的教育培训体系

培养跨领域的专业人才需要建立完善的教育培训体系，以确保学生或从业人员能够掌握财务与人力资源管理的核心知识和技能。大学、职业学院以及专业培训机构可以开设财务与人力资源管理的交叉学科课程，提供全面的学习机会。

针对大学本科阶段的教育，可以开设财务与人力资源管理的交叉学科课程。这些课程应旨在帮助学生获得两个领域的基础知识和概念，并理解它们之间的关联性和相互作用。例如，可以设置财务会计课程，让学生掌握财务报表的编制和分析；同时，还可以开设薪酬福利管理课程，使学生了解薪酬设计原则和福利计划的制定方法。通过这样的交叉学科课程，学生可以在不同领域中建立起综合的知识体系。

针对职业学院或专业培训机构，可以提供实用的财务与人力资源管理培训课程。这些课程应注重实际操作和技能培养，帮助从业人员掌握财务和人力资源管理的实操技巧。例如，可以开设财务分析与预测课程，让从业人员学习如何分析财务数据、制定预算计划等；同时，还可以设置绩效评估与激励设计课程，使从业人员了解如何进行员工绩效评估和薪酬激励方案的设计。这样的培训课程将有助于从业人员在实践中提升综合能力。

实践教育也是培养跨领域专业人才的重要环节。大学和职业学院可以与企业合作，提供实习和项目实践机会，让学生亲身参与财务和人力资源管理工作。通过实践经验，学生可以加深对两个领域的理解，并将所学知识应用到实际情境中。同时，实践教育还有助于学生培养团队合作、沟通协调等综合能力，提高他们在工作中的适应性和竞争力。

除了教育体系的建设，行业协会和专业组织也可以发挥重要作用，推动跨领域的专业人才培养。行业协会可以组织专业研讨会、讲座和培训活动，为财务和人力资源管理从业人员提供持续学习和专业发展的机会。同时，行业协会还可以制定行业标准和职业认证体系，鼓励从业人员不断提升自身的专业能力和素养。

（二）互通与合作

为促进财务管理与人力资源管理的互通与合作，组织内部可以采取多种方式，如岗位轮岗、项目合作等，以实现知识的共享和技能的互补，从而提高组织内部的协同效能。

财务部门的员工可以参与人力资源部门的招聘和培训工作，深入了解人力资源管理的流程和需求。通过参与招聘过程，财务部门的员工可以更好地理解人力资源部门在招聘中所关注的要点，如技能匹配、文化适配等。同时，通过参与培训工作，财务部门的员工可以了解培训活动对员工绩效和发展的影响，并将其与财务指标进行关联，从而更好地支持培训预算和资源的分配。

同样，人力资源部门的员工也可以参与财务部门的预算编制和财务分析，增加对财务管理的理解。通过参与预算编制过程，人力资源部门的员工可以了解财务部门在预算规划和控制方面的要求和考虑因素，从而更好地协调人力资源规划与财务资源的分配。参与财务分析可以帮助人力资源部门了解财务数据的解读和利用，从而更好地评估人力资源活动对组织绩效的影响，并根据财务指标进行优化和调整。

除了岗位轮岗，项目合作也是促进财务管理与人力资源管理互通的有效方式。通过共同参与具体项目，财务部门和人力资源部门可以共享信息和资源，加强沟通与协作。

例如，在人力资源部门开展绩效评估项目时，财务部门可以提供有关薪酬、绩效奖金等方面的数据支持，帮助评估员工的贡献价值。同样，在财务部门进行预算编制或成本控制项目时，人力资源部门可以提供有关员工薪酬和培训需求等方面的信息，为预算规划和成本管理提供参考。

还可以设立跨部门的工作小组或联合委员会，定期召开会议，就特定问题进行讨论和决策。例如，可以设立财务与人力资源管理的联合委员会，由两个部门的代表组成，共同商讨和制定相关政策和计划。这样的联合委员会可以促进财务管理与人力资源管理之间的密切合作，确保双方在决策和执行过程中的协调与一致性。

（三）建立跨领域团队

在新经济环境下，建立跨领域团队是促进财务管理与人力资源管理融合的重要策略之一。这些团队由具有财务和人力资源背景的专家组成，共同负责制定和实施综合的财务和人力资源策略。通过团队成员之间的交流和合作，可以带来不同领域的思维碰撞，从而产生创新的解决方案。

跨领域团队能够促进财务和人力资源管理之间的密切合作。财务部门和人力资源部门通常各自独立地处理各自的工作，而缺乏有效的沟通和协调。通过建立跨领域团队，可以将两个部门的专业人才集合在一起，共同参与决策和规划过程。团队成员可以分享彼此的知识和经验，加强沟通与协作，从而实现财务和人力资源管理的有机结合。

跨领域团队能够带来不同领域的思维碰撞。财务和人力资源管理是两个不同领域，每个领域都有其独特的视角和方法。通过将这些专业人才集合在一起，可以促进跨领域的思维交流和互动。财务专家可以带来对数据和数字的敏锐分析能力，而人力资源专家可以提供对员工需求和行为的深入理解。通过不同领域的思维碰撞，团队可以产生创新的解决方案，更好地应对复杂的业务挑战。

跨领域团队还可以实现更高效的决策和执行。团队成员具有不同的专业知识和技能，在决策制定和执行过程中可以共同参与和贡献。他们可以从不同的角度审视问题，并提供多样化的解决方案。通过团队内部的协商和讨论，可以达成共识并推动决策的迅速落地。这种高效的决策和执行过程可以提高组织的反应速度和竞争力。

跨领域团队还可以加强财务和人力资源管理之间的学习和发展。团队成员可以相互学习和借鉴，拓宽自身的知识和技能。例如，财务专家可以更好地了解人力资源管理的最佳实践，人力资源专家也可以深入了解财务管理的原理和方法。通过团队内部的学习和发展，成员们可以不断提升自身的综合能力，并将其应用于实际工作中。

第三节 共同面临的挑战和解决方案

财务管理和人力资源管理是组织中两个重要的管理领域，它们在实践中都面临着一些共同的挑战。

一、财务管理与人力资源管理共同面临的挑战

挑战一：预算限制

预算限制是财务管理和人力资源管理领域面临的一项重要挑战。财务部门必须在有限的预算下进行资金分配和运营成本控制，以确保公司的财务稳定和可持续发展。这意味着他们需要仔细评估各项支出，并确保将有限的资源分配到最需要的地方，同时避免不必要的浪费。

对于财务部门来说，预算限制可能会导致无法满足所有部门的需求。他们必须权衡各个部门的要求，并根据公司的整体战略目标来做出决策。这可能需要削减某些项目或延迟某些投资，以适应有限的预算。

人力资源部门同样受到预算限制的影响。他们需要合理分配人力资源，以满足公司的各项业务需求。这包括确定招聘计划、培训和发展项目、员工福利等。然而，在预算有限的情况下，人力资源部门可能无法满足所有部门的需求，因此他们需要优先考虑关键岗位和关键人才的需求，并做出相应的决策。

预算限制还可能对员工薪酬产生影响。人力资源部门必须确保员工的薪酬合理，既要满足员工的期望和劳动价值，又要符合公司的财务状况和预算限制。这意味着他们可能需要权衡各种因素，如市场薪酬水平、员工绩效和公司财务状况，来确定适当的薪酬方案。

挑战二：变动性需求

变动性需求也是财务管理和人力资源管理领域面临的一个重要挑战。财务部门必须灵活地应对市场变化和公司经营状况的变化，以调整投资和融资策略，以确保公司的财务稳定和可持续发展。

在面对变动性需求时，财务部门需要密切关注市场趋势和竞争环境，并及时做出相应的调整。例如，如果市场需求下降或产品竞争加剧，财务部门可能需要减少资金投入或寻找新的融资渠道。而如果市场需求增加或存在新的商机，他们可能需要增加投资以

支持业务扩展。

财务部门还需要根据公司的经营状况进行资金规划和预算控制。他们需要评估公司的收入和支出情况，并根据需求的变化进行合理的资金分配。例如，如果公司面临困难时期或紧缩预算，财务部门可能需要削减某些支出项目或寻找更具成本效益的解决方案。

与此同时，人力资源部门也需要应对变动性需求的挑战。他们需要根据公司的业务发展和员工需求进行人员招聘和培训。如果公司经营状况好转或业务扩张，人力资源部门可能需要增加招聘计划，并确保有足够的人力资源来支持业务增长。而在经济不景气或业务收缩时，他们可能需要减少招聘或重新评估人员配置。

人力资源部门还需要根据员工的发展需求进行培训和发展计划。他们需要识别出员工的潜力和发展方向，并提供适当的培训机会，以满足员工的个人成长和公司的业务需求。在变动性需求下，人力资源部门可能需要灵活调整培训计划，并探索新的培训方式，如在线学习或虚拟培训。

挑战三：风险管理

财务部门需要有效评估和管理与金融活动相关的各种风险，如汇率风险和利率风险，以确保公司的财务稳定和可持续发展。

在财务管理中，汇率风险是一个重要的风险因素。由于国际贸易和跨境业务的增加，公司可能会暴露于不同货币之间的汇率波动风险。财务部门需要监测和分析汇率变化，并制定相应的风险对冲策略，例如使用衍生品工具进行套期保值来减少汇率风险的影响。

利率风险也是财务管理中需要关注的风险之一。公司可能面临利率上升或下降的风险，这将直接影响借款成本、投资回报率等方面。财务部门需要密切关注市场利率变化，并根据预测和分析结果制定相应的风险管理策略，如灵活调整债务结构或利用利率互换等工具来管理利率风险。

同时，人力资源管理也需要有效的风险管理。人力资源部门需要识别、评估和管理与员工相关的各种风险，以确保公司的运营顺利进行。例如，员工离职风险是一个常见的风险，特别是对于关键岗位和高级人才的离职可能对业务产生重大影响。人力资源部门需要采取措施来留住关键人才，如提供有竞争力的薪酬福利、提供发展机会等。

劳动纠纷也是人力资源管理中需要应对的风险之一。公司可能面临员工投诉、集体谈判或法律纠纷等问题。人力资源部门需要确保公司遵守劳动法规和雇佣合同，并建立有效的沟通渠道和纠纷解决机制，以及时应对和解决劳动纠纷，保护公司的声誉和员工的权益。

二、解决方案

解决方案一：强化沟通与协作

强化沟通与协作是解决财务管理和人力资源管理部门面临的预算限制和薪酬策略挑战的一种关键解决方案。通过加强沟通和协作，这两个部门可以共同制定有效的预算计划和薪酬策略，以实现公司的整体目标。

定期会议是促进沟通和协作的重要方式。财务部门和人力资源部门可以定期召开联席会议或跨部门会议，讨论预算分配、资金需求以及人力资源需求等重要议题。会议提供了一个平台，使双方能够交流意见、分享信息，并就关键问题达成共识。会议还可以用于审查和评估过去的绩效，以便更好地进行预测和规划。

建立信息共享平台也是加强沟通和协作的有效途径。财务管理和人力资源管理部门可以共享数据和信息，以便彼此了解对方的需求和挑战。例如，财务部门可以向人力资源部门提供有关预算状况和资金可用性的信息，以便人力资源部门能够根据情况调整招聘计划和培训预算。而人力资源部门可以向财务部门提供员工薪酬和福利方面的数据，以便财务部门能够合理分配资金，并确保员工薪酬合理。

除了以上措施，还应建立良好的沟通渠道和沟通文化。财务管理和人力资源管理部门应鼓励开放、透明和及时的沟通，倡导相互尊重和合作精神。部门之间的有效沟通和合作将有助于提高决策质量和执行效率，减少误解和冲突，并为公司带来更好的绩效和发展。

解决方案二：灵活调整资源分配

通过合理安排资金和人力资源的使用，这两个部门可以更好地满足实际需求，并确保公司的运营效率和员工的发展。

在财务管理方面，财务部门可以通过优化财务流程和降低成本来释放更多的资金给其他部门，包括人力资源管理部门。例如，他们可以采用自动化系统和数字化工具来提高财务处理的效率，减少人力和时间成本。他们还可以与供应商进行谈判，以获取更有竞争力的价格和优惠条件，从而降低采购成本。通过这些措施，财务部门可以为人力资源部门提供更多的可用资金，以支持招聘、培训和薪酬等方面的需求。

在人力资源管理方面，人力资源部门需要根据实际业务需求灵活调整人力资源的分配。他们可以根据公司的战略目标和业务发展情况，合理规划人员编制和组织架构，以确保适当的人力资源投入。在招聘方面，他们可以根据岗位需求和人才市场的供需情况，灵活调整招聘计划和策略。在培训方面，他们可以根据员工的发展需求和业务重点，优先安排关键岗位和关键人才的培训资源。通过这些灵活的调整，人力资源部门可以更好地满足公司不同部门的需求,并提高整体业务绩效。

财务管理和人力资源管理部门还可以探索外部合作和资源共享的方式。例如,他们可以与其他公司或机构合作,共享某些资源或采取共同的培训项目,以降低成本并提高效率。

解决方案三:建立风险管理机制

建立风险管理机制是解决财务管理和人力资源管理部门面临的挑战的一种关键解决方案。通过加强风险评估和监控,这两个部门可以更好地预防和处理潜在风险,并保障公司的稳定运营。

在财务管理方面,财务部门可以建立风险管理框架来系统地识别、评估和应对各类金融风险。他们可以定期进行风险评估,包括汇率风险、利率风险、信用风险等,以及评估这些风险对公司财务状况和业务运营的潜在影响。基于评估结果,财务部门可以制定相应的风险管理策略和措施,如使用衍生品工具进行风险对冲、分散投资组合等。同时,他们还可以建立风险监控机制,及时跟踪和报告风险变化,以便采取及时的应对措施。

在人力资源管理方面,人力资源部门可以建立健全的劳动合同和离职程序,以规范员工的劳动关系,减少劳动纠纷的发生。他们可以与法务部门合作,确保劳动合同的合规性和有效性,并及时更新相关政策和程序。人力资源部门还可以加强员工离职管理,包括进行正式的离职手续、做好离职交接工作等,以减少潜在的法律纠纷和业务影响。同时,他们可以通过定期的员工满意度调查和反馈机制,了解员工需求和不满意点,及时采取措施提升员工满意度,减少员工流失风险。

第七章 财务风险管理

第一节 新经济环境下的财务风险特点

随着科技和全球化的不断发展,新经济环境已经形成。在这个新经济环境中,传统产业正在被数字化、智能化和创新型企业所取代,而新兴行业如互联网、人工智能、区块链等蓬勃发展。在这种变革中,财务风险也出现了一些新的特点和挑战。下面将从多个方面分析新经济环境下的财务风险特点

一、技术风险

新经济环境下的财务风险特点之一是技术风险。在新经济环境中,技术的快速发展和创新对企业的运营和发展起着至关重要的作用。然而,随之而来的是技术风险,这给企业带来了一系列的挑战和不确定性。

(一)技术过时风险

在新经济环境中,技术更新换代速度极快,市场上涌现出大量的新技术和新产品。这种情况使得企业面临着技术过时的风险。如果企业投资了过时的技术或不能及时跟上行业的发展趋势,可能会导致企业失去竞争优势,甚至影响到企业的生存和发展。技术过时风险主要包括以下几个方面。

1.技术落后

技术的进步是推动经济发展的重要驱动力之一。如果企业使用过时的技术,无法满足市场需求和客户期望,就容易被竞争对手取代。例如,在制造业中,旧的生产设备可能效率低下,而新的自动化设备可以提高生产效率和质量。如果企业没有及时更新设备,就会面临生产能力不足、产品质量下降等问题,从而失去市场份额。

2.产品陈旧

随着科技的进步,新产品不断涌现,消费者对于创新和功能性的需求也越来越高。如果企业的产品无法与新产品相媲美,缺乏竞争力,消费者可能会选择其他更具吸引力的产品。例如,在电子消费品行业,智能手机的快速发展使得传统手机市场逐渐萎缩,那些无法提供创新功能和用户体验的企业面临被淘汰的风险。

3.未来趋势预测不准确

技术的更新换代往往伴随着行业趋势的变化。如果企业对未来趋势的预测不准确，就可能错过发展机会或投资了不合适的技术。例如，互联网行业的快速发展使得许多传统行业都在转型升级，如果企业没有及时抓住互联网的机遇，就容易被新兴互联网企业取代。

（二）技术转型风险

在新经济环境中，企业通常需要进行技术转型和升级，以适应市场需求的变化和创新的推动。然而，技术转型带来的风险不容忽视。技术转型需要投入大量的资金、时间和人力资源，并且可能会面临技术不成熟、技术难度高、技术实施风险等问题，这给企业的财务状况带来了一定的不确定性。

技术转型风险主要包括以下几个方面。

1.技术不成熟

新技术往往处于发展初期，可能存在许多未解决的问题或潜在的缺陷。企业在进行技术转型时，如果选择了尚未成熟或未经验证的技术，可能会面临技术达不到预期效果、技术调试困难等问题，从而影响项目的进展和成果。

2.技术难度高

某些技术转型可能涉及复杂的技术知识和专业技能，需要具备相应的技术团队和专业人才来支持。企业在技术转型过程中，可能会遭遇技术难题、技术实施困难等挑战，需要投入更多的资源和时间来解决。

3.技术实施风险

技术转型往往需要改变企业的工作流程、组织结构以及管理方式。这可能引起员工的抵触情绪或不适应新的工作方式，导致团队协作不畅、人员流失等问题。技术实施过程中可能还会面临系统集成问题、数据迁移困难等风险，影响项目的顺利进行。

（三）技术合作风险

在新经济环境中，企业之间的技术合作和联盟关系变得越来越紧密。然而，技术合作也带来了一定的风险。例如，合作方可能无法按时提供所承诺的技术支持，或者合作方的技术能力和可靠性无法满足预期，这可能导致企业的项目延误或失败，进而影响到企业的财务状况。

技术合作风险是指在技术合作过程中可能出现的不确定因素和潜在问题。以下是一些常见的技术合作风险。

1.技术能力不匹配

合作方在技术方面可能与企业的需求不相符。他们可能没有足够的专业知识、经验或资源来提供所需的技术支持。这可能导致项目的实施受阻，无法按时完成，甚至无法达到预期的目标。

2.技术支持延迟

合作方可能无法按时提供所承诺的技术支持。这可能是由于合作方自身的原因，如内部问题、人员调整或资源限制，也可能是由于外部因素，如供应链问题或不可抗力事件。这种延迟可能会对企业的项目进度和时间表造成严重影响。

3.不稳定的合作关系

技术合作通常涉及长期的合作伙伴关系。然而，合作关系可能会面临变数，如合作方的战略调整、管理层变动或公司并购。这些变化可能对合作关系和项目的稳定性产生负面影响，从而给企业带来风险和不确定性。

（四）技术专利风险

在新经济环境中，技术专利的保护对企业来说尤为重要。技术专利可以确保企业在市场竞争中拥有独特的技术优势和创新能力，提高企业的竞争力和盈利能力。然而，技术专利的申请和保护过程却是复杂且耗费时间和资源的。

技术专利申请的程序相对烦琐。企业需要进行充分的技术调研和分析，撰写专利申请文件，并按照法律规定提交给专利局进行审查。这一过程需要耗费大量的时间和人力资源，而且还需要支付一定的申请费用。如果企业在申请过程中遇到问题或者不符合相关的要求，可能会导致申请被驳回或延迟批准，从而影响到企业的技术保护计划和商业发展。

技术专利的保护面临侵权风险。一旦企业获得了技术专利，就需要积极维护和保护自己的权益。然而，技术专利的侵权现象普遍存在，特别是在竞争激烈的行业中。如果企业无法及时发现和制止他人对自己技术专利的侵权行为，可能会导致企业的技术优势被削弱甚至丧失。维权过程也是非常复杂和耗时的，需要投入大量的资源和资金进行诉讼或其他法律行动。

技术泄漏也是技术专利面临的风险之一。在商业竞争中，企业往往需要与合作伙伴、供应商或客户共享技术信息。一旦技术信息泄露，可能导致他人利用这些信息进行竞争或者侵权行为。因此，企业需要建立起完善的技术保密机制，包括签署保密协议、加强内部管理和控制等，以减少技术泄漏的风险。

技术专利的失效也是一种潜在的风险。技术专利的有效期有限，一旦专利到期，其他企业就可以合法地使用该技术。技术专利还面临无效宣告的风险，即他人通过司法途径对技术专利的有效性提出质疑并获得无效宣告。如果企业过于依赖技术专利来保护自己的技术优势，一旦专利失效或被无效宣告，将对企业的财务状况产生不利影响。

二、市场风险

新经济环境下的财务风险特点主要体现在市场风险方面。随着新技术的迅猛发展、全球化进程的加速以及消费者需求和行为的变化，市场环境发生了巨大的变化，给企业的财务风险管理带来了新的挑战和特点。

（一）市场竞争加剧

在新经济环境下，市场竞争的加剧是财务风险的一个重要特点。随着新兴科技公司和创新型企业的崛起，传统产业正面临着巨大的冲击和变革。市场份额的重新分配速度加快，企业必须不断适应市场的变化以及满足消费者的需求，否则将面临市场份额下降、销售收入减少等风险。

在这种激烈的市场竞争中，企业需要采取一系列措施来保持竞争力和稳定盈利能力。企业需要密切关注市场动态和竞争对手的行动。通过市场调研和分析，了解消费者需求和市场趋势的变化，及时调整产品策略、推出创新产品，以满足市场的需求。

企业需要加强品牌建设和营销推广，提高产品的知名度和市场认可度。通过建立良好的品牌形象和口碑，企业可以在激烈的市场竞争中脱颖而出，并吸引更多的消费者选择自己的产品或服务。

企业还应积极拓展销售渠道，利用互联网和电子商务等新技术手段，开拓线上线下多元化的销售渠道。通过与电商平台合作、建立自己的线上销售渠道等方式，企业可以更好地触达消费者，并实现销售收入的增长。

加强供应链管理也是应对市场竞争的重要举措之一。通过优化供应链，降低采购成本、提高物流效率，企业可以在价格竞争中占据有利地位，提供更具竞争力的产品和服务。

（二）金融市场不确定性

随着新技术的迅猛发展和全球化进程的加速，金融市场面临着更多的不确定因素和挑战。

投资者的风险偏好和投资行为发生了变化。在新经济环境下，投资者对高风险高回报的新兴产业更感兴趣，而传统行业面临着资金流出的风险。这导致企业在融资过程中可能面临着更高的成本和更严格的条件。

新经济领域的监管政策相对较为复杂和不确定。政府机构对于新技术和新业态的监管还处于不断调整和完善的阶段，相关政策的变化可能对企业的经营产生重大影响。企业需要时刻关注和遵守相关政策，以避免因违规操作而承担法律和财务风险。

新经济领域常常涉及知识产权、专利等法律事项，其中的法律风险也需要企业高度关注和防范。在新技术和创新型产业中，知识产权的保护尤为重要，企业应加强相关法律事务的管理和风险评估。

（三）数据安全与隐私风险

随着企业面临大量的数据收集、处理和存储，这些数据包含了商业秘密、客户信息等敏感数据，一旦遭到泄露或黑客攻击，将给企业带来严重的财务风险和声誉损失。

数据泄露可能导致财务风险。一旦企业的商业机密、核心技术或客户数据泄露，可能会给企业造成巨大的经济损失。竞争对手可以利用这些泄露的信息获得商业优势，导致企业的市场地位受到损害，销售额下降，盈利能力减弱。

数据被黑客攻击也会导致财务风险。随着网络安全威胁不断增加，黑客攻击的频率和复杂性也在不断提高。如果企业的数据系统遭到黑客攻击，可能导致数据丢失、系统瘫痪或支付欺诈等问题，进而造成财务损失和经营中断。

数据安全问题还涉及合规风险。随着数据保护和隐私保护法规的不断完善，企业需要遵守相关法规和标准，保护客户的隐私权。一旦企业未能满足法规要求或发生数据泄露事件，将面临巨额罚款和法律诉讼风险，对企业的财务状况造成重大影响。

（四）全球化市场风险

随着全球化进程的加速，企业面临更大的国际市场竞争和国际贸易风险，包括汇率波动、关税壁垒和跨国合作等因素。

1.汇率波动

汇率波动对企业的财务状况和盈利能力产生重要影响。在全球化市场中，企业往往需要进行跨国货币交易，涉及不同货币之间的兑换。汇率波动可能导致企业在结算和资金管理方面面临较大的不确定性。如果本地货币贬值，企业可能面临进口成本上升、海外销售收入减少等风险；反之，如果本地货币升值，企业可能面临出口竞争力下降、海外市场份额减少等风险。因此，企业需要建立有效的汇率风险管理机制，如使用金融衍生工具进行套期保值或与合作伙伴签订长期合同以规避汇率风险。

2.关税壁垒

关税壁垒对企业的国际贸易活动带来了风险。在全球化市场中，各国实施的贸易保护主义政策可能导致关税上升、贸易壁垒增加，对企业的进口和出口业务造成不利影响。

企业需要密切关注各国的贸易政策变化，灵活调整供应链和市场布局，寻求多元化的市场和供应渠道，以减少关税壁垒带来的财务风险。

3.跨国合作

跨国合作也是全球化市场中的一个重要风险因素。企业在拓展国际市场时往往需要与跨国公司或本地合作伙伴合作。然而，跨国合作面临着文化差异、法律制度不同等挑战，如果合作关系管理不当，可能导致合作风险和财务损失。因此，企业需要进行充分的尽职调查和风险评估，确保选择合适的合作伙伴，并建立合作框架和合同，明确双方的权益和责任。

三、法律与监管风险

新经济环境下，财务风险特点之一是法律与监管风险的增加。随着新技术的快速发展和全球化的推进，相关领域的法律法规和监管政策也在不断演变和完善。企业需要适应这些变化，并确保自身在合规性方面的运营，以降低法律与监管风险。

新经济环境中，法律风险主要体现在以下几个方面。

（一）知识产权保护

在新经济环境下，知识产权的保护是财务风险管理中至关重要的一部分。在新技术和创新型产业中，企业的核心竞争力往往来自其独特的技术、产品或品牌，因此，确保这些知识产权得到充分的法律保护对企业的发展至关重要。

企业需要积极申请和注册知识产权，包括专利、商标、版权等。通过申请和注册，企业可以获得法律上的排他性权利，防止他人未经授权使用、复制或盗用企业的技术、产品或品牌。知识产权的有效保护可以为企业带来市场竞争优势，提高产品或服务的差异化程度，并减少侵权风险。

企业需要加强内部的知识产权保护意识和管理。建立健全的知识产权管理制度，包括规范的知识产权流程、保密协议和知识产权保护培训等。员工应该清楚知识产权的重要性，并且遵守保密义务，以防止知识产权泄露或侵权行为。

企业还应加强对市场的监测和监控，及时发现并防范他人对企业知识产权的侵犯行为。通过建立专门的知识产权保护团队或与专业律师事务所合作，进行监测、调查和维权工作，确保企业的知识产权得到充分的保护。

除了保护自身的知识产权，企业还需避免侵犯他人的知识产权。在产品研发、设计和营销过程中，企业应进行充分的尽职调查和风险评估，确保自身的产品或服务不会侵犯他人的专利、商标或版权等知识产权。如果企业被指控侵权，应积极应对，采取相应的措施解决争议，以避免法律纠纷和经济损失。

（二）劳动法与雇佣合规

在新经济环境下，劳动法与雇佣合规成为企业不可忽视的财务风险管理方面。随着新技术和创新型产业的兴起，企业的用工形式和模式变得多样化，包括自由职业者、合同工、远程办公等。为了降低劳动纠纷和法律风险的发生，企业需要遵守相关的劳动法和雇佣合规要求，并确保员工的权益得到充分保护。

企业需要了解并遵守当地的劳动法律法规。不同国家和地区的劳动法律法规可能存在差异，企业应该深入研究并了解适用于其经营地点的劳动法规定。这些法规涉及雇佣合同、工资和福利、工时和休假、劳动关系和解雇程序等方面，企业必须遵守相应的规定。

企业应建立完善的雇佣合同制度。雇佣合同是雇主与员工之间的法律约束文件，明确双方的权益和责任。合同应包含员工的基本信息、工作内容、薪酬福利、工作时间、保密义务等内容，并符合当地法律的要求。同时，企业应定期检查和更新合同，确保其与法律法规的一致性。

企业需要确保员工的薪酬福利符合法律要求。包括支付合理的工资、提供社会保险和福利待遇等。企业应及时了解并遵守相关的最低工资标准、加班工资规定、社会保险缴纳要求等，以确保员工的权益得到保护，避免劳动纠纷的发生。

在管理雇员关系方面，企业需要建立健全的人力资源管理制度。包括招聘与录用程序、绩效考核与奖惩机制、培训与发展计划、内部投诉与纠纷处理机制等。通过明确的制度和流程，企业可以更好地管理员工关系，避免劳动纠纷的发生。

企业还应关注远程办公的合规性。随着新经济的发展，越来越多的企业采用远程办公模式。在实施远程办公时，企业需要遵守当地的法律法规，特别是涉及员工权益、劳动时间和安全保护等方面的规定。

新经济环境中，监管政策的变化和加强给企业带来了监管风险。

（一）行业监管

在新经济环境下，行业监管的加强是财务风险管理中的一个重要方面。随着新技术和新业态的出现，政府机构对新兴产业的监管政策不断调整和完善。这些监管政策涉及市场准入、竞争政策、安全标准等方面的要求，企业需要及时了解并遵守相关的监管政策，以降低因违规操作而承担的法律和财务风险。

企业应及时了解并遵守市场准入要求。政府机构通常会制定一系列的准入条件和程序，以保护市场的公平竞争和消费者权益。企业在进入新兴产业时，需要满足相关的资质、技术或资金要求，并提交相应的申请文件。企业应密切关注相关政策的变化，确保自身的业务符合准入要求,避免因违规操作而承担的法律风险和处罚。

企业需要遵守竞争政策。政府机构对于市场垄断、不正当竞争等行为进行监管,以维护市场秩序和促进公平竞争。企业应遵守反垄断法和相关竞争政策,不得从事价格操纵、市场分割、滥用市场支配地位等违法行为。定期进行内部竞争合规审查,建立并执行反垄断和竞争政策的制度,确保企业的经营活动符合相关法律法规。

安全标准也是行业监管的重要方面。新技术和新业态可能涉及数据安全、网络安全、产品安全等方面的问题。政府机构会制定相应的安全标准和要求,以保障公众的利益和安全。企业应了解并遵守这些安全标准,采取相应的措施确保数据和产品的安全性。例如,加强网络防护、进行数据备份、定期进行安全审计等。

(二)跨国监管

随着全球化的发展,跨国企业面临着不同国家和地区的监管要求。企业需要遵守各国的法律法规,包括税收政策、贸易限制、反垄断规定等。同时,不同国家的监管环境和标准可能存在差异,企业需要建立合规管理机制,确保全球运营符合当地法律和监管的要求。

企业应建立全球合规团队或委托专业机构提供支持。由于不同国家和地区的法律法规差异较大,企业需要建立专门的合规团队,负责研究、解读和执行相关的跨国监管要求。这些团队可以与本地的律师事务所、会计师事务所或顾问机构合作,为企业提供具体的法律和合规指导。

企业需要加强对各国法律法规的了解和遵守。企业应进行充分的尽职调查,了解每个国家和地区的法律要求,并确保全球运营活动符合当地的法律法规。涉及税收政策、贸易限制、反垄断规定等方面的要求,企业应及时调整运营模式和业务流程,以确保合规性。

企业还应加强与当地监管机构的沟通与合作。与监管机构保持积极的合作关系,可以及时了解和遵守当地的法律法规要求,预防和解决潜在的合规风险。与监管机构的良好关系还有助于企业获取相关政策的最新动态和指导,并为公司的全球业务提供更多的支持。

第二节 财务风险管理工具和方法

财务风险管理是企业在经营过程中必须面对的重要问题之一。为了有效地应对和管理财务风险，企业需要借助各种工具和方法来识别、评估和控制风险。

一、财务风险管理工具

（一）财务比率分析

财务比率分析是一种常用的财务管理工具，通过对企业财务数据进行计算和比较，可以揭示企业的财务状况和风险水平。财务比率是根据企业的财务报表中的数据计算得出的指标，可以帮助企业了解其在财务方面的表现，并为决策提供参考。下面介绍几个常用的财务比率。

1.资产负债率

资产负债率是衡量企业财务杠杆程度的指标，反映了企业的资产来源和利用情况。计算公式为：资产负债率=总负债/总资产。该比率越高，意味着企业的债务占比越大，财务风险越高。

2.流动比率

流动比率是评估企业偿付短期债务能力的指标，也称为偿债能力比率。计算公式为：流动比率=流动资产/流动负债。该比率越高，说明企业有足够的流动资金来偿付短期债务，偿债能力越强。

3.偿债能力比率

偿债能力比率是评估企业偿付全部债务能力的指标，常用的指标包括长期债务比率和利息保障倍数。长期债务比率=长期负债/资本结构；利息保障倍数=息税前利润/利息费用。这些比率越高，说明企业具备更强的偿债能力。

通过对这些财务比率的分析，企业可以了解自身的财务状况和风险水平。例如，如果资产负债率过高，可能意味着企业过度依赖借款，财务风险较高；如果流动比率过低，可能意味着企业流动资金不足，无法及时偿付债务。基于这些分析结果，企业可以采取相应的措施进行调整和优化，如降低负债率、增加流动资金等，以提升财务稳定性和偿债能力。

需要注意的是，财务比率分析仅是一种工具，不能单一地作为决策的依据，还需结合行业情况和经营环境等因素进行综合考量。财务比率也存在一定的局限性，例如对于不同行业之间的比较可能存在差异，需要进行行业内比较或与历史数据对比才能更好地评估企业的财务状况和风险水平。

（二）敏感性分析

敏感性分析是一种通过对关键变量进行模拟和测试，评估其对企业财务风险的影响程度的工具。在进行敏感性分析时，我们可以改变不同因素的数值，如销售量、成本、利率等，来预测和分析企业的盈利能力、偿债能力等指标的变化情况，从而判断财务风险的敏感性和承受能力。

敏感性分析的过程通常包括以下几个步骤。

1.确定关键变量

首先需要确定对企业财务状况有较大影响的关键变量，如销售量、成本、利率等。这些变量通常是与企业盈利能力、偿债能力密切相关的因素。

2.设定变量范围

根据实际情况和需求，设定每个关键变量的取值范围。例如，销售量可以设定为增加或减少一定百分比，成本可以设定为上涨或下降一定金额等。

3.建立模型

基于企业的财务数据和假设，建立相应的财务模型。该模型可以是利润表、现金流量表或者其他适合的财务报表，用于计算企业在不同变量取值下的财务指标。

4.进行模拟和测试

根据设定的变量范围，对每个关键变量进行逐一调整，并运行模型进行模拟和测试。通过观察财务指标在不同变量取值下的变化情况，可以评估关键变量对财务风险的敏感性和承受能力。

5.分析结果

根据模拟和测试的结果，分析关键变量对企业财务状况的影响程度。例如，如果销售量的增加导致利润大幅上升，说明企业对销售量变化较为敏感；如果成本的上涨导致盈利能力急剧下降，说明企业对成本变化的承受能力较弱。

通过敏感性分析，企业可以更好地了解自身的财务风险敏感性，发现潜在的风险因素，并制定相应的风险管理策略。例如，当关键变量对财务指标产生较大影响时，企业可以采取措施来降低风险，如寻找多样化的销售渠道、控制成本、建立利率风险管理机制等。

敏感性分析是基于假设和模型的预测工具，结果受到模型精度和假设准确性的影响。在进行敏感性分析时，应谨慎选择关键变量和建立合理的模型，同时结合实际情况和专业意见进行综合判断。

（三）风险评估矩阵

风险评估矩阵是一种用于定性和定量评估风险事件的工具，通过将风险的概率和影响程度以数值表示，并计算综合评估值，帮助企业确定优先级和采取相应的措施。风险评估矩阵可以帮助企业识别和分类不同风险，并根据评估结果制定相应的风险管理策略。

在使用风险评估矩阵时，通常包括以下几个步骤。

1.确定评估标准

首先需要确定评估风险的标准，如概率和影响程度。概率是指风险事件发生的可能性，影响程度是指风险事件对企业造成的损失或影响的程度。可以根据实际情况和需求制定相应的评估标准，例如使用概率百分比和影响程度等级来表示。

2.评估风险事件

根据已知信息和专业判断，对各个风险事件进行评估。根据评估标准，将每个风险事件的概率和影响程度进行量化或描述性评估，并记录在评估矩阵中。

3.计算综合评估值

根据概率和影响程度的评估结果，计算每个风险事件的综合评估值。可以使用加权求和或其他方法来计算，以反映不同风险事件的重要性和优先级。

4.分析和比较评估结果

根据综合评估值，对风险事件进行分析和比较。根据优先级，确定需要重点关注和处理的风险事件，并制定相应的风险管理策略。

5.监测和更新

风险评估是一个动态的过程，企业应定期监测和更新评估结果。随着时间和情况的变化，可能会出现新的风险事件或原有风险事件的概率和影响程度发生变化，因此需要及时调整评估矩阵和相关策略。

风险评估矩阵的优势在于能够将风险事件进行系统化的分类和评估，帮助企业更好地理解和管理风险。通过定量化的评估结果，企业可以根据优先级和重要性来决定资源的配置和风险管理的重点。

但风险评估矩阵也存在一定的局限性，例如评估结果可能受到主观判断和不确定性的影响，需要结合专业知识和经验进行综合分析。

(四)财务预测模型

财务预测模型是一种利用历史数据和统计方法对未来财务状况进行预测和分析的工具。通过建立适当的模型,如时间序列模型、回归模型等,可以预测企业的收入、支出、利润等指标的变化情况。财务预测模型可以帮助企业做出合理的财务规划和决策,提前应对潜在的风险和挑战。

在使用财务预测模型时,通常包括以下几个步骤。

1.数据收集与整理

收集并整理与财务预测相关的历史数据,包括企业的财务报表、经营数据、市场信息等。这些数据将作为建立预测模型的基础。

2.模型选择与建立

根据实际情况和需求,选择适合的财务预测模型。常见的模型包括时间序列模型、回归模型、灰色模型等。根据选定的模型,利用历史数据进行参数估计和模型训练,建立财务预测模型。

3.预测与分析

使用已建立的财务预测模型,对未来的财务状况进行预测和分析。根据预测结果,可以了解企业在收入、支出、利润等方面的变化趋势,并评估潜在的风险和机会。

4.验证与修正

通过与实际数据的对比,验证财务预测模型的准确性和可靠性。如果发现模型存在偏差或误差,需要进行修正和调整,以提高预测的准确性和精度。

5.应用与决策

根据财务预测的结果,制定相应的财务规划和决策。例如,根据预测的盈利能力,确定投资计划;根据预测的资金需求,制定融资策略等。同时,还可以通过不同情景的预测分析,评估不同决策对财务状况的影响。

财务预测模型的预测结果受到多种因素的影响,包括市场环境、竞争状况、政策变化等。在使用财务预测模型时,应结合其他信息和专业判断进行综合分析。财务预测模型也存在一定的限制,如模型的假设前提、数据的可靠性等,需要合理使用并不断改进和优化。

(五)保险合同

保险合同是一种通过转移或分散风险来管理财务风险的工具。企业可以购买不同类型的保险,如财产保险、责任保险、信用保险等,以减轻经济损失。保险公司在发生风险事件时提供理赔,帮助企业应对突发风险,保障财务安全。

保险合同由保险人和投保人之间签订，并明确约定了双方的权利和义务。保险人是承担风险的一方，即保险公司；而投保人则是购买保险的一方，即企业或个人。

保险合同通常包括以下要素。

1.保险标的

即被保险对象，可以是企业的财产、车辆、设备等，也可以是企业的责任风险、信用风险等。

2.保险金额

即保险合同中约定的最高赔偿限额，表示保险人在发生风险事件时最多可以支付的金额。

3.保险费

即投保人向保险公司支付的费用，用于购买保险保障。保险费的大小与保险金额、风险评估等因素有关。

4.免赔额

即在发生风险事件时，投保人需要自行承担的损失金额。免赔额的设置可以鼓励投保人更加谨慎地管理风险。

5.保险期限

即保险合同的有效期限，一般以年为单位计算。在保险期限内，投保人享有保险保障和理赔的权益。

保险合同的签订对于企业来说具有重要意义。通过购买适当的保险，企业可以将不可预见的风险转移给保险公司，减少财务损失的风险。

保险合同提供了经济补偿的保障。当企业发生风险事件导致损失时，保险公司会根据合同约定进行理赔，帮助企业恢复正常经营。

保险合同还可以增强企业的信誉和声誉。购买保险表明企业具备一定的风险管理能力，这有助于建立与供应商、客户等利益相关方的良好关系。

企业在购买保险时需要注意应仔细阅读保险合同条款，并根据实际情况选择适合的保险类型和保险金额。同时，企业还需要及时向保险公司报告风险事件，并按照合同要求履行理赔程序。

二、财务风险管理方法

（一）风险识别和分类

财务风险是企业面临的各种可能对财务状况和经营活动产生不利影响的不确定因素。

为了有效管理财务风险，首先需要进行全面的风险识别和分类。通过对内外部环境的分析和评估，可以确定不同类型的财务风险，并采取相应的措施进行管理。

1.市场风险

市场风险是指由于市场变化、行业竞争等因素导致企业面临的风险。例如，市场需求下降、竞争加剧、产品价格波动等都可能对企业的销售收入和市场地位产生负面影响。

2.信用风险

信用风险是指企业在与合作伙伴（如客户、供应商、金融机构等）发生交易时所面临的对方违约或无法履约的风险。例如，客户拖欠账款、供应商无法按时供货等都可能给企业带来财务损失。

3.流动性风险

流动性风险是指企业在短期内无法满足资金需求或转换资产为现金的能力不足的风险。例如，企业面临资金周转困难、无法按时偿付债务等情况，可能导致财务状况恶化。

4.汇率风险

汇率风险是指企业由于外汇市场波动而导致的货币兑换风险。对于跨国企业或进出口企业来说，汇率的波动可能会影响其收入、成本和利润。

5.利率风险

利率风险是指企业在借款或投资时由于利率变动而导致的风险。企业如果面临高利率借款或投资回报下降的情况，可能会增加其财务成本或减少利润。

6.法律合规风险

法律合规风险是指企业在经营过程中未遵守相关法律法规或违反合同约定所面临的风险。例如，企业可能因违法行为而面临罚款、诉讼等法律责任，从而影响其财务状况和声誉。

7.操作风险

操作风险是指由于内部管理、流程失误或人为因素导致的风险。例如，内部控制不力、人员错误操作、系统故障等都可能对企业的财务状况和运营产生不利影响。

通过对这些风险进行识别和分类，企业可以更好地了解自身面临的财务风险，并有针对性地采取相应的管理策略和措施。同时，企业还需要定期评估风险的概率和影响程度的变化，及时调整风险管理策略，确保财务风险得到有效控制。

（二）风险评估和优先级确定

在财务风险管理中，对识别和分类的风险进行评估是非常重要的一步。通过评估每种财务风险的概率和影响程度，企业可以更好地了解风险的严重程度，并决定采取何种措施来管理和应对这些风险。

风险评估可以基于多种方法和工具进行，下面是一些常用的方法。

1. 概率统计

通过历史数据、市场研究等手段，分析风险事件发生的概率。可以利用统计模型、回归分析等方法，对风险事件的发生概率进行量化估计。

2. 历史数据分析

根据过去类似的风险事件发生的频率和影响程度，对当前的风险事件进行评估。通过参考过去的经验和教训，可以更好地判断当前风险的可能性和影响程度。

3. 专家判断

借助专业人士或领域专家的意见和判断，对风险进行评估。专家根据自身的经验和知识，综合考虑各种因素，给出对风险概率和影响的估计。

4. 场景分析

通过构建不同的风险场景，对风险事件的可能性和影响进行评估。可以根据不同的条件和假设，模拟和预测风险事件的发生概率和后果。

评估完成后，企业需要确定每种财务风险的优先级，即确定应对和管理风险的重要程度。这可以基于以下几个因素。

1. 风险概率

评估风险事件发生的概率，将高概率的风险视为更紧迫和重要的风险。

2. 影响程度

评估风险事件对企业的影响程度，包括财务损失、声誉损害、市场份额等方面。将影响程度大的风险视为更重要的风险。

3. 资源可用性

考虑企业目前可用的资源和能力，评估是否有足够的资源来处理和管理特定的风险。将资源有限的情况下，将重点放在最关键和最严重的风险上。

4. 战略目标

评估风险与企业战略目标的关联程度。将与企业战略目标关联度高的风险视为更重要的风险。

通过对财务风险进行评估和确定优先级，企业可以有针对性地制定相应的管理策略和措施。根据风险的优先级，将资源和精力集中在最重要和最紧迫的风险上，从而提高风险管理的效果，并确保财务安全和可持续发展。

(三)风险控制和规避

在进行风险评估后,企业需要采取相应的风险控制和规避策略来应对潜在的风险。风险控制是指通过建立内部控制体系、加强监管和审计等手段来降低风险的发生概率和影响程度。而规避风险则是通过选择合适的投资组合、分散投资、减少杠杆比例等方式来降低财务风险。

1.建立内部控制体系

企业可以通过建立健全的内部控制体系来规范经营活动,确保资源的有效配置和风险的控制。内部控制包括制定明确的流程和规范、设立有效的审核机制、建立完善的报告制度等,以确保企业的各项活动在法律法规和内部规定的框架内进行,并及时发现和纠正可能存在的风险。

2.加强监管和审计

企业应加强对内部运作的监管和审计,确保各项业务符合规定和标准。监管可以通过设立专门的监察机构或委托第三方机构进行监督,审计则是通过对企业财务状况和业务运营情况的全面检查,及时发现问题并采取相应措施。

3.选择合适的投资组合

企业在进行投资时,应根据自身的风险承受能力和预期收益来选择合适的投资组合。一般来说,分散投资可以降低单一投资所带来的风险,因为不同领域、不同行业的投资往往具有不同的风险特征,通过将资金分散投资可以平衡整体风险。

4.减少杠杆比例

企业在融资时,应尽量减少杠杆比例,即债务与资产或权益的比率。高杠杆比例意味着企业的负债水平较高,一旦遭遇市场波动或经营困难,可能会导致债务无法偿还,从而加大财务风险。因此,企业在选择融资方式时应谨慎,并确保有足够的偿债能力。

第三节 企业在新经济环境下的财务风险管理实践

随着新经济时代的到来,全球经济面临了诸多挑战和机遇。在这个快速变化的环境中,企业面临着更加复杂和多样化的财务风险。为了确保企业的稳定发展和长期竞争力,企业需要采取有效的财务风险管理措施。

一、多元化投资组合

随着新经济环境的到来，企业面临更加复杂和多变的市场条件，财务风险管理成为其必须面对的重要任务。传统的财务风险管理方法已不再适用于这个快速发展和不断变化的时代。在这样的背景下，建立多元化投资组合是一种常见的财务风险管理实践。

（一）风险分散与损失降低

多元化投资组合是企业在面临投资风险时的一种有效策略。在新经济环境中，市场波动性加大，投资风险也相应增加。通过将资金分散投资于不同的项目中，如股票、债券、房地产等，企业可以降低单一投资所带来的潜在损失。

多元化投资组合的核心思想是"不把鸡蛋放在一个篮子里"。通过将资金分散投资于不同的资产类别和行业，可以减少单一投资的风险对整体投资组合的影响。当某个投资出现亏损时，其他投资可能带来收益，从而实现风险的分散和平衡。

风险分散是指将资金分配到不同领域、不同类型的投资中，以降低因某个特定投资出现问题而带来的风险。例如，如果企业将所有资金都投资于同一只股票，那么当该股票价格下跌或公司遇到困境时，企业可能会遭受巨大的损失。但是，如果企业将资金分散投资于多个股票、债券和房地产项目中，即使其中某些投资出现问题，其他投资可能能够弥补亏损，从而减少整体损失。

通过多元化投资组合，企业可以降低特定行业、特定地区或特定资产类别的风险。例如，在某个特定行业出现经营困难或市场衰退时，企业拥有其他行业的投资，可以减轻该行业风险带来的影响。同样地，如果某个地区出现政治不稳定或自然灾害，企业拥有其他地区的投资可以减少地区风险对整体投资组合的影响。

多元化投资组合还可以通过分散不同类型的风险来降低损失。不同类型的投资在面对市场波动时表现可能存在差异。例如，在经济增长期间，股票可能表现出色，但债券的回报率可能相对较低。然而，在经济衰退期间，债券可能更加稳定，股票则可能受到较大的影响。通过将资金分配到不同类型的投资中，企业可以平衡各种风险，从而降低整体投资组合的波动性和潜在损失。

（二）抵御市场冲击和行业变革

在新经济环境中，技术进步和创新的快速发展推动着产业结构的不断变化。某些行业可能会面临迅速衰退的挑战，而其他行业则可能崭露头角。为了抵御市场冲击和行业变革所带来的风险，企业可以采取一系列策略。

企业可以通过将资金投资于多个不同的行业和领域来降低对单一行业的依赖性。这种分散投资的做法可以有效地减少受到行业变革影响时的风险。当一个行业出现问题时，其他行业可能仍然保持稳定或增长，从而平衡整体投资组合的风险。例如，如果一个企业主要依赖传统制造业，但该行业面临严重的市场萎缩，企业可以考虑将一部分资金投资于新兴的科技行业或服务行业，以寻找新的增长点。

企业应积极关注和应对技术进步和创新对行业的影响。随着技术的不断演进，许多行业正在面临着巨大的变革。企业需要密切跟踪行业的最新趋势和发展，以及新技术对其可能产生的影响。只有在了解并适应这些变化时，企业才能够更好地抵御市场冲击，并在行业变革中找到新的机遇。

企业还可以通过加强内部创新和研发能力来提高自身的抵御风险能力。在不断变化的市场环境中，企业需要保持灵活性和敏捷性，以便及时调整战略和产品组合。通过投入更多资源于研发和创新，企业可以积极应对市场冲击，并开发出具有竞争优势的新产品和服务。

建立良好的合作关系也是抵御市场冲击和行业变革的重要策略之一。与其他企业、机构或创新者进行合作，可以共享资源和知识，共同应对市场变化带来的挑战。通过合作，企业可以更好地获取市场信息，共同开发新产品，共享成本和风险，提高整体的竞争力和抗风险能力。

（三）应对货币风险和市场波动

在新经济环境下，全球化程度的加深使得企业面临着来自不同国家和地区的货币风险。为了应对这种风险以及市场波动所带来的影响，企业可以采取一系列策略。

企业可以通过将资金投资于不同国家和地区的资产来分散货币风险。这样做可以有效地管理汇率波动对财务状况的影响。当一个国家或地区的货币贬值时，其他国家或地区的货币可能会升值，从而减少汇率波动对整体投资组合的冲击。通过将资金分散投资于多个国家和地区，企业可以降低特定国家或地区的货币波动对其经营的风险。

企业可以建立有效的风险管理机制，包括制定明确的汇率风险管理策略和政策。这需要企业具备对市场波动和货币风险的敏感度，以及实时监测和评估市场情况的能力。通过建立专门的团队或委托给专业的金融机构进行风险管理，企业可以更好地应对货币风险和市场波动。

企业还可以采取灵活的定价策略来适应不同国家和地区的市场情况。根据汇率波动和市场需求的变化，企业可以调整产品定价，以保持竞争力和盈利能力。这种灵活性可以帮助企业减少由于货币风险和市场波动所带来的负面影响。

（四）风险评估与定量分析

在构建多元化投资组合时，企业需要进行充分的风险评估和定量分析。这样可以帮助企业全面了解不同投资项目的潜在风险和收益,并对整个投资组合的风险水平进行监控和管理。现代化的风险管理工具和技术可以提供有效的支持,如风险价值(VaR)模型、蒙特卡洛模拟等。

1.风险价值(VaR)模型

VaR 模型来评估投资组合的风险水平。VaR 是一种通过统计方法衡量投资组合可能面临的最大损失的指标。企业可以根据自身需求和风险承受能力,设定一定的置信水平和时间段,计算出投资组合在给定置信水平下的最大损失。这可以帮助企业评估投资组合的风险水平,并制定相应的风险管理策略。

2.蒙特卡洛模拟

蒙特卡洛模拟是一种常用的风险分析方法,可用于评估投资组合的潜在风险和回报。蒙特卡洛模拟通过随机生成大量可能的市场情景,并基于这些情景进行投资组合的模拟交易和回报计算。通过多次模拟,可以得出投资组合在不同市场情况下的风险水平和预期收益。这样可以帮助企业更好地了解投资组合的风险特征,并做出相应的调整和决策。

3.其他定量分析工具

企业还可以利用其他定量分析工具来评估投资组合的风险。例如,基于历史数据和统计方法的方差-协方差分析可以帮助企业衡量不同投资项目之间的相关性和风险敞口。通过计算投资组合的方差和协方差矩阵,可以确定投资组合的总体风险水平,并找到一种最优的资产配置方案。

4.关注市场动态和风险因素

企业还应该密切关注市场动态和风险因素的变化,并及时更新风险评估和定量分析。市场环境和风险因素都是不断变化的,因此风险管理工作需要持续进行监测和调整。企业可以借助先进的风险管理软件和系统,实时跟踪市场数据和风险指标,以便及时做出决策和调整投资组合。

二、建立风险管理机制

在新经济环境下,企业面临的风险更加复杂多样化,因此建立完善的风险管理机制变得尤为重要。

(一)建立健全的内部控制体系

建立健全的内部控制体系对于企业来说至关重要,它可以确保企业运营的有效性和财务报告的可靠性。以下是企业建立健全内部控制体系的几个关键方面:

1.制定内部政策和流程

企业应制定明确的内部控制政策和流程,并将其贯彻到各个层级和部门。这包括规定合理的决策权限、审批程序和管理程序等。通过明确和执行内部控制政策和流程,企业可以确保各个环节按照规定的程序进行操作,降低操作风险和错误发生的概率。

2.设立控制措施

企业应设立适当的控制措施,以防止潜在的风险和问题。例如,企业可以建立财务控制措施,如预算管理、财务报告审查等,以确保财务报告的准确性和完整性。企业还可以采取操作控制措施,如库存管理、采购审批等,以确保运营活动的规范性和高效性。

3.明确责任和权限

明确责任和权限是建立健全内部控制体系的重要一环。企业应明确每个员工的职责和权限,并确保相应的授权和监督机制。这样可以避免职责模糊和权力滥用,确保每个员工在自己的职责范围内履行职责,并对其行为进行监督和评估。

4.建立审计和监督机制

企业应建立审计和监督机制,以确保内部控制体系的有效运行。内部审计可以帮助企业发现潜在的风险和问题,并提出改进意见。企业还可以设立独立的监督机构或委托第三方机构进行监督,确保内部控制体系的独立性和有效性。

5.加强员工培训和意识

企业还应加强员工培训和意识提升,以增强内部控制的有效性。通过培训和教育,员工可以了解内部控制的重要性,学习如何正确执行控制措施,并及时报告潜在的风险和问题。企业可以定期开展内部控制培训和交流活动,促进员工对内部控制的理解和参与度。

(二)完善财务管理制度和流程

完善财务管理制度和流程对于企业的风险管理至关重要。

1.建立科学的预算编制和执行制度

预算是企业实现战略目标和控制成本的重要工具。通过制定预算,企业可以合理规划和分配资源,并确保在可控范围内开展业务活动。预算编制过程应包括各个部门的参与和沟通,以便获取准确的信息和合理的预期。同时,企业还应建立预算执行和监督机制,确保预算的有效执行和及时调整。

2.加强资金管理和流动性管理

建立有效的资金管理制度和流程可以帮助企业更好地管理现金流量和资金风险。企业应制定明确的资金筹集和使用政策,建立有效的付款和收款流程,并加强对资金的监控和分析。企业还应积极管理与供应商和客户的支付期限,以优化资金周转效率和降低利息成本。

3.加强成本控制和管理

建立成本控制制度和流程可以帮助企业提高运营效率和盈利能力。企业应定期进行成本分析，识别和评估各项成本，并制定相应的控制措施。企业还可以采取有效的采购管理、供应链优化等策略，以降低采购成本和生产成本。

4.建立科学的投资决策制度和流程

投资是企业实现长期增长和创造价值的重要手段。通过建立投资决策制度和流程，企业可以对潜在投资项目进行全面评估和风险管理。企业应设立明确的投资审批程序和标准，加强对投资项目的尽职调查和风险评估，并确保投资决策的合理性和可行性。

5.建立完善的会计核算和财务报告制度

会计核算和财务报告是企业财务信息的主要来源，对于决策者和利益相关者来说具有重要的参考价值。企业应遵守相关会计准则和法规，建立准确和及时的财务信息披露机制。同时，企业还应加强内部审计和财务监督，确保财务信息的真实性和可靠性。

（三）强化风险预警和监测机制

企业可以利用信息技术手段，如大数据分析和人工智能等，对海量数据进行快速分析和挖掘，以发现潜在的风险和问题。通过收集、整理和分析各类数据，企业可以获得更全面、准确的风险信息。例如，企业可以通过监测市场趋势、消费者行为、供应链状况等数据，及时识别市场风险、供应链风险等，并做出相应的调整和决策。

企业可以与行业协会、研究机构等建立合作关系，获取行业和市场动态信息。这些机构通常具有丰富的行业经验和专业知识，能够提供及时的行业报告、市场分析和风险评估。与其合作，可以帮助企业更好地了解行业的风险特征和趋势，及时调整战略和应对风险。

企业应建立内部风险监测和报告机制。这包括建立风险监测团队或委派专门的岗位负责风险监测工作，并设立相应的报告和反馈渠道。风险监测团队可以负责定期收集、分析和报告各类风险信息，向企业高层提供及时的风险警示和建议。

企业还应加强员工培训和意识提升，以增强风险预警和监测能力。员工是企业风险管理的重要一环，他们需要具备对风险的敏感度和识别能力。通过培训和教育，员工可以了解不同类型的风险，学习如何收集、分析和报告风险信息，并加强与其他部门的协作和沟通。

企业还可以利用科技手段建立自动化的风险预警系统。这些系统可以根据设定的风险指标和触发条件，实时监测和预警潜在的风险。例如，企业可以建立基于数据分析和机器学习的模型，识别异常交易、信用风险等，并发送警报或采取相应的措施。

（四）借助信息技术提高风险管理效率

企业可以利用大数据分析来对风险进行定量化和精确化分析。大数据分析可以处理和分析大量的结构化和非结构化数据，帮助企业发现隐藏在数据中的模式和趋势。通过对市场数据、客户行为、供应链状况等数据进行分析，企业可以预测市场变化、识别潜在风险，并做出相应的决策和调整。例如，企业可以利用大数据分析来预测销售趋势，优化库存管理，以避免过度或不足的库存。

人工智能技术可以帮助企业更好地理解和管理风险。通过机器学习和自然语言处理等技术，企业可以让计算机从大量数据中学习和识别模式，辅助决策制定和风险管理。例如，企业可以利用人工智能技术来自动化风险评估流程，快速识别异常交易或信用风险，并及时采取相应的措施。

企业可以利用信息技术来构建风险管理系统和平台。通过建立集成的风险管理系统，可以实现对各类风险的全面监测和管理。这些系统可以收集、整合和分析各种风险数据，并提供实时的风险报告和预警。企业可以根据自身需求，选择适合的风险管理系统和工具，以提高风险管理的效率和准确性。

企业还可以利用信息技术来加强风险沟通和协作。通过搭建云平台、在线协作工具等，企业可以促进跨部门和跨地域的风险沟通和协作。这样可以使得风险信息能够快速传递和共享，有助于企业更好地协调和应对风险挑战。

（五）加强与金融机构和保险公司的合作

加强与金融机构和保险公司的合作是企业风险管理的重要策略之一。

企业可以利用金融工具和产品来对冲财务风险。金融机构可以提供各种衍生品、外汇合约、利率互换等金融工具，帮助企业对冲汇率风险、利率风险和商品价格波动等。例如，企业可以使用远期合约或期权来锁定未来的汇率或利率水平，以保护自身免受不利的市场波动影响。还可以购买保险产品，如财产保险、责任保险等，以转移潜在的损失风险。

企业可以与金融机构合作，获得专业的金融支持和咨询服务。金融机构通常拥有丰富的行业经验和专业知识，可以为企业提供财务规划、资金管理、投资分析等方面的咨询。通过与金融机构建立良好的合作关系，企业可以获取最新的市场信息和趋势，了解风险管理的最佳实践，并制定相应的策略和决策。

企业可以与保险公司合作，共同管理和转移风险。保险公司可以提供各种保险产品，如财产保险、责任保险、商业中断保险等，帮助企业规避潜在的损失风险。通过购买适当的保险产品,企业可以将风险转移给保险公司,减轻自身的财务压力和损失。保险公司还可以提供风险评估和风险管理方面的咨询服务,帮助企业识别和管理潜在的风险。

企业应积极参与金融机构和保险公司的风险管理活动和培训。金融机构和保险公司通常会组织各类风险管理研讨会、培训课程等活动,邀请企业参与。通过参与这些活动,企业可以了解最新的风险管理理念和方法,与行业专家和从业人员进行交流和分享经验,提升自身的风险管理能力。

三、培养专业的财务风险管理团队

在新经济环境下,财务风险管理成为其必须面对的重要任务。为了有效应对财务风险,企业需要培养专业的财务风险管理团队。

(一)深入理解财务风险

建立专业的财务风险管理团队对于企业来说是至关重要的,因为这样可以帮助企业更深入地理解财务风险的本质和特点。财务风险涵盖了市场风险、信用风险、流动性风险、操作风险等多个方面。而一个专业的团队能够掌握各类财务风险的定义、来源、评估和管理方法,并能够将其应用于实际情况中。

深入理解财务风险可以帮助团队更好地识别和评估潜在的风险因素。通过对财务风险的深入研究和分析,团队可以对可能影响企业经营状况和财务状况的各种因素进行辨识和分类。例如,市场风险可能包括股票市场波动、汇率变动等,信用风险可能涉及客户付款能力的不确定性,流动性风险则与企业资金周转和偿债能力相关,操作风险则指企业内部的管理失误或系统故障等。只有深入理解这些风险的特点和来源,团队才能够全面把握企业所面临的潜在风险。

深入理解财务风险可以帮助团队制定相应的管理策略。通过对财务风险的研究和分析,团队可以了解不同风险因素对企业的影响程度和可能带来的损失。在此基础上,团队可以制定出适合企业实际情况的管理策略,以降低风险并保护企业的利益。例如,在面对市场风险时,团队可以通过多元化投资组合、风险对冲工具等方式来降低投资风险;在面对信用风险时,团队可以建立严格的客户评估和风险控制机制等。只有深入理解财务风险,团队才能够制定出有效的管理策略,并在实践中取得良好的效果。

(二)专业技能与知识储备

专业的财务风险管理团队具备丰富的专业技能和知识储备。他们了解并熟悉各类风险管理工具和技术,例如风险价值(VaR)模型、蒙特卡洛模拟、压力测试等。这些工具和技术能够帮助他们对财务风险进行定量分析和评估。通过运用这些工具和技术,团队能够更加准确地衡量和预测潜在的风险。

除了熟悉风险管理工具和技术外，团队成员还应该具备良好的金融市场和经济环境的了解。他们需要关注全球金融市场的动态变化，掌握国内外政策法规的变化，以及了解各个行业的经济状况。这样的了解可以帮助团队更好地预测和评估财务风险，并采取相应的风险管理措施。

团队成员还需要具备财务管理和风险控制的实践经验。他们应该熟悉公司财务报表的编制和分析，了解财务指标的含义和影响因素。还需要具备风险控制的能力，能够识别并评估潜在的风险，并提出相应的风险管理策略。

（三）协调与沟通能力

一个专业的财务风险管理团队需要具备卓越的协调与沟通能力。在企业内部，团队必须与其他部门和岗位紧密合作，共同识别和管理财务风险。例如，他们需要与投资部门合作确定投资策略，与财务部门协商优化财务结构，与风险控制部门合作制定风险管理措施等。这种跨部门合作可以确保各个方面的意见得到充分考虑，并综合利用各部门的资源和专业知识。

在企业外部，财务风险管理团队还需要与相关机构和合作伙伴保持良好的沟通。他们需要与银行、证券公司、保险机构等金融机构保持密切联系，及时获取市场动态和风险信息。还需要与审计师、律师和其他专业顾问合作，以便在需要时获得专业建议和支持。通过与外部合作伙伴的沟通，团队可以更好地了解市场环境和行业趋势，并及时调整风险管理策略。

协调与沟通能力对于财务风险管理团队来说至关重要。只有通过良好的协调与沟通，团队成员才能明确各自的职责和目标，确保信息畅通和资源协同。有效的沟通还可以加强团队内部的合作和凝聚力，提高工作效率和质量。

（四）持续学习与创新精神

在不断变化和发展的新经济环境中，财务风险管理需要具备持续学习与创新精神。一个专业的团队应该不断更新知识和技能，紧跟行业发展的步伐，并主动寻求新的解决方案和方法。为了实现这一目标，团队成员可以参加培训课程、研讨会和学术交流活动，与同行业人士分享经验和最佳实践。

持续学习是财务风险管理团队不可或缺的一部分。他们需要不断了解和研究最新的金融市场趋势和法规政策，以便及时调整风险管理策略。团队成员还应不断提升自身的专业知识和技能，掌握最新的财务工具和分析方法。只有通过持续学习，团队才能保持竞争优势，并更好地应对新兴的财务风险挑战。

创新精神也是财务风险管理团队必备的素质。在面对复杂多变的风险形势时，传统的风险管理方法可能无法完全适应。因此，团队成员应该鼓励提出创新思路和建议，积极探索适应新经济环境下财务风险管理的新模式和策略。他们可以借鉴其他行业的成功案例，思考如何将创新技术和数据分析应用于财务风险管理中。通过创新，团队可以更好地识别和应对潜在风险，提高风险管理效能。

为了培养持续学习与创新精神，财务风险管理团队可以采取以下措施。

1.鼓励学习和知识分享

团队成员可以互相分享学习资源、阅读材料和研究成果。团队领导也可以组织内部培训课程或邀请专家举行讲座，提供学习的机会和平台。

2.设立创新奖励机制

团队可以设立奖励机制，鼓励成员提出创新想法和解决方案。这样可以激发团队成员的积极性和创造力，促进团队的创新发展。

3.与科研机构合作

团队可以与科研机构建立合作关系，共同开展研究项目和实践探索。通过与科研机构的合作，团队可以获取更多的学术支持和专业知识，推动财务风险管理领域的创新发展。

（五）强化风险文化与监督机制

一个专业的财务风险管理团队应该协助企业建立强化风险文化与监督机制。风险文化是指在企业内部形成的对风险认识和处理方式的共同理解和价值观。团队可以通过开展风险教育和培训、强化内部控制、建立风险监督和评估机制等方式，培养企业全员的风险意识和责任意识。

团队可以组织风险教育和培训活动，向企业内部的各个层级和岗位传达风险管理的重要性和方法。通过培训，员工可以了解不同类型的财务风险，学习如何识别、评估和应对风险。团队还可以组织模拟演练和案例分析，提高员工处理风险事件的能力。

团队应该帮助企业强化内部控制，确保有效的风险管理。团队可以参与制定和完善内部控制政策和流程，明确各个岗位的职责和权限。他们可以建立审计和监测机制，及时发现和纠正潜在的风险问题。团队还可以推动信息技术的应用，提高风险管理的效率和准确性。

团队还应承担风险管理的监督职责，定期向高层管理层和董事会报告风险情况，并提出相应的改进建议。他们可以制定风险指标和监测体系，对企业的风险状况进行定量和定性评估。通过监督和报告，团队可以及时向企业高层传递风险信息，促使他们采取必要的措施来降低风险。

第八章 财务分析与预测

第一节 新经济环境下的财务分析需求

随着新经济时代的到来,传统的财务分析方法和指标已经无法满足对企业财务状况的全面评估。新经济环境下的财务分析需求更加注重企业的创新能力、数字化转型方面。

一、创新能力评估

新经济环境下的财务分析需求之一是创新能力评估。在新经济时代,创新成为企业发展的关键驱动力。传统的财务指标无法全面评估企业的创新潜力和竞争优势,因此需要新的财务分析方法和指标来衡量企业的创新能力。

(一)研发投入

研发投入是评估企业创新能力的重要指标之一。创新需要大量的研发资源支持,包括人力、物力和财力等方面的投入。财务分析师可以通过查看企业的研发支出来了解企业在创新方面的投入情况。

研发支出主要包括人员成本、设备采购和科研合作等方面。人员成本是指企业为研发人员支付的工资、培训费用以及福利待遇等。设备采购是指企业购买的用于研发活动的设备、仪器等。科研合作是指企业与其他机构或个人进行的研究合作,包括联合研发项目、技术转让等。

通过对比企业的研发投入与同行业竞争对手进行对比,可以评估企业的相对创新能力。如果企业的研发投入高于竞争对手,可能意味着企业更加注重创新,有更强的技术实力和创新能力。而如果企业的研发投入较低,可能说明企业在创新方面存在欠缺,需要进一步加强研发投入,提升创新能力。

研发投入还可以反映企业未来的创新潜力和竞争优势。大量的研发投入可以培养企业的技术实力和创新能力,提高产品质量和技术含量,增强企业的竞争力。因此,财务分析师在评估企业的创新能力时,需要关注企业的研发投入情况,并结合其他指标进行综合分析。

（二）专利申请数量

专利申请数量也是评估企业创新能力的重要指标之一。专利是企业创新的产出，它代表了企业在技术、产品或业务方法等方面的独特性和创新性。财务分析师可以通过查看企业的专利申请数量和专利授权数量，来评估企业的创新能力。

专利申请数量可以反映企业在创新方面的活跃程度和投入水平。较高的专利申请数量意味着企业在技术研发和创新方面具有较强的实力和动力。而较低的专利申请数量可能说明企业在创新方面存在欠缺，需要加强研发投入和创新能力。

除了专利申请数量，还应考虑专利的质量和商业价值。专利的质量包括技术的领域和深度，以及专利的有效性和可执行性等方面。质量较高的专利代表了企业在该领域的核心技术和创新能力。专利的商业价值也需要考虑，包括专利是否能够带来竞争优势和商业收益等。

财务分析师在评估企业的创新能力时，可以综合考虑专利申请数量、专利授权数量以及专利的质量和商业价值等因素。同时，还可以与同行业竞争对手进行对比，以了解企业在创新方面的相对水平。

（三）技术差距分析

技术差距分析是评估企业创新能力的重要方法之一。财务分析师可以通过比较企业与竞争对手在技术上的差距，来评估企业的创新能力和竞争优势。

财务分析师可以关注企业的核心技术领域和技术专长。核心技术领域是指企业在某个特定领域拥有独特的技术优势和创新能力。通过了解企业在哪些领域具有核心技术，可以评估企业在技术方面的优势程度。

财务分析师可以考虑企业的技术人员数量和素质。技术人员是企业创新的重要支撑，他们的数量和素质直接影响企业的创新能力。如果企业拥有数量充足且素质高的技术人员队伍，可能意味着企业在技术方面有更强的实力和创新潜力。

财务分析师还可以考虑企业的技术转化能力和技术引进能力。技术转化能力是指将科研成果转化为实际应用的能力，包括技术转让、技术推广等方面。技术引进能力是指企业吸收和引进外部先进技术的能力，包括技术合作、技术引进等。如果企业在技术转化和技术引进方面具有较强的能力，可能意味着企业能够快速将新技术应用于实际生产和商业化。

通过对比企业与竞争对手在技术上的差距，可以评估企业的创新能力和竞争优势。如果企业在核心技术领域、技术人员数量和素质等方面超过竞争对手，可能意味着企业具有更强的技术实力和创新能力。而如果企业在技术方面存在明显的差距，可能需要加强技术投入和创新能力，以提升竞争力。

（四）创新成果落地情况

创新不仅仅是理论上的想法和研究成果，更重要的是能够将创新成果转化为商业价值。

财务分析师可以通过观察企业的创新成果在市场上的应用情况来评估企业的创新能力。其中，关注新产品的销售额、用户反馈和市场份额等方面的数据是非常重要的。如果企业的创新产品能够取得良好的销售业绩，受到用户的积极反馈，并在市场上获得较大的份额，这表明企业具有较强的创新能力和市场竞争力。

财务分析师还可以考虑企业的商业模式创新和运营效率提升等方面的表现。商业模式创新是指企业通过改变商业模式、增加价值链环节或者开拓新的市场领域等方式实现创新。如果企业能够在商业模式上进行创新，并获得相应的商业收益，说明企业在创新方面具有优势。同时，高效的运营管理也是创新能力的体现，例如通过技术创新、流程改进等提高生产效率和降低成本，从而增强企业的竞争力。

（五）创新文化和组织氛围

良好的创新文化和组织氛围可以为员工提供创造性思维和行动的环境，激发他们的创新潜力。

财务分析师可以通过观察企业的组织结构、人才培养机制和激励措施等方面来评估企业的创新文化和组织氛围。组织结构应该具有灵活性和开放性，能够促进跨部门协作和信息流通，打破内部壁垒，鼓励创新思维和合作精神。

企业应该注重员工的技术培训和专业知识更新，提供多样化的学习机会和成长路径。建立跨领域的团队和项目，鼓励员工参与创新活动和知识共享，可以促进不同背景和专业的交叉融合，产生更具创造性的想法和解决方案。

企业可以通过设置创新奖励制度、股权激励和晋升机制等方式，激发员工的积极性和创新动力。鼓励并支持员工提出新的想法和实验，容忍失败，从而营造出一个勇于尝试、包容失败但追求进步的创新氛围。

创新文化和组织氛围对企业的创新能力有着重要影响。良好的创新文化和组织氛围可以激发员工的创新意识和潜力，促进知识共享和合作，推动创新活动的开展。相反，如果企业缺乏创新文化和组织氛围，可能会抑制员工的创新热情和积极性，限制企业的创新能力和竞争力。

财务分析师在评估企业的创新能力时，应该关注企业的创新文化和组织氛围，可以评估企业是否具有积极的创新氛围和支持创新的组织文化。这将有助于更全面地了解企业的创新能力和潜力。

二、数字化转型评估

数字化转型对企业的财务分析需求产生了显著影响。在新经济环境下，随着科技的发展和信息的快速传播，企业需要更加注重数字化转型评估的财务分析。

（一）提高财务决策效率

数字化转型为企业提供了更多的数据来源和分析工具，使得财务决策的效率得以提高。通过收集、存储和处理大量的数据，企业可以更加准确地评估自身的财务状况，并基于事实和证据做出决策。

企业可以利用数字化工具对销售额、成本、利润等关键财务指标进行深入挖掘和分析。通过数据分析技术，可以发现销售额的变化趋势、成本结构的问题以及利润的来源等。这些数据可以帮助企业发现潜在的问题和机会，从而在财务决策中采取相应的措施。

数字化转型还使得财务数据的收集和整理变得更加自动化和高效。传统上，财务数据的收集和整理往往需要耗费大量的人力和时间。而现在，通过数字化工具，企业可以将财务数据与各个部门和系统进行连接，实现数据的自动采集和整合。这样，财务团队就能够更快速地获取所需的数据，并进行准确的分析和决策。

数字化转型也为企业提供了更多的预测和模拟能力。通过数据分析和建模，企业可以进行财务预测和场景模拟，以评估不同决策对财务状况的影响。这样，企业可以更加全面地考虑各种因素，并基于模拟结果做出相应的决策。

通过数字化转型，企业能够更加高效地进行财务决策。准确的财务数据和分析工具使得企业能够基于事实和证据做出明智的决策。同时，自动化的数据收集和整理过程节省了时间和资源。预测和模拟功能帮助企业更好地评估各种决策方案。

（二）评估数字化转型效果

评估数字化转型效果是企业在进行财务分析时需要关注的重要问题之一。通过对数字化转型前后的财务指标进行比较和分析，企业可以量化地评估数字化转型的效果和回报。

企业可以关注销售额增长率。数字化转型通常能够提升企业的销售能力和市场竞争力。通过数字化工具和平台，企业可以更好地了解客户需求、优化销售渠道，并提供个性化的产品和服务。因此，通过比较数字化转型前后的销售额增长率，可以评估数字化转型对企业销售业绩的影响。

成本降低是评估数字化转型效果的另一个重要指标。数字化转型通常能够提高企业的生产效率、降低运营成本。通过自动化流程、优化资源配置以及减少人工错误等方式，企业可以实现成本的节约和效益的提升。因此，比较数字化转型前后的成本水平，特别是关键成本项目的变化，可以评估数字化转型对企业成本的影响。

企业还可以关注其他财务指标，如利润增长率、毛利率、资产回报率等。数字化转型可能会对企业的盈利能力和资产效率产生影响。通过比较这些指标在数字化转型前后的变化，可以进一步评估数字化转型的效果。

需要注意的是，数字化转型的效果评估不仅仅局限于财务指标，还应考虑其他非财务指标，如客户满意度、员工工作效率、市场份额等。综合考量多个因素，可以更全面地评估数字化转型对企业的影响。

（三）支持筹资活动

数字化转型可能需要企业筹集额外的资金来支持投资和运营。财务分析在这方面起着重要的作用，可以帮助企业展示数字化转型对财务状况和盈利能力的影响，从而吸引投资者和融资机构的关注和支持。

财务分析可以清楚地展示数字化转型对企业的财务状况的影响。通过比较数字化转型前后的财务指标，如销售额、利润、现金流等，可以评估数字化转型对企业盈利能力的提升和财务健康程度的改善。这些数据可以被用来向投资者和融资机构传递数字化转型的潜在价值和回报。

财务分析可以帮助企业评估不同筹资方案的可行性和风险。企业可能需要选择不同的筹资方式，如债务融资、股权融资或合作伙伴投资等。财务分析可以通过对不同筹资方案的财务指标进行测算和分析，评估每种方案的成本、风险和回报。这将为企业做出明智的筹资决策提供依据。

财务分析还可以提供关于企业的长期财务可持续性和偿债能力的信息。投资者和融资机构通常会关注企业的财务稳定性和风险管理能力。通过财务分析，企业可以清楚地展示数字化转型对企业的盈利能力、现金流和负债情况的影响，以证明其偿债能力和财务可持续性。

第二节 财务分析与预测方法和工具

财务分析与预测是企业财务管理中非常重要的环节，通过对企业财务数据的分析和预测，可以帮助企业了解自身的财务状况、发现问题、制定合理的财务策略。

一、财务分析与预测方法

（一）趋势分析

趋势分析是一种常用的财务分析方法，它通过对企业历史财务数据的比较和分析，来揭示企业在一段时间内的财务变化趋势。这种方法可以帮助企业了解自身的发展情况，识别潜在的风险和机会，并为未来的决策提供参考依据。

趋势分析的基本思想是将企业历史财务数据按照时间序列排列，然后观察不同财务指标在一段时间内的变化情况。常用的财务指标包括营业收入、净利润、资产总额、负债总额等。通过对这些指标进行趋势分析，可以了解企业在经营活动中的表现和趋势。

在进行趋势分析时，常用的方法包括计算增长率和绘制趋势图。增长率反映了财务指标在不同时间点上的变化速度，可以通过以下公式计算：

增长率=（当前值－前期值）/前期值×100%

绘制趋势图可以更直观地展示财务指标的变化趋势。可以选择折线图或柱状图来表示不同财务指标在不同时间点上的数值，并通过趋势线来显示其发展趋势。

趋势分析可以帮助企业从多个方面了解自身的财务状况和经营情况。它可以帮助企业发现财务指标的增长或下降趋势，从而评估企业的盈利能力、偿债能力和运营能力等方面的表现；可以揭示企业的周期性波动和季节性特征，帮助企业制定合理的经营策略和预测未来的经营情况；还可以与行业平均水平进行比较，以进一步评估企业在行业中的竞争地位和发展潜力。

趋势分析也有一些局限性。它主要依赖于历史数据的准确性和可靠性，如果历史数据存在错误或失真，可能会导致分析结果的偏差；趋势分析只能反映过去的情况，不能直接预测未来的发展，因此需要结合其他方法和工具进行综合分析和预测。

（二）垂直分析

垂直分析，也称为纵向分析，是财务分析中常用的一种方法。它将企业的财务数据按照一定的分类进行归纳和分析，以便了解不同项目在财务报表中的比重和变化趋势。常见的垂直分析方法包括资产负债表垂直分析和利润表垂直分析。

1.资产负债表垂直分析

资产负债表垂直分析是通过将企业资产负债表上的各项科目与总资产进行对比，计算出各项科目在总资产中所占的比例。这样可以清晰地了解企业的资金结构和资产组成情况。例如，可以计算出流动资产、固定资产、长期投资等项目在总资产中的比重，以及负债和所有者权益在总资产中的比例。通过对这些比例的分析，可以判断企业的资本结构是否合理，是否存在过度依赖借款等问题。

2.利润表垂直分析

利润表垂直分析是通过将企业利润表上的各项科目与营业收入进行对比,计算出各项科目在营业收入中所占的比例。这样可以了解企业的盈利能力和成本结构情况。例如,可以计算出销售成本、营业费用、利润等项目在营业收入中的比重。通过对这些比例的分析,可以评估企业的盈利能力是否稳定,成本控制是否有效。

垂直分析在财务分析中具有重要的意义。它可以帮助企业了解不同项目在财务报表中的比重和变化趋势,从而更加清晰地了解企业的财务状况和运营情况;垂直分析可以帮助企业发现潜在的问题和风险。如果某一项科目在财务报表中的比重过高或过低,可能意味着存在经营风险或管理问题。通过及时发现并纠正这些问题,企业可以更好地优化经营策略和提升绩效。

但垂直分析只能反映不同项目在财务报表中的相对比重,不能直接揭示其绝对数值和变化趋势。垂直分析也只能对企业内部进行比较,不能直接与行业平均水平进行对比。因此,在进行垂直分析时,需要结合其他方法和工具进行综合分析。

(三)线性规划法

线性规划法是一种应用数学模型进行财务预测的方法。它通过建立线性规划模型,考虑多个因素对财务指标的影响,并进行量化分析。线性规划法在财务分析中的应用可以帮助企业制定合理的决策方案和预测未来的财务表现。

线性规划法的基本思想是在给定的约束条件下,通过优化目标函数来确定最佳决策方案。在财务预测中,目标函数通常是与财务指标相关的综合指标,如利润、投资回报率等。约束条件则包括企业资源、市场需求、成本限制等因素。

线性规划法的建模过程包括以下几个步骤。

1.确定决策变量

根据具体情况,确定与财务指标相关的决策变量。例如,销售额、生产数量、广告投入等。

2.建立目标函数

根据企业的经营目标和财务指标,建立与之相关的目标函数。例如,利润最大化、成本最小化等。

3.确定约束条件

根据企业资源、市场需求、成本限制等因素,确定相关的约束条件。这些约束条件可以是线性的等式或不等式关系。

4.求解最优解

利用线性规划算法,求解目标函数在约束条件下的最优解。这个最优解即为财务预测中的决策方案和预测结果。

线性规划法在财务预测中的应用非常广泛。它可以帮助企业制定合理的生产计划、市场推广策略、投资决策等,从而实现财务目标的最大化或最优化。例如,通过建立销售额与广告投入之间的线性规划模型,可以确定最佳的广告投入水平,以达到最大化销售额的目标。

线性规划法的优点在于能够考虑多个因素的综合影响,并进行量化分析。它可以帮助企业全面评估各种决策方案的优劣,提高决策的科学性和准确性。线性规划法还具有较强的可解释性,决策结果易于理解和接受。

但由于线性规划法要求决策变量和目标函数之间的关系是线性的,这在某些情况下可能不符合实际情况。线性规划法对数据的准确性和可靠性要求较高,需要有充分的数据支持。线性规划法只能应用于具有确定性因素的问题,对于不确定性较大的问题,需要结合其他方法和工具进行综合分析。

二、财务分析与预测工具

(一)电子表格软件

电子表格软件是财务分析和预测工作中常用的工具之一,其中最常见的软件是 Excel。Excel 具有简单易用、灵活多样的特点,可以方便地进行财务数据的录入、计算和分析。

Excel 提供了一个直观且易于理解的界面,用户可以将财务数据按照规定的格式录入到工作表中。在录入过程中,可以通过设置数据验证、公式等功能来确保数据的准确性和完整性。

Excel 拥有强大的计算功能。用户可以利用 Excel 中丰富的内置函数来进行各种财务指标的计算,例如利润率、资产周转率、现金流量比率等。这些函数可以快速、准确地对财务数据进行计算,并自动更新结果,极大地提高了工作效率。

Excel 还支持各种比率的计算和绘制趋势图等功能。用户可以利用 Excel 的图表功能,将财务数据以直观的方式展示出来,帮助分析人员更好地理解数据背后的变化趋势和关联关系。通过绘制趋势图,用户可以追踪财务指标的发展情况,及时发现潜在问题或机会。

除了上述基本功能,Excel 还支持数据筛选、排序、透视表等高级功能,可以根据需要对财务数据进行灵活的分析和汇总。Excel 还可以与其他软件(如数据库管理系统)进行数据交互,实现更深入的数据分析和预测。

(二)财务分析软件

财务分析软件是一类专门用于财务数据分析的软件工具。这些软件提供了自动化的功能,可以帮助用户快速、准确地进行财务数据的分析,并生成相应的分析报告。

财务分析软件可以通过导入财务数据的方式,自动对数据进行整理和分类。用户只需将财务报表或其他财务数据文件导入软件中,软件就会自动解析并提取出关键的财务信息,例如利润表、资产负债表、现金流量表等。这样,用户无须手动录入数据,大大节省了时间和精力。

财务分析软件提供了丰富的分析工具和指标计算功能。用户可以根据需要选择不同的财务指标进行分析,例如盈利能力、偿债能力、运营能力等指标。软件会自动计算这些指标,并将结果以图表或表格的形式展示出来。这样,用户可以直观地了解企业的财务状况和经营绩效,并与行业平均水平进行比较。

财务分析软件还提供了多种分析方法和技术。例如,用户可以通过趋势分析、比率分析、财务比较等方法来深入挖掘财务数据中的潜在问题和机会。软件还可以进行财务模型的建立和预测,帮助用户做出合理的经营决策。

财务分析软件通常还具备生成分析报告的功能。用户可以根据自己的需求选择相应的报告模板,软件会自动生成包含分析结果和结论的报告文档。这样,用户不仅可以保存和共享分析结果,还可以方便地向相关人员进行汇报和解释。

(三)统计软件

统计软件是一类专门用于进行复杂统计分析和预测模型建立的工具。其中,SPSS(Statistical Package for the Social Sciences)和SAS(Statistical Analysis System)是广泛应用的两个统计软件。

统计软件具有强大的数据处理和整理能力。它们可以处理大规模的数据集,并提供多种数据清洗和转换功能,例如缺失值处理、异常值检测、数据标准化等。通过这些功能,用户可以有效地准备和整理数据,为后续的统计分析和预测建模做好准备。

统计软件提供了丰富的统计分析功能。用户可以使用各种统计方法和技术,例如描述统计、推断统计、回归分析、方差分析等,对数据进行深入的分析。软件会自动计算各种统计指标,并提供相应的结果输出。这样,用户可以从不同角度对数据进行解读和探索,发现数据中的规律和趋势。

统计软件还支持建立复杂的预测模型。用户可以根据需求选择合适的预测模型,例如线性回归模型、时间序列模型、人工神经网络模型等。软件会自动进行模型参数估计和拟合,并提供模型的评估指标和预测结果。这样,用户可以利用统计软件进行准确的预测和决策支持。

统计软件通常还提供了数据可视化功能。用户可以通过绘制图表、制作数据报告等方式将统计结果以直观的方式展示出来。这有助于用户更好地理解和传达分析结果，从而支持决策过程。

（四）数据可视化工具

数据可视化工具是一类专门用于将数据通过图表、仪表盘等形式进行可视化展示的软件。在财务分析和预测领域，常见的数据可视化工具包括 Tableau 和 Power BI 等。

数据可视化工具可以将财务数据以图表的形式展示出来。用户可以选择不同类型的图表，例如柱状图、折线图、饼图等，来呈现财务指标的变化趋势、比较关系等。通过直观的图表展示，用户可以更容易地理解和分析财务数据，发现其中的规律和趋势。

数据可视化工具还支持创建仪表盘和报告。用户可以根据自己的需求，将多个图表和指标组合在一个仪表盘中，形成一个综合的数据展示界面。这样，用户可以一目了然地查看多个财务指标的状态，并快速切换和比较不同的数据视图。同时，用户还可以利用数据可视化工具生成报告，将分析结果以文档形式输出，便于共享和汇报。

数据可视化工具通常支持交互式的功能。用户可以通过与图表进行交互，选择感兴趣的数据点、维度或指标，获得更详细的信息和洞察。例如，用户可以通过点击柱状图中的一个柱子，查看该柱子代表的具体数值或相关的其他信息。这种交互式的功能使用户能够更深入地探索和分析财务数据。

数据可视化工具还支持数据的动态更新和实时展示。用户可以将财务数据源与可视化工具连接，实现数据的自动更新和实时展示。这样，当财务数据发生变化时，相应的图表和仪表盘会自动更新，保持数据的最新状态。

以上所述只是财务分析与预测的一部分方法和工具，随着科技的不断进步和财务管理的发展，还会有更多新的方法和工具被引入和应用。在实际应用中，选择合适的方法和工具要根据企业的具体情况和需求来确定，同时也需要对财务数据的准确性和可靠性进行保证。

第三节 提高财务分析与预测准确性的措施和方法

提高财务分析与预测准确性是每个企业都非常关注的重要问题。准确的财务分析和预测可以帮助企业制定合理的决策和战略，提升经营效益，增加竞争优势。

一、收集准确可靠的财务数据

提高财务分析与预测准确性的关键措施之一是收集准确可靠的财务数据。准确的财务数据是进行分析和预测的基础，对于企业的决策和战略制定至关重要。

（一）加强会计核算和报告程序

加强会计核算和报告程序对于保障财务数据的准确性至关重要。企业应该根据相关法规和会计准则来合理设置会计科目和账户。会计科目和账户的设置是会计核算的基础，对于准确记录和分类交易具有重要意义。企业应该根据自身的经营特点和行业特点，合理划分会计科目，确保涵盖了所有的收入、费用、资产和负债项目。同时，还应该设立相应的账户，将各项交易按照科目分类进行记录，以便后续的核算和报告工作。

企业应该加强对会计凭证的审核和审批。会计凭证是会计处理的依据，直接影响到财务数据的准确性和真实性。因此，在凭证填制完成后，应该进行严格的审核和审批，确保凭证的内容与实际交易相符，并符合相关法规和会计准则的要求。审核和审批过程中，需要对凭证的金额、科目、日期等关键信息进行核对，以防止错误或者违规的情况发生。

同时，在财务报告编制的过程中，企业应该进行严格的复核和审查。财务报告是对企业财务状况和经营成果的总结和反映，对于内部管理和外部投资者的决策具有重要意义。为了确保报告的准确性和可靠性，应该对各项数据进行仔细的核对和分析，及时发现和纠正可能存在的错误。还应该对报告的格式和内容进行规范化和标准化处理，以便于与其他企业进行比较和分析。

（二）加强财务数据的核实和验证

加强财务数据的核实和验证对于确保财务数据的准确性也很重要。企业可以通过与银行对账、客户对账、供应商对账等方式，核实和比对财务数据的一致性。同时，需要关注异常数据和差异，并进行调查和解释，及时发现和排除潜在的错误和问题。

与银行对账是核实财务数据的重要手段之一。企业应该定期与银行对账单进行比对，核实资金流动的准确性。对账过程中，需要仔细核对银行账户余额、收支明细以及与企业账簿记录的交易是否一致。如果出现差异，需要进行调查，找出差异的原因并及时进行纠正。

与客户对账也是核实财务数据的重要环节。企业应该与客户对账，核实销售收入的准确性。对账过程中，需要核对销售订单、发货单、发票等销售文件与客户付款情况的一致性。如发现客户未支付或支付金额有误的情况，需要主动与客户联系沟通，解决问题，并及时调整相关财务记录。

另外，与供应商对账也是核实财务数据的重要环节。企业应该与供应商对账，核实采购成本和应付款项的准确性。对账过程中，需要核对采购订单、收货单、发票等采购文件与企业支付情况的一致性。如发现供应商未按约定提供货物或者支付金额有误的情况，需要及时与供应商联系解决问题，并进行相应的财务调整。

同时，企业还应关注异常数据和差异，并进行调查和解释。在日常财务数据分析的过程中，如果发现某些数据与预期有较大差异，或者出现明显的异常情况，应该进行详细的调查和解释。可能的原因包括录入错误、计算错误、盗窃等，需要找出问题的根源并及时纠正。

（三）使用专业的财务软件和系统

选择适合自身需求的财务软件和系统是关键。企业在选择财务软件和系统时，需要考虑自身的规模、行业特点以及财务管理的需求。可以根据企业的规模选择小型企业财务软件或者大型企业ERP系统。同时，还需要考虑软件和系统的功能覆盖范围，包括会计核算、财务报告、成本管理、预算控制等方面。选择合适的软件和系统将有助于提高财务数据处理的效率和准确性。

在引入财务软件和系统之后，企业需要进行正确的配置，包括设置会计科目和账户、定义流程和权限等。同时，还需要培训员工，使其掌握财务软件和系统的基本操作和功能。只有正确配置和使用财务软件和系统，才能确保财务数据的准确性和完整性。

财务软件和系统可以自动化处理财务数据，降低人工错误的风险。通过财务软件和系统，企业可以实现财务数据的自动录入、计算和分类，避免了手工操作中可能出现的错误和疏漏。财务软件和系统还可以自动生成各类财务报表和分析工具，方便企业进行财务分析和预测，提供决策支持。

（四）进行独立审计和审计意见的考虑

独立审计是评估财务数据准确性的重要手段。企业应定期聘请独立的注册会计师事务所对财务数据进行审计。独立审计是通过第三方的专业机构对企业的财务数据进行全面、客观的评估。注册会计师事务所会根据国际审计准则和相关法规，对企业的财务报表、会计记录以及内部控制进行审查和验证，以确定财务数据的准确性和真实性。审计结果将以审计报告的形式提供，包括审计意见和重要事项的披露。

企业需要关注审计意见中的重要事项和问题。审计意见是注册会计师事务所对财务数据进行评价后所做出的结论和建议。在审计意见中，可能会涉及重大会计政策变更、重大会计估计不确定性、内部控制缺陷等重要事项。企业应认真对待审计意见中的这些问题，及时采取措施进行改进和完善。通过解决审计意见中的问题，可以提高财务数据处理的准确性和可靠性。

企业还应该与注册会计师事务所保持良好的沟通和合作。在审计过程中，企业应主动配合并提供所需的信息和文件。与注册会计师事务所保持密切的沟通，可以及时解答问题、澄清疑虑，并协调解决可能存在的问题。同时，企业还应及时反馈和采纳注册会计师事务所提出的建议和意见，以推动财务管理制度和流程的改进。

二、建立科学的财务模型

建立科学的财务模型是财务分析与预测准确性的重要步骤。财务模型是一个数学和统计工具，用于预测、评估和优化企业的财务表现和经营决策。

（一）数据收集与整理

建立科学的财务模型首先需要进行数据收集和整理。这包括企业的财务报表、历史财务数据、行业数据以及其他相关信息。确保数据的准确性和完整性对于模型的可靠性和有效性至关重要。

企业应收集并整理自身的财务报表。财务报表是反映企业财务状况和经营成果的主要文件，包括资产负债表、利润表和现金流量表等。通过收集和整理这些财务报表，可以了解企业的资产结构、收入来源以及现金流动情况，为财务模型的建立提供基础数据。

企业还应收集和整理历史财务数据。历史财务数据是指过去一段时间内的财务记录，包括每月或每年的收入、费用、利润等数据。通过分析历史财务数据，可以了解企业的财务表现和趋势，并为未来的预测和决策提供参考依据。

还应收集和整理行业数据。行业数据是指特定行业或市场的统计数据和指标，如行业平均盈利率、增长率等。通过收集和整理行业数据，可以了解整个行业的发展趋势和竞争状况，从而更好地评估企业的财务表现和潜在风险。

除了上述数据，还应收集和整理其他相关信息。这包括宏观经济指标、市场环境、法规政策等。这些信息可以影响企业的财务表现和业务运营，对于建立科学的财务模型具有重要意义。

在数据收集和整理过程中，需要确保数据的准确性和完整性。可以通过核实原始数据的来源和可靠性，以及使用专业的数据处理工具和方法来提高数据的质量。还需要注意数据的时效性，及时更新和调整数据，以反映最新的情况。

（二）设定目标和变量

在建立财务模型之前，需要明确模型的目标和考虑的变量。目标可以是预测未来的财务表现、评估投资项目的回报率、优化资源配置等。变量可以包括销售额、成本、利润率、市场指标等。

明确模型的目标是非常重要的。不同的目标需要关注和考虑的变量可能会有所不同。例如，如果目标是预测未来的财务表现，那么需要考虑的变量可能包括销售额、成本、利润率、现金流等。而如果目标是评估投资项目的回报率，那么需要考虑的变量可能包括投资金额、预期收益、资本回报率等。明确模型的目标有助于确定需要考虑的变量，并为模型的建立提供指导。

选择合适的变量是建立财务模型的关键。变量是模型中的核心要素，直接影响到模型的准确性和有效性。在选择变量时，需要根据模型的目标和具体情况进行合理的判断和决策。可以考虑使用财务报表数据、历史财务数据、行业数据以及其他相关信息作为变量。通过分析和整合这些变量，可以揭示出企业财务表现的规律和趋势，为预测、评估和决策提供依据。

还应注意选择合适的时间跨度和粒度。时间跨度可以是短期的（如一个月或一季度）或长期的（如一年或多年）。根据模型的目标和需要，选择适当的时间跨度有助于准确预测和分析财务表现。粒度指的是数据的细化程度，可以选择整体数据（如总销售额、总成本等）或者具体细项数据（如不同产品线的销售额、不同部门的成本等）。选择合适的粒度有助于深入了解企业的财务状况和运营情况。

在设定目标和变量时，还应考虑数据的可获得性和可靠性。确保所需数据的可获得性可以避免数据收集过程中的困难和延迟。而数据的可靠性则是保证模型的准确性和可信度的基础，需要核实数据的来源、采集方法以及是否经过验证和审计等。

（三）选择合适的模型类型

根据目标和变量的特点，选择合适的模型类型对于建立科学的财务模型至关重要。常见的财务模型包括回归模型、时间序列模型、风险模型等。不同的模型类型具有不同的假设和适用范围，需要根据实际情况进行选择。

回归模型是一种常用的财务模型类型。回归模型通过建立自变量与因变量之间的数学关系，来解释和预测变量之间的相互影响。在财务领域，回归模型常被用于分析销售额与市场指标、成本与利润率等变量之间的关系。回归模型适用于连续变量的预测和分析，可以提供变量之间的数量化关系。

时间序列模型是用于分析和预测时间序列数据的模型。时间序列数据是按照时间顺序排列的数据，如历史财务数据、市场指数等。时间序列模型可以通过分析和建模时间序列数据中的趋势、周期性和季节性等特征，来预测未来的财务表现。时间序列模型适用于研究时间序列数据的规律和趋势，对于预测和分析有一定的优势。

风险模型是用于评估和管理风险的模型，对企业的财务表现和稳定性产生重要影响。风险模型可以通过量化风险因素和建立风险评估模型，对风险进行识别、测量和管理。风险模型适用于研究风险相关的变量和因素，为企业的风险管理提供支持。

在选择合适的模型类型时，需要根据模型的目标和变量的特点进行判断。例如，如果目标是预测未来的销售额，并且有多个影响销售额的自变量，可以考虑使用回归模型。如果目标是预测未来的股票价格，并且有历史股票价格数据可用，可以考虑使用时间序列模型。如果目标是评估投资项目的风险，可以考虑使用风险模型。

还应注意模型的假设和适用范围。不同的模型类型可能有不同的假设条件，需要确保所选模型符合实际情况和假设条件。同时，还需要根据数据的可获得性和质量，选择适用的模型类型。

（四）建立数学模型

在选择模型类型后，需要建立相应的数学模型。这包括确定模型的函数形式、假设条件和参数。数学模型可以基于历史数据进行拟合，或者基于理论和经验知识进行构建。

确定模型的函数形式是建立数学模型的重要步骤。根据所选模型类型和目标变量的特点，可以选择线性函数、指数函数、对数函数等不同的函数形式。函数形式决定了模型的数学表达方式，直接影响到模型的预测能力和解释能力。

建立数学模型需要考虑假设条件。不同的模型可能有不同的假设条件，例如线性回归模型假设自变量与因变量之间存在线性关系、误差项满足独立同分布等。通过明确假设条件，可以使模型更符合实际情况，并减小模型估计和推断的偏差。

建立数学模型还需要确定模型的参数。模型的参数表示了模型中各个变量之间的关系和权重。参数的确定可以基于历史数据进行拟合，通过最小二乘法等方法来估计参数值。也可以基于理论和经验知识进行设定，通过专家判断或者实证研究来确定参数值。

在建立数学模型的过程中，需要充分利用现有的数据和信息。可以使用历史财务数据、行业数据以及其他相关数据进行模型的拟合和验证。通过数据的分析和处理，可以确定模型中的参数值，并对模型进行调整和优化，以提高模型的准确性和可靠性。

还应注意模型的复杂度和解释能力的平衡。过于简单的模型可能无法捕捉到变量之间的复杂关系，而过于复杂的模型可能导致参数估计不稳定和过拟合的问题。因此，在建立数学模型时，需要根据实际情况和目标需求，选择适当的模型复杂度。

（五）参数估计与验证

建立数学模型后，需要对模型的参数进行估计和验证。参数估计是通过统计方法来确定模型中各个参数的值。常用的参数估计方法包括最小二乘法、极大似然估计等。参数验证是为了评估模型的预测能力和稳定性,可以通过样本外测试、交叉验证等方法进行。

参数估计是建立数学模型的重要步骤。参数估计的目标是通过利用现有的数据,找到使得模型与观测数据之间误差最小的参数值。其中最小二乘法是一种常用的参数估计方法,通过最小化观测值与模型预测值之间的残差平方和,来求解最优的参数值。极大似然估计是另一种常见的参数估计方法,基于观测数据出现的概率最大化来确定参数值。

参数验证是为了评估模型的预测能力和稳定性。在参数估计完成后,需要使用独立的样本数据或未知的数据集进行模型的验证。样本外测试是一种常用的参数验证方法,将已有的数据划分为训练集和测试集,使用训练集来估计模型的参数,然后利用测试集来评估模型的预测能力。交叉验证是另一种常用的参数验证方法,将数据划分为多个折(fold),每次使用其中一部分作为测试集,其余部分作为训练集,重复进行模型估计和评估,最后综合得到模型的预测性能。

在参数估计和验证过程中,还需要注意模型的鲁棒性和稳定性。鲁棒性指的是模型对异常值和噪声的敏感程度,稳定性指的是模型在不同样本或数据集上的表现是否一致。通过针对异常值的处理、选择合适的验证方法以及进行模型的灵敏性分析等,可以提高模型的鲁棒性和稳定性。

需要根据参数估计和验证的结果对模型进行调整和优化。如果发现模型的预测效果不佳或者参数估计不稳定,可能需要重新考虑模型的函数形式、假设条件或者引入其他变量。通过反复迭代和改进,不断优化模型,以使其更符合实际情况并具有更好的预测能力。

(六)模型分析与优化

完成参数估计和验证后,可以对模型进行进一步的分析和优化。这包括敏感性分析、误差分析、变量筛选等。通过这些分析和优化方法,可以提高模型的准确性和可解释性。

1.敏感性分析

敏感性分析是对模型中各个参数的敏感程度进行评估。敏感性分析可以帮助了解模型中每个参数对输出结果的影响程度。通过对参数进行逐个或多元敏感性分析,可以确定哪些参数对模型的预测结果具有较大影响,从而为决策提供更准确的依据。在敏感性分析过程中,可以通过改变参数的值、范围或者引入不同情景下的数据,来评估参数的变化对模型的输出结果造成的影响。

2.误差分析

误差分析是对模型的预测误差进行定量和定性的分析。通过比较模型的预测结果与实际观测值之间的差异,可以评估模型的精确度和可靠性。误差分析可以帮助发现模型中存在的系统性偏差或局限性,并进一步改进模型的结构和参数设定。在误差分析过程中,可以使用不同的统计指标(如均方根误差、平均绝对百分比误差等)来量化模型的预测误差,并通过可视化方法(如残差图、趋势图等)来展示误差的分布和特征。

3.变量筛选

变量筛选是为了确定模型中最重要和具有显著影响的变量。在建立模型时,可能会引入大量的自变量,但并非所有的自变量都对模型的解释能力和预测效果有贡献。通过变量筛选的过程,可以识别出对模型结果影响较小或不显著的变量,并将其从模型中排除,从而简化模型结构和提高模型的解释能力。常用的变量筛选方法包括逐步回归、正则化方法(如岭回归、Lasso 回归等)以及基于信息准则的选择方法(如 AIC、BIC 等)。

在模型分析和优化过程中,需要综合考虑不同的分析方法和技术,根据实际情况进行选择。通过敏感性分析、误差分析和变量筛选等手段,可以深入理解模型的性能和局限性,并对模型进行调整和优化。这样可以提高模型的准确性和可解释性,使其更适用于实际应用和决策支持。

三、加强内外部沟通与协作

在财务分析与预测过程中,加强内外部沟通与协作是提高准确性的重要措施。通过与内部各部门和外部利益相关者的有效沟通与协作,可以获取更全面的信息、理解更准确的需求,并获得更好的数据支持。

(一)内部沟通与协作

1.财务部门与其他部门的沟通

财务部门与其他部门的沟通是提高财务分析与预测准确性的重要环节。为了更好地了解业务部门的运营情况、销售预测和成本结构等关键信息,财务部门应与其他部门建立良好的沟通机制。

定期举行跨部门会议是一种有效的沟通方式。通过召开会议,财务部门可以与其他部门的代表面对面交流,了解最新的业务动态和需求变化。在会议中,财务部门可以分享财务数据和分析结果,提供洞察力和支持,同时倾听其他部门的意见和反馈。这样的交流平台有助于促进信息共享、加深相互理解,并提高财务分析与预测的准确性。

工作坊也是一种有效的沟通形式。通过组织跨部门的工作坊,可以围绕特定的问题或项目展开深入的讨论和合作。工作坊可以提供一个创造性的环境,鼓励各部门之间的互动和合作,激发新思路和解决方案。财务部门可以向其他部门展示财务分析的方法和工具,同时倾听其他部门的专业见解和实践经验。通过这种形式的沟通与协作,可以提高财务分析与预测的准确性，并促进跨部门的合作与创新。

除了会议和工作坊，还可以采用其他沟通方式，如电子邮件、即时通信工具等，保持日常的沟通联系。财务部门可以主动与其他部门建立密切的合作关系，及时获取运营数据和销售预测，以便更好地支持财务分析与预测工作。同时，也要积极倾听其他部门的需求和反馈，不断改进财务分析与预测的方法和过程。

2.数据共享与整合

数据共享与整合是提高财务分析与预测准确性的重要措施。不同部门可能拥有不同的数据源，为了确保数据的准确性和完整性，建立数据共享机制并进行数据整合和清洗是必要的。

建立数据共享机制是促进数据流动和共享的关键。不同部门可以通过建立共享平台、设立数据共享规范和权限管理等方式，将各自的数据资源整合到一个统一的平台上。这样，财务部门可以更轻松地访问和使用其他部门的数据，获取更全面的信息支持。

进行数据整合和清洗是确保数据准确性和一致性的关键步骤。在数据整合过程中，需要对来自不同部门的数据进行匹配和合并，消除重复数据和不一致性。同时，还要进行数据清洗，包括删除错误数据、填补缺失数据、处理异常值等，以确保所用数据的可靠性和完整性。

为了有效进行数据整合和清洗，可以借助数据管理和分析工具。这些工具可以帮助财务部门自动化地处理数据，提高数据整合和清洗的效率和准确性。制定数据标准和规范也非常重要，以确保数据的一致性和可比性，避免因为不同部门使用不同的数据定义和计量方式而导致的误差。

建立数据质量监控机制也是重要的。通过定期检查和审核数据的准确性和一致性，并及时纠正错误和异常，可以保持数据的高质量和可靠性。财务部门可以与其他部门合作，共同监控和维护数据的质量，确保所用数据的准确性和可信度。

（二）外部沟通与协作

1.与供应商和客户的沟通

通过与供应商和客户的有效沟通与合作，可以获取更准确的销售和采购数据，从而提高财务分析与预测的准确性。

定期开展会议是加强与供应商和客户沟通的常见方式之一。这些会议可以为双方提供一个平台，共同讨论业务情况、市场趋势、需求变化等重要事项。在会议中，财务部门可以与供应商和客户分享企业的财务目标和预测结果，并了解他们的意见和反馈。通过这种沟通，财务部门可以更全面地了解销售和采购的实际情况，从而更准确地进行财务分析与预测。

联合研究是另一种加强与供应商和客户沟通的有效方式。通过与供应商和客户合作开展研究项目或共享市场调研数据，可以共同探讨业务发展的机会和挑战。财务部门可以与其他部门一起参与研究项目，共同分析数据并制定财务分析模型。通过这种合作，财务部门可以更准确地预测销售趋势和需求变化，并为企业决策提供有力的支持。

还可以建立长期合作伙伴关系，与供应商和客户建立稳定的合作关系。通过与供应商和客户建立互信和良好的合作关系，可以更容易地获取准确的销售和采购数据。财务部门可以与供应商和客户建立定期报告和数据交换的机制，确保数据的及时性和准确性。同时，也可以共同探索新的业务机会，通过共享信息和资源，实现双方的共同成长。

2.与行业协会和专家的合作

通过与行业协会、专家学者等建立联系，可以获得行业发展趋势、政策动态等重要信息，帮助财务部门更好地把握行业变化，提高财务分析与预测的准确性。

参加行业研讨会和论坛是获取行业信息的有效途径之一。这些活动通常由行业协会组织，聚集了各个企业和专家学者。财务部门可以积极参与这些活动，通过演讲、交流和讨论，了解行业最新的发展趋势、市场需求变化、政策法规等重要信息。这样的参与可以为财务部门提供全面的行业背景和环境，帮助其更准确地进行财务分析与预测。

建立与行业协会和专家的合作关系也是重要的。与行业协会保持紧密联系，可以及时获取行业研究报告、统计数据以及相关政策法规的更新。与专家学者建立合作关系，可以借助他们的专业知识和经验，得到有价值的行业见解和建议。财务部门可以与行业协会和专家共同开展研究项目、参与调研，以更深入地了解行业动态和趋势。

还可以积极参与行业标准制定和评估工作。作为财务部门的代表，参与行业标准的制定和评估过程，有助于了解行业的最佳实践和规范要求。同时，通过参与这些工作，财务部门可以与其他行业内的专业人士进行交流与合作，进一步拓宽自己的知识和视野。

3.报告与沟通机制的建立

对外部利益相关者，如投资者、股东等，及时向他们提供财务分析与预测的结果和解释，可以增加透明度和信任度，同时回答他们的疑问，满足他们的信息需求。

定期发布财务报告是一种重要的沟通方式。财务报告应包括财务状况、业绩指标、现金流量等关键数据，以及对这些数据的解释和分析。通过定期发布财务报告，企业可以向外部利益相关者传递财务信息，使其了解企业的经营情况和未来发展趋势。财务报告应该遵循相关的会计准则和规定，确保财务信息的准确性和可靠性。

召开投资者沟通会议是一种互动性较强的沟通方式。通过组织投资者沟通会议，财务部门可以与投资者面对面交流,回答他们的问题,解释财务分析与预测的结果。这样的会议有助于建立起良好的沟通渠道,增强企业与投资者之间的互信和合作关系。投资者沟通会议可以定期举行,也可以在特定事件或重大决策之后召开,以及时向投资者提供有关财务分析与预测的信息。

建立在线报告平台和信息披露机制也是有效的沟通手段。通过建立在线报告平台,企业可以将财务分析与预测的结果和解释直接发布给外部利益相关者,便于他们随时获取相关信息。同时,建立信息披露机制,按照法律法规的要求,及时披露重要的财务信息和决策事项,确保透明度和公正性。

四、定期评估和修正预测结果

财务分析与预测是企业决策中重要的一环,但由于市场变化和各种不确定因素的存在,预测准确性往往难以保证。为了提高财务分析与预测的准确性,定期评估和修正预测结果是必要的措施之一。

(一)比较实际结果与预测结果

将实际数据与之前的预测结果进行比较和分析,可以评估预测的准确性和可靠性,并发现潜在的问题和改进的空间。对比销售额、利润率、现金流量等关键指标的实际数值与预测数值的差异,有助于找出其中的原因和影响因素。

对比销售额的实际数值与预测数值的差异。如果实际销售额超过了预测值,可能是由于市场需求的增加、营销策略的成功或者竞争对手的不利情况等因素导致的。反之,如果实际销售额低于预测值,可能是由于市场需求的下降、竞争加剧或者营销策略的失效等因素导致的。通过对比分析,可以深入了解销售额变化的原因,从而针对性地调整市场策略、供应链管理等方面,以提高销售额的准确性和可靠性。

对比利润率的实际数值与预测数值的差异。利润率的差异可能来源于多个方面,如成本控制、价格变动、经营效率等。如果实际利润率高于预测值,可能是由于成本降低、销售价格上涨或者经营效率的提高等因素导致的。相反,如果实际利润率低于预测值,可能是由于成本增加、销售价格下降或者经营效率的下降等因素导致的。通过对比分析,可以识别出利润率变化的主要影响因素,并采取相应的措施来优化成本管理、定价策略和运营效率,以提高利润率的准确性和可靠性。

对比现金流量的实际数值与预测数值的差异也十分重要。现金流量的差异可能源于收入和支出的波动、资本投资的决策等方面。如果实际现金流量超过预测值,可能是由于收入增加、支出减少或者资本投资的回报较好等因素导致的。相反,如果实际现金流量低于预测值，可能是由于收入减少、支出增加或者资本投资的回报不如预期等因素导致的。通过对比分析，可以发现现金流量变化的主要原因，并针对性地调整经营活动、资金运作等方面，以提高现金流量的准确性和可靠性。

在比较实际结果与预测结果时，需要充分考虑模型的局限性和不确定性。财务预测往往受到市场变化、经济环境等外部因素的影响，同时也受到数据质量、模型假设等内部因素的制约。因此，对于差异的分析和解释，需要结合相关背景信息和其他可用的数据进行综合判断，避免单一指标的片面解读。

（二）分析偏差和误差

在比较实际结果与预测结果时，我们可能会发现一些偏差和误差。这些偏差和误差的分析非常重要，可以帮助我们确定其原因和影响，并提供有针对性的建议和措施来修正预测结果。

偏差是指实际结果与预测结果之间的差异。它可能来自多个方面，包括市场变化、竞争压力、内部管理问题等。市场变化是导致偏差的一个常见原因。市场环境的变化可能会导致消费者需求的变化，从而影响销售额和市场份额。如果预测中没有准确考虑到这些市场变化，就会出现偏差。

竞争压力也可能导致偏差。竞争对手的行动和策略可能会对企业的销售和市场表现产生直接影响。如果预测中没有充分考虑到竞争对手的行为，就很难准确预测市场表现，从而导致偏差的出现。

内部管理问题也可能是偏差的原因之一。例如，生产线的故障、供应链的问题或人力资源的不足都可能影响到实际销售结果。如果在预测中没有充分考虑到这些内部管理问题，就会出现偏差。

误差是指预测结果与实际结果之间的随机差异。它可能来自多种因素，如数据质量、模型精度等。数据质量是影响误差的重要因素。如果使用的数据不准确、不完整或不及时，就会导致预测结果与实际结果之间存在较大的误差。

模型精度也可能影响误差。预测模型的选择、参数设置以及算法的应用都会对预测结果的准确性产生影响。如果模型选择不当或者参数设置不准确，就会导致预测结果与实际结果之间存在较大的误差。

（三）修正预测模型和假设

修正预测模型和假设是根据实际数据和分析结果，对已有的预测模型和假设进行调整和修正，以提高预测的准确性和可靠性。这一过程需要基于充分的实证数据和合理的判断来进行。

我们可以通过调整增长率来修正预测模型和假设。在分析实际数据时，如果发现增长率与预测模型中的假设存在差异，就需要重新评估并调整增长率。例如，如果市场需求增长速度超出了预期，我们可以适当提高增长率以反映更快的市场扩张。相反，如果市场增长较为缓慢，我们则需要降低增长率以更准确地反映市场趋势。

更新市场趋势也是修正预测模型和假设的重要步骤。市场环境经常发生变化，因此我们需要密切关注最新的市场动态和趋势。通过收集和分析市场数据、行业报告、消费者洞察等信息，我们可以及时更新市场趋势，将最新的情况纳入预测模型和假设中。这样能够更准确地预测未来的市场表现。

重新评估风险和机会也是修正预测模型和假设的重要内容。在分析实际数据时，我们需要仔细评估潜在的风险和机会，并将其考虑到预测模型和假设中。例如，如果发现市场竞争加剧可能对销售额造成负面影响，我们可以降低预测结果以反映这一风险。同样地，如果发现新的市场机会出现，我们可以适当调整预测结果以反映这一机会。

在修正预测模型和假设时，我们应该基于充分的实证数据和合理的判断进行。这包括收集和分析多个来源的数据，使用统计方法和数据建模技术来验证和验证模型的准确性，同时结合行业经验和专业知识进行判断和决策。

（四）更新报告和沟通

在完成修正后，我们需要更新财务分析与预测的报告和相关文档，并与利益相关者进行沟通和分享。这一过程对于提高透明度、信任度以及让利益相关者了解预测结果的修正情况和对企业决策的影响非常重要。

我们应该及时更新财务分析与预测的报告和文档。这包括更新销售预测、利润预测、现金流量预测等内容，并确保这些文档反映了最新的修正结果。通过更新报告，我们能够提供更准确、可靠的信息给利益相关者，以便他们做出明智的决策。

我们需要与利益相关者进行沟通和分享。利益相关者包括内部管理层、投资者、股东、合作伙伴等。通过与他们进行沟通，我们可以向他们解释预测结果的修正原因，以及修正对企业决策的影响。这有助于建立透明度，增加利益相关者对预测结果的信任度，并提供他们参与决策的机会。

在沟通和分享过程中，我们应该清楚地传达修正结果和其背后的逻辑。我们可以解释修正的原因、数据的基础、分析方法以及修正对预测结果的影响。同时，我们还可以提供一些应对策略和建议，以帮助利益相关者更好地理解和应对修正结果带来的挑战和机遇。

在沟通过程中，我们应该注重双向交流和反馈。我们应该倾听利益相关者的意见和疑虑，并积极回应他们的问题和需求。这样能够建立起良好的沟通与合作关系，促进共同的理解和目标达成。

（五）持续监测和调整

持续监测和调整是财务分析与预测过程中的重要环节。在每个评估周期结束后，我们需要持续监测实际结果，并根据市场变化和内外部环境的变化，及时调整预测模型和假设。这样可以保持财务分析与预测的准确性和敏捷性。

持续监测实际结果是确保财务分析与预测准确性的关键。我们应该定期收集和分析实际数据，与之前的预测进行比较。通过对比实际结果与预测结果的差异，我们可以发现潜在的偏差和误差，并及时采取措施进行修正。例如，如果发现实际销售额低于预测值，我们可以进一步分析原因，如市场需求下降或竞争加剧，然后相应地调整预测模型和假设。

我们需要密切关注市场变化和内外部环境的变化，并及时调整预测模型和假设。市场环境经常发生变化，包括消费者需求、竞争压力、经济状况等。我们应该积极收集和分析相关信息，如市场报告、行业趋势、政策变化等，以了解市场的最新动态。根据这些变化，我们可以对预测模型和假设进行相应的调整，以反映最新的市场情况。

持续监测和调整还需要考虑内部因素的变化。例如，企业的战略调整、产品创新、营销活动等都可能影响到预测结果。我们应该及时收集和分析这些内部信息，并将其纳入预测模型和假设中。这样能够更准确地预测未来的财务表现。

在持续监测和调整过程中，我们应该建立一个有效的反馈机制。与内部团队和利益相关者保持密切合作，定期共享和讨论实际数据和预测结果。通过反馈和讨论，我们能够不断优化预测模型和假设，并提高预测的准确性和可靠性。

第九章 新经济环境下的财务绩效评估与激励机制

第一节 新经济环境下的财务绩效评估指标

新经济环境下的财务绩效评估指标是企业在面对快速变化和不确定性的时代,对财务绩效进行评估和监控的重要工具。传统的财务指标如利润、销售额和市场份额等仍然适用,但随着新经济的发展,一些新的指标也变得越来越重要。

一、用户体验

在新经济环境下,用户体验成为企业成功的关键因素之一。随着技术的发展和竞争的加剧,企业需要通过提供卓越的用户体验来吸引、留住和满足用户,从而实现良好的财务绩效。

(一)用户满意度

用户满意度是指衡量用户对企业产品或服务感受和满意程度的重要指标。它反映了用户在使用产品或服务过程中的体验和评价,对企业来说具有重要的参考价值。

高用户满意度可以增强用户忠诚度。当用户对产品或服务感到满意时,他们更有可能选择继续使用,并愿意为其支付费用。这种忠诚度可以帮助企业建立稳定的用户群体,减少用户流失率,提高用户留存率。忠诚用户还往往会主动推荐给他人,从而扩大企业的用户基础。

高用户满意度对口碑传播有积极影响。满意的用户更有可能分享他们的良好体验和评价,通过口口相传形成良好的口碑效应。口碑传播不仅可以吸引更多新用户,还能够树立企业的品牌形象和信誉,进一步提高市场竞争力。

高用户满意度还可以促进持续改进和创新。通过收集用户的反馈和建议,企业可以及时了解用户需求和期望,发现产品或服务的不足之处,并加以改进和优化。持续改进和创新有助于提高产品或服务的质量和性能,进一步提升用户满意度。

(二)用户留存率

用户留存率是指衡量用户选择持续使用企业产品或服务的指标。在竞争激烈的市场环境中,提高用户留存率对于企业来说至关重要。较高的用户留存率意味着用户对产品或服务有较高的依赖性和黏性,说明企业的用户体验达到了用户的期望,使用户愿意长期与企业保持互动和交易。

相比于不断获取新用户,提高用户留存率具有诸多优势。提高用户留存率可以减少用户获取成本。获得新用户通常需要进行广告宣传、促销活动等投入,而留住现有用户则可以节省这些成本。留住用户还可以通过口碑传播和用户推荐带来更多的新用户,进一步降低用户获取成本。

提高用户留存率可以提高用户生命周期价值。用户生命周期价值是指用户在其使用产品或服务的整个生命周期内给企业带来的收益。如果用户能够持续留存并使用产品或服务,他们往往会产生更多的消费行为,增加其生命周期价值。而如果用户无法留存,他们的生命周期价值将大打折扣,对企业的财务绩效产生不利影响。

提高用户留存率还可以促进用户忠诚度的建立。用户留存率高意味着用户对企业有较高的满意度和信任度,愿意与企业保持长期合作关系。这种忠诚度可以帮助企业抵御竞争对手的攻击,稳定市场份额,并为企业带来更稳定可靠的收入来源。

(三)转化率

转化率是指用户从浏览、试用到最终购买产品或服务的比例。它是衡量企业市场营销效果和销售能力的重要指标之一。

高转化率意味着企业产品或服务的吸引力较高。当用户对产品或服务感兴趣并愿意进行试用或购买时,说明企业在市场上能够提供具有竞争力的产品或服务。这种吸引力可以帮助企业吸引更多的潜在客户,扩大市场份额,并为企业带来更多的销售收入。

高转化率反映了企业的销售能力和市场运作效率。通过关注用户在购买决策过程中的体验和阻碍,企业可以识别出影响转化率的关键因素,如产品定价、销售流程、用户界面等。根据这些信息,企业可以进行相应的优化和改进,以提高用户的购买意愿和便捷性,促进转化率的提升。

高转化率还可以降低用户获取成本。获得新用户通常需要进行广告宣传、促销活动等投入,而高转化率意味着相同的投入可以获得更多的购买用户,降低了每个新用户的获取成本。这对于企业来说是一种有效的资源利用方式,有助于提高财务绩效和市场竞争力。

(四)用户反馈

用户反馈是指用户对产品或服务的意见、建议和问题等信息的反馈。它是企业了解用户需求和改进产品或服务的重要渠道。

通过收集用户反馈,企业可以了解用户对产品或服务的需求和期望。用户是产品或服务的直接使用者，他们的反馈可以帮助企业发现产品或服务的不足之处，并据此进行改进和优化。这有助于提高产品或服务的质量和性能，更好地满足用户的需求。

积极倾听和回应用户反馈可以增强用户的参与感和忠诚度。当用户觉得自己的意见和建议被认真听取和回应时，他们会感到被重视和关心，从而增加对企业的信任和忠诚度。这有助于建立稳定的用户群体，减少用户流失率，并促使用户成为品牌的推广者和忠实用户。

用户反馈还可以帮助企业发现并解决潜在的问题和隐患。通过用户反馈，企业可以及时了解用户遇到的问题和困惑，并迅速采取措施进行修复和改进。这有助于提升服务质量，减少用户投诉和纠纷，维护企业的声誉和品牌形象。

（五）用户体验投资回报率（UX ROI）

UX ROI 是衡量企业在用户体验上的投资所获得的经济回报的指标。它将用户体验投资与企业的收入、利润或市场份额等关键指标进行比较，以评估用户体验对企业财务绩效的贡献程度。

高用户体验投资回报率意味着企业在用户体验方面的投资是有效的。通过提供优质的用户体验，企业能够吸引更多的用户并提高用户满意度和忠诚度。这有助于增加销售收入和市场份额，降低用户流失率，并为企业创造更大的价值。

高用户体验投资回报率可以帮助企业优化资源配置。通过评估用户体验投资的回报情况，企业可以确定哪些方面的投资效果最好，从而调整资源分配策略。这有助于企业更加精确地投入资源，提高资源利用效率，同时降低不必要的成本开支。

高用户体验投资回报率还可以提升企业的品牌形象和声誉。优质的用户体验可以树立企业的良好品牌形象，增加用户对企业的信任度和认可度。这有助于吸引更多的潜在客户，并促使现有用户成为品牌的忠实拥护者，进一步推动销售增长和市场扩张。

二、社交媒体影响力

社交媒体影响力是新经济环境下财务绩效评估的重要指标之一。在传统经济模式中，企业主要通过销售额、利润率等传统财务指标来衡量自身的财务绩效。然而，在新经济环境下，随着互联网和社交媒体的迅速发展，企业的市场竞争已经发生了巨大变化。社交媒体的普及和广泛应用使得企业能够更好地与消费者进行沟通和互动，有效地推广品牌形象和产品，从而对企业的财务绩效产生积极影响。

（一）提升品牌知名度

在新经济环境下，社交媒体影响力成了提升企业品牌知名度的重要手段。通过社交媒体平台，企业可以与广大用户进行实时互动和信息传播，从而达到提升品牌知名度的目的。

社交媒体平台具有广泛的用户群体和高度的活跃度。随着智能手机和移动互联网的普及，越来越多的人使用社交媒体平台，如微博、微信、抖音等。企业通过在这些平台上发布有关产品、服务和企业文化的内容，可以迅速吸引用户的关注，并且通过点赞、评论、分享等方式进行传播，从而扩大品牌的曝光度和影响力。

社交媒体平台提供了个性化推荐和精准定位的功能。通过分析用户的兴趣、偏好、行为等数据，社交媒体平台能够将相关的品牌信息准确地推送给目标用户。这种个性化推荐和精准定位能够提高品牌信息的曝光效果，使得更多的用户能够接触到企业的品牌内容，进而增加品牌知名度。

社交媒体平台还提供了互动性强的特点。用户可以通过评论、点赞、分享等方式与企业进行互动，表达自己的看法和意见。企业可以及时回应用户的反馈，增加用户参与度，建立积极的品牌形象。这种互动性的特点能够增强用户对品牌的认同感和忠诚度，进而提升品牌知名度。

另外，社交媒体平台上的用户生成内容（User Generated Content，UGC）也是提升品牌知名度的重要途径之一。用户可以通过上传图片、视频、文字等形式来分享自己与品牌相关的经验和故事，这些内容可以被其他用户广泛传播，形成口碑效应，从而进一步扩大品牌的影响力和知名度。

（二）增加客户参与度

增加企业的客户参与度对于提升企业的竞争力和财务绩效至关重要。企业可以通过建立自己的网站、手机应用程序或在线社区等方式，为客户提供一个方便的渠道来参与和互动。这些平台可以包括产品讨论区、问题解答区、意见反馈区等功能，以便客户能够轻松地与企业进行交流和互动。同时，企业还可以通过定期发布有关产品信息、促销活动和行业动态等内容，吸引客户的关注并鼓励他们参与讨论和分享。

社交媒体影响力也能够增加企业的客户参与度。通过社交媒体平台，企业可以与消费者进行实时互动，了解他们的需求、意见和反馈。这种互动能够提高客户的满意度，并帮助企业更好地了解市场趋势和消费者偏好，从而调整产品和服务策略，提升企业的竞争力。例如，企业可以在社交媒体上开展问答活动、投票调查或用户生成内容的比赛，以吸引客户的参与和互动。

提供个性化的客户体验也是增加客户参与度的关键。企业可以通过使用大数据和人工智能等技术，对客户进行精细化的分析和定制化的服务。例如，根据客户的购买历史、浏览行为和兴趣偏好，向他们推荐相关的产品和优惠信息，或者提供个性化的购物建议和定制化的服务方案。这种个性化的体验能够增强客户的参与感和忠诚度，促使他们更积极地与企业进行互动和交流。

定期开展市场调研和客户满意度调查也是增加客户参与度的重要手段。通过主动收集客户的反馈和意见，企业可以及时了解客户的需求和期望，发现问题并及时解决，从而提升客户的满意度和参与度。同时，企业还可以根据市场调研结果和客户反馈，调整和改进产品和服务策略，提升企业的竞争力和客户参与度。

（三）降低市场推广成本

社交媒体平台提供了免费或低成本的广告发布渠道。企业可以通过创建自己的社交媒体账号并发布相关广告、促销信息、产品介绍等内容，吸引用户的关注和参与。相比传统媒体广告，这种方式成本更低，而且能够实现更精准的定向投放，将广告呈现给感兴趣的目标受众群体，提高广告的点击率和转化率。企业还可以选择付费推广选项，根据预算和需求进行投放，进一步提升推广效果。

社交媒体平台上的社交互动功能也能够帮助企业降低市场推广成本。企业可以积极参与用户在社交媒体上发起的讨论、提问或评论，并提供有价值的内容和回复。通过与用户的实时互动，企业可以建立良好的品牌形象和用户关系，提高用户对企业的认知和信任度。这种社交互动不仅可以增加用户参与度，还能够扩大品牌影响力，从而减少企业对付费广告的依赖，降低市场推广成本。

通过社交媒体平台的数据分析和监测功能，企业可以更加精确地评估和调整市场推广策略，进一步降低推广成本。企业可以根据社交媒体数据分析用户的兴趣偏好、行为习惯和反馈意见，了解用户对产品和服务的需求和期望，从而针对性地进行推广活动。通过监测社交媒体上的话题和趋势，企业可以抓住时机进行实时营销和互动，提高推广效果和市场反应速度。

第二节 财务绩效评估方法和工具

财务绩效评估是企业对自身财务表现进行全面分析和评价的过程。它是管理者了解公司财务状况、发现问题和改进措施的重要手段。

一、经济附加值评估

经济附加值（Economic Value Added，EVA）是一种财务绩效评估方法和工具，它用于衡量企业是否创造了超过股东期望的价值。EVA 的核心思想是通过计算企业实际盈利与所需资本成本之间的差额，来评估企业的经济增值能力。

EVA 的计算公式如下：

EVA=净利润－（资本总额×资本成本率）

其中，净利润是指企业在某一特定时期内的税后利润，资本总额是指企业在该时期内所使用的所有资本，资本成本率则代表了投资者对企业投资所要求的最低回报率。

EVA 的优势在于它能够综合考虑企业的盈利能力和资本运作效率，更全面地反映企业的经济价值创造能力。以下是 EVA 评估方法和工具的几个重要特点。

（一）经济导向

EVA 评估方法和工具强调企业的价值创造能力，而不仅仅是盈利能力。传统的财务指标如净利润、收入增长等只能反映企业的盈利状况，但并不能说明企业是否真正为股东创造了价值。因此，EVA 通过计算净利润与资本成本之间的差额，更加全面地衡量了企业的经济增值能力。

在 EVA 评估中，通过比较净利润和资本成本的差额，可以判断企业是否超过了投资者的期望，从而真正为股东创造了价值。

与传统的利润指标相比，EVA 的优势在于其经济导向。它通过将资本成本纳入考虑，使企业在决策时更加注重长期效益。以往，企业可能会追求短期盈利，但忽视了长期价值创造。而 EVA 评估能够引导企业关注长期价值，避免过度追求短期利润而忽视了企业的可持续发展。

通过 EVA 评估，企业可以更好地理解自身的经济价值创造能力。当 EVA 值为正数时，说明企业的净利润超过了投资者的期望，实现了经济增值。这意味着企业在资本运作和资源配置方面表现出色，为股东创造了价值。相反，当 EVA 值为负数时，说明企业的净利润低于投资者的期望，未能实现经济增值。这时，企业需要调整经营策略和资源配置，提高盈利能力以及资本效率，以实现更好的经济导向。

（二）资本效率

EVA 评估方法和工具在衡量企业绩效时，考虑了企业所使用的所有资本，并通过将资本成本纳入计算公式，反映出企业对资本的运作效率。这使得 EVA 能够引导企业优化资本配置和资本结构，提高资本效率。

在EVA评估中,资本包括股东权益和债务资本。股东权益是指企业从股东获得的资金,而债务资本则是指企业从债权人(如银行)获得的贷款或发行的债券等债务融资方式所筹集的资金。EVA考虑了这两种资本来源,并将它们作为企业运作的基础进行评估。

同时,EVA计算公式中的资本成本率反映了投资者对企业投资所要求的最低回报率。这个资本成本率可以根据市场利率、行业平均回报率等因素来确定。通过将资本成本纳入计算公式,EVA能够测量企业是否有效地利用了资本,并生成了超过资本成本的经济增值。

通过EVA评估,企业可以深入了解自身的资本效率,并根据评估结果进行相应的调整和改进。优化资本配置可以帮助企业合理分配资源,将资金用于最具价值和回报的项目上。企业还可以通过调整资本结构来降低资本成本,例如通过减少负债比例、优化债务结构等方式,以提高整体的资本效率。

(三)激励机制

EVA评估方法和工具为企业提供了一个明确的绩效指标,可以用于激励管理层和员工创造经济增值。通过与EVA值相关联的绩效考核和薪酬分配,EVA评估能够激发企业内部的积极性和动力。

在EVA评估中,企业的绩效往往与其EVA值密切相关。当企业实现正的EVA值时,说明企业的盈利超过了资本成本,为股东创造了价值。这样的表现被认为是良好的绩效,并可以作为评估管理层和员工表现的依据。

基于EVA评估的绩效考核可以使管理层和员工更加关注长期价值创造,而不仅仅追求短期盈利。通过将EVA值纳入绩效考核指标体系,可以鼓励管理层制定并执行符合企业长期利益的战略和计划,以实现持续的经济增值。同时,对于员工来说,他们的个人绩效评估和薪酬激励也会与所在部门或团队的EVA值相关联,从而激励他们为整个企业的经济增值做出贡献。

EVA评估的激励机制还可以促进企业内部的积极竞争和合作。通过设立EVA值相关的绩效目标,不同部门或团队之间会形成竞争关系,激发各个部门或团队提高绩效、优化资源配置。同时,EVA评估也强调整个企业的整体经济增值能力,鼓励各个部门和团队之间的协作与合作,共同为企业的价值创造做出贡献。

(四)可比较性

EVA评估方法和工具具有较高的可比较性,因为它是一个相对指标。不同企业之间的EVA值可以进行比较,从而评估它们的经济增值能力和绩效水平。

由于EVA是通过净利润与资本成本之间的差额来计算的,这种相对指标可以消除了不同企业规模、行业和资本结构等因素的影响,使得不同企业之间的EVA值具有可比性。

这意味着我们可以将 EVA 作为衡量不同企业绩效的标准，进行横向和纵向的比较分析。

在横向比较中，我们可以将同一行业或不同行业的企业的 EVA 值进行比较。通过比较企业的 EVA 值，我们可以判断企业的经济增值能力和绩效水平。

在纵向比较中，我们可以比较同一企业在不同时间段内的 EVA 值。通过跟踪企业的 EVA 值的变化，我们可以评估企业在不同时期的经济增值能力和绩效水平的演变。这有助于发现企业的长期趋势和问题，并及时采取措施进行改进和调整。

可比较性使得 EVA 评估方法成为衡量企业绩效和价值创造能力的重要工具。通过与同行业或同一企业的历史数据进行对比，我们可以更好地了解企业在行业内的竞争优势、盈利能力和资本运作效率。同时，与其他企业的比较分析也可以为企业提供有关行业最佳实践和成功案例的参考，促进学习和改进。

二、现金流量分析

现金流量分析是一种财务绩效评估方法和工具，用于衡量企业的现金流量状况和经营活动的健康程度。通过对企业现金流量的分析，可以更全面地了解企业的盈利能力、资金运作情况以及现金流量的来源和运用。

现金流量分析主要关注企业的经营活动、投资活动和筹资活动三个方面的现金流量。

（一）经营活动现金流量分析

经营活动现金流量分析是财务绩效评估中的重要环节，它用于评估企业从日常经营活动中产生的现金流入和流出情况。通过对经营活动现金流量的分析，可以了解企业的盈利能力、现金收支状况以及经营活动的健康程度。

在经营活动现金流量分析中，主要关注以下几个方面。

1.销售现金流入

这是企业最主要的经营性现金流入来源，反映了企业销售产品或提供服务所获得的现金收入。通过分析销售现金流入，可以判断企业的市场份额、销售能力和盈利能力。较高的销售现金流入意味着企业销售业绩良好，能够吸引更多客户并增加收入。

2.经营成本现金流出

这是企业在经营活动中支付的现金支出，包括采购原材料、劳动力成本、租金、管理费用等。通过分析经营成本现金流出，可以评估企业的成本控制能力和运营效率。较低的经营成本现金流出意味着企业能够有效控制成本，提高盈利能力。

3.经营性现金流入比例和经营性现金流出比例

这些比例反映了企业的现金流量来源和运用的情况。较高的经营性现金流入比例意味着企业通过销售商品或提供服务等经营活动获得了更多的现金流入，表明企业的盈利能力良好。而较低的经营性现金流出比例可能表示企业在日常经营中能够有效控制成本和费用，提高经营效率。

通过对经营活动现金流量的分析，企业可以深入了解自身的盈利能力和现金收支状况，并据此进行相应的调整和改进。

经营活动现金流量分析还可以帮助企业进行预测和规划。通过对历史数据的分析，可以发现经营活动现金流量的周期性变化和规律性趋势，从而更好地预测未来的现金流动态，制定合理的资金计划和经营策略。

（二）投资活动现金流量分析

投资活动现金流量分析是财务绩效评估中的重要环节，用于评估企业在资本投资和资产配置方面的情况。通过分析投资活动现金流量，可以了解企业的投资能力、投资收益以及长期增长潜力。

在投资活动现金流量分析中，主要关注以下几个方面。

1.购买固定资产和无形资产的现金流出

这是企业进行资本投资所支付的现金支出。通过分析购买固定资产和无形资产的现金流出，可以评估企业在扩大生产能力、提升技术水平等方面的投资力度。较高的购买固定资产和无形资产的现金流出意味着企业对未来发展有信心，并愿意进行适当的投资。

2.处置资产的现金流入

这是企业出售或处置资产所获得的现金收入。通过分析处置资产的现金流入，可以了解企业通过资产处置获得的回报和收益。正的处置资产的现金流入表示企业成功实现了资产变现，有助于提升企业的价值和财务状况。

3.投资收益

投资收益是企业从投资活动中获得的现金流入，包括股息收入、利息收入和出售证券等所获得的收益。通过分析投资收益，可以评估企业的投资回报率和投资组合的效益。较高的投资收益表明企业在投资决策上取得了良好的结果。

通过对投资活动现金流量的分析，企业可以了解自身的投资能力和投资收益情况，并据此进行相应的调整和决策。

投资活动现金流量分析还可以帮助企业评估投资决策的风险和回报。通过对历史数据的分析，可以了解不同类型投资的风险特征和预期回报率，从而制定更为合理的投资战略和计划。

（三）筹资活动现金流量分析

筹资活动是指企业通过发行股票、债券、融资租赁等方式筹集资金的活动。筹资活动现金流量分析是对企业在特定时期内通过筹资活动产生的现金流入和现金流出进行分析和评估，以了解企业的筹资能力和偿债能力。

筹资活动现金流量分析主要关注以下几个方面。

1.筹资活动现金流入

包括通过发行股票、债券、长期借款等方式筹集到的现金。这些资金来源于投资者和债权人对企业未来盈利能力和发展前景的认可。筹资活动现金流入的增加可以提高企业的资本实力和偿债能力。

2.筹资活动现金流出

包括偿还债务、支付利息、支付股息等与筹资活动相关的现金支出。这些支出直接影响企业的财务状况和盈利能力。筹资活动现金流出的增加可能导致企业的负债增加，增加财务风险。

3.筹资活动净现金流量

筹资活动净现金流量等于筹资活动现金流入减去筹资活动现金流出。该指标反映了企业通过筹资活动的净现金增加或减少的情况。净现金流量为正数表示企业通过筹资活动获得了现金流入，为负数表示企业通过筹资活动支付了更多的现金。

三、成本效益分析

财务绩效评估是指通过对企业的财务数据和指标进行分析，评估企业在经济运营中的表现和成果。成本效益分析是一种常用的财务绩效评估方法，它通过比较项目或决策的成本与收益，以确定其是否具有经济效益。

（一）成本估计

成本估计是进行成本效益分析的重要步骤之一，它需要对项目或决策的各种成本进行准确的估计。在成本估计过程中，需要考虑到项目的周期、成本分类、成本来源等因素，以便能够全面而准确地评估项目的总成本。

1.直接成本估计

直接成本是指与项目或决策直接相关的成本，可以明确地与特定活动或产品联系起来。例如，原材料成本、人工成本、设备采购费用等都属于直接成本。在进行直接成本估计时，需要考虑到成本单位的价格、数量和使用率等因素，以便确定项目所需的直接成本金额。

2.间接成本估计

间接成本是指与项目或决策相关,但不能直接归属于特定活动或产品的成本。这些成本通常是企业共享的资源和支出,如管理人员薪酬、办公场地租金、水电费等。在进行间接成本估计时,需要根据成本分配基础和比例,将这些成本合理地分摊到各个项目或决策上。

3.固定成本估计

固定成本是指不随产量或活动变化而变动的成本,无论产量多少,都需要支付的费用。例如,租金、折旧费用等都属于固定成本。在进行固定成本估计时,需要考虑到固定成本的金额和周期,以便能够准确地评估项目所需的固定成本支出。

4.可变成本估计

可变成本是指随着产量或活动的变化而相应变动的成本,它们与产量或活动的变化呈正比例关系。例如,原材料采购成本、直接劳动力成本等都属于可变成本。在进行可变成本估计时,需要考虑到成本单位的价格和数量,以及产量或活动的变化情况,以便能够准确地评估项目所需的可变成本支出。

除了上述成本估计要素,还需要考虑到项目的周期和阶段性成本变化。有些项目可能具有不同的阶段,每个阶段的成本可能会有所不同。在进行成本估计时,需要根据不同阶段的成本变化情况,合理地进行预测和估计。

成本估计还需要考虑成本分类的准确性和一致性。不同的企业和行业对成本的分类方式可能存在差异,因此在进行成本估计时,需要根据企业自身的情况和行业标准,选择合适的成本分类方法,并确保在整个成本效益分析过程中保持一致性。

(二)效益评估

效益评估是通过明确衡量标准和指标,对项目或决策的效益进行量化和评估。效益可以是直接的货币收入,也可以是非货币性的效益,如提高生产效率、降低生产成本等。

在进行效益评估时,需要考虑以下几个方面。

1.确定效益衡量标准

根据项目或决策的性质和目标,确定合适的效益衡量标准。例如,在投资项目中,可以使用净现值、内部收益率等指标来衡量项目的经济效益;而在生产过程改进中,可以使用产量增加率、生产成本降低比例等指标来衡量效益。

2.量化效益

对于可以量化的效益,需要根据可靠的数据和信息进行具体的计算和测量。例如,对于直接的货币收入效益,可以通过计算预期的销售额、利润增长等来量化;对于非货币性的效益，可以通过观察和记录实际的生产效率、工时节约情况等来量化。

3.评估效益质量

除了量化效益，还需要对效益的质量进行评估。这包括效益的可持续性、稳定性和风险等方面。例如，在新产品开发中，除了考虑短期销售收入增加，还需要评估产品在市场上的竞争力和长期盈利能力。

4.考虑时间价值

效益评估需要考虑到时间价值的影响。通常情况下，未来的效益价值会随着时间的推移而减少，因此需要将未来的效益折现到当前价值。通过应用合适的折现率，可以计算出项目的净现值，从而更全面地评估项目的经济效益。

（三）成本效益比较

成本效益比较是成本效益分析的核心内容，它通过将成本与效益进行比较，以确定项目或决策是否具有经济效益。在进行成本效益比较时，常用的方法包括净现值法、内部收益率法和投资回收期等。

1.净现值法（Net Present Value，NPV）

净现值法是一种常用的成本效益比较方法。它将项目未来的现金流量按照折现率的要求折算到当前价值，并计算出净现值。如果净现值为正，则说明项目的收益超过了投入的成本，具有经济效益。而如果净现值为负，则说明项目的收益低于投入的成本，缺乏经济效益。通常情况下，越高的净现值表示项目的经济效益越好。

2.内部收益率法（Internal Rate of Return，IRR）

内部收益率是指使项目的净现值等于零时的折现率。通过计算项目的内部收益率，可以评估项目的经济效益。如果项目的内部收益率高于预设的最低折现率，则说明项目的收益超过了成本，具有经济效益。相反，如果项目的内部收益率低于预设的最低折现率，则说明项目的收益不足以弥补成本，缺乏经济效益。

3.投资回收期（Payback Period）

投资回收期是指项目投入的成本能够在多长时间内回收。通过计算投资回收期，可以评估项目的回报速度。通常情况下，投资回收期较短的项目意味着回本速度较快，具有较好的经济效益。然而，投资回收期作为一种简单的比较方法，没有考虑到现金流量的时间价值。

在进行成本效益比较时，需要注意以下几点。

1.折现率的确定

净现值法和内部收益率法都涉及折现率的选择。折现率反映了投资风险和机会成本，应根据项目的特点和风险水平来确定。通常情况下，折现率越高，对未来现金流量的折现程度越大，对投资项目的要求也越高。

2.效益的时期和持续性

在进行成本效益比较时，需要考虑效益的时间分布和持续性。有些项目可能在初始阶段产生较大的投资成本，但在未来的一段时间内持续产生效益。这种情况下，净现值法和内部收益率法能够更好地评估项目的经济效益。

（四）灵敏度分析

灵敏度分析是成本效益分析中的一项重要工具，用于评估不确定性因素对成本效益分析结果的影响。它通过改变关键参数的取值范围，观察结果的变化情况，来衡量不确定性对项目可行性和风险的敏感程度。

在进行灵敏度分析时，需要注意以下几个步骤。

1.选择关键参数

需要确定哪些参数对成本效益分析结果产生重要影响。这些参数可以是成本、收益率、销售量、折现率等与项目或决策相关的关键因素。选择适当的关键参数是灵敏度分析的关键，需要根据具体情况和专业判断来确定。

2.设定参数取值范围

需要设定关键参数的取值范围。通常，可以选择最小值、最大值和中间值作为取值范围的边界点。同时，也可以根据过去的数据、市场趋势和专家意见等，设定其他可能的取值。

3.分析结果的变化

通过改变关键参数的取值，重新进行成本效益分析，并观察结果的变化情况。可以关注净现值、内部收益率、投资回收期等指标的变化，以及项目的盈亏平衡点。

4.评估敏感程度

根据结果的变化情况，可以评估不确定性因素对成本效益分析结果的敏感程度。如果结果对某个参数的变化非常敏感，即使该参数的变化很小，结果也会发生较大的变化，那么可以认为该参数对成本效益具有重要影响。

通过灵敏度分析，可以为决策者提供更全面的信息和洞察，帮助他们了解项目或决策在不同情况下的可行性和风险。同时，还可以帮助确定关键参数的合理取值范围，为项目规划和决策制定提供指导。

需要注意的是，灵敏度分析并不能预测未来的变化和风险，它只是通过假设和模拟来评估不确定性因素对成本效益的影响。因此，在进行灵敏度分析时，需要谨慎选择关键参数和设定取值范围，结合实际情况和专业知识进行综合判断。

第三节 优化财务绩效的策略和实践

优化财务绩效是每个企业都追求的目标之一。通过制定有效的策略和实践，企业可以提高财务绩效，实现长期可持续发展。

一、优化资本结构和资金利用

优化资本结构和资金利用是优化财务绩效的重要策略之一。通过合理配置资本和有效利用资金，企业可以提高盈利能力、降低财务风险，并实现长期可持续发展。

（一）评估资本结构

资本结构是指企业在运营过程中所采用的债务和股权的比例。企业应该评估自身的资本结构是否合理，并根据经营特点、行业环境和财务状况进行调整。一般来说，合理的资本结构应该平衡债务和股权比例，既能降低财务风险，又能提高资金利用效率。

评估资本结构时，企业可以考虑以下几个方面。

1.债务承受能力

评估企业的偿债能力，包括利息覆盖倍数、偿债比率等指标，确保企业能够按时支付债务。

2.股权成本

评估股权融资的成本，包括股东权益回报率、市盈率等指标，确保股权融资的成本合理。

3.稳定性和灵活性

考虑企业的经营稳定性和灵活性，选择适当的资本结构来应对市场变化和风险。

（二）合理融资方式

企业在优化资本结构时，需要选择合适的融资方式。不同的融资方式有不同的特点和利弊，企业应根据自身情况选择最适合的融资方式。

1.债务融资

债务融资是指通过向金融机构或其他债权人借款来获取资金。债务融资可以降低企业的股权成本，并且利息支付可以抵扣税收，但需要承担偿债风险。

2.股权融资

股权融资是指通过发行股票或引入投资者来获取资金。股权融资可以增加企业的资本实力，提高信誉度，但会稀释现有股东权益。

3.内部融资

内部融资是指通过企业内部的资金再投资来满足资金需求。例如，利用留存利润或资产处置来获取资金。内部融资可以避免债务负担和股权稀释，但可能会限制企业的扩张和发展。

（三）优化资金利用

除了调整资本结构，优化资金利用也是提高财务绩效的关键。企业应充分利用现有资金，并确保其在各个方面的最佳利用。

1.资金计划

企业应制定合理的资金计划，包括预测资金需求、优化现金流等。通过科学的资金计划，可以避免资金短缺或闲置，提高资金利用率。

2.资金管理

加强对资金的监控和管理，包括加强账户管理、减少存货周转时间、优化应收账款管理等。通过合理的资金管理，可以降低运营成本，提高资金周转效率。

3.投资决策

在进行投资决策时，企业应综合考虑风险和回报，选择具有良好回报率的项目。同时，还要注意投资的时机和方式，以降低投资风险。

4.资产处置

对于闲置或低效资产，企业可以考虑出售、租赁或转让等方式进行处置，以获得更高的回报和资金利用效率。

二、提高运营效率和降低成本

优化财务绩效是企业管理的重要目标之一，可以通过一系列策略和实践来实现，其中包括提高运营效率和降低成本。

（一）流程再造

流程再造是一种管理方法，通过重新设计和优化企业内部的业务流程，以提高效率、降低成本和提升财务绩效。在进行流程再造时，企业需要识别和消除冗余环节，简化审批程序，并引入自动化技术等措施，以加快业务处理速度，减少错误和延误，从而提高运营效率并降低成本。

流程再造的核心目标是通过重新思考和改进现有流程，创造更高效、灵活和响应迅速的业务运作方式。以下是流程再造的关键步骤和实践。

1. 识别和分析流程

企业需要对现有的业务流程进行全面的识别和分析。这包括了解每个步骤和环节的具体内容、涉及的人员和资源、所需的时间和成本等信息。通过深入了解流程，可以确定存在的问题和瓶颈，并找到改进的方向。

2. 设定目标和指标

在进行流程再造之前，企业需要设定明确的目标和指标。这些目标和指标应该与企业的战略目标和财务绩效密切相关。例如，提高订单处理速度、降低出错率、减少审批环节等。设定明确的目标和指标有助于衡量流程再造的成效，并为改进提供方向。

3. 重新设计流程

基于对现有流程的分析和目标的设定，企业可以开始重新设计流程。这包括消除冗余和非必要的环节，简化和优化审批程序，引入自动化技术等。在重新设计流程时，企业应该充分考虑业务需求、人员能力和技术支持，以确保新流程的可行性和可持续性。

4. 培训和沟通

在实施流程再造之前，企业需要进行培训和沟通。员工需要了解新流程的具体内容、操作方法和好处。同时，他们也需要有机会提出意见和建议，以便更好地适应和支持变革。培训和沟通有助于员工理解和接受新流程，并积极参与改进过程。

流程再造可以带来许多好处，包括提高工作效率、减少成本、加快业务响应速度、提高客户满意度等。然而，企业在进行流程再造时也需要注意一些问题，如充分了解业务需求、平衡人员和技术的配合、考虑变革对组织文化的影响等。只有全面考虑这些因素，流程再造才能真正发挥作用，为企业创造持续的竞争优势。

（二）资源配置优化

资源配置优化是指通过合理配置企业的各种资源，包括人力资源、物资和资金等，以最大限度地提高资源利用效率，降低成本，并实现财务绩效的提升。

1. 资金使用优化

优化资金使用是提高财务绩效的关键。企业应该合理规划和管理资金流动，减少资金的闲置和浪费。例如，通过优化应收账款和应付账款的管理，加强现金流的控制；合理安排投资项目，降低资本占用成本；适时进行融资或还债，减少财务成本等。通过优化资金使用，企业可以提高财务效益，并增强自身的抗风险能力。

2.资源整合与共享

企业可以通过资源整合和共享来优化资源配置。这包括部门间的协作与合作，共享资源和信息，避免重复投入和浪费。通过有效的资源整合与共享，企业可以最大限度地发挥资源的效益，提高生产效率，降低成本，并提升综合竞争力。

（三）成本管理和控制

成本管理和控制是通过精细化的管理方法，以降低企业运营成本并提高财务绩效为目标。

1.制定成本预算和费用控制政策

企业应制定明确的成本预算，并建立相应的费用控制政策。通过制定详细的预算计划，包括各项费用和支出的限额和分配，可以帮助企业掌握成本结构和控制开支。同时，设定合理的费用控制政策和审批流程，加强对费用使用的监督和约束。

2.建立成本核算体系

建立有效的成本核算体系是成本管理和控制的基础。通过准确记录和分类成本，了解每个环节和部门的成本构成，可以更好地识别和分析成本来源。这有助于企业评估各项成本的合理性和可控性，从而为成本管理和控制提供依据。

3.监控和分析成本变化

企业需要建立成本监控和分析机制，及时了解成本变化的情况。通过定期进行成本分析和对比，识别成本波动的原因，并及时采取调整措施。这可以帮助企业发现潜在的成本节约机会，优化资源配置，并降低运营成本。

4.激励和奖励节约行为

为了促使员工积极参与成本管理和控制，企业可以设立激励机制和奖励制度。例如，设立节约成本的员工奖励计划，鼓励员工提出节约措施和建议；设定成本降低目标，并与员工绩效考核相挂钩。通过激励和奖励，可以增强员工的成本意识，并推动成本管理和控制的实施。

成本管理和控制是企业实现财务绩效提升的重要手段。通过制定成本预算和费用控制政策，建立成本核算体系，监控和分析成本变化并激励员工参与节约行为，企业可以有效降低运营成本，提高财务绩效，并在市场竞争中取得优势。

第四节 激励机制的设计与实施

激励机制的设计与实施是企业管理中至关重要的一环,可以帮助激发员工的积极性、提高工作效率和财务绩效。

一、设定明确的目标和指标

设定明确的目标和指标是激励机制设计与实施的重要步骤,能够为员工提供明确的方向和期望,并为绩效评估和激励措施提供依据。

（一）对齐企业战略目标

对齐企业战略目标是确保企业的各级目标与整体战略目标保持一致,以促进组织的协同运作和实现整体目标。在设定目标和指标时,必须与企业的战略目标密切相关。

企业需要明确其战略目标。这些目标可能包括市场份额增长、利润率提升、产品创新等。战略目标应该是具体、可衡量的,并且与企业的使命、愿景和价值观相一致。通过明确战略目标,企业能够为整个组织提供一个明确的方向,使员工知道他们所做的工作如何贡献到整体目标的实现。

企业需要将战略目标转化为具体的部门或个人目标。这意味着将战略目标分解为更小的、可操作的目标,以便每个部门和个人都能理解并追求这些目标。例如,如果企业的战略目标是增加市场份额,销售部门的目标可以是每个季度增加特定百分比的销售额。这样,不同部门和个人的目标就能够与整体目标保持一致。

通过将战略目标转化为具体的部门或个人目标,企业可以确保各级目标之间的一致性和协同性。不同部门和个人的目标相互关联,彼此支持,从而促使员工的行动与整体目标保持一致。例如,研发部门的创新目标与市场部门的市场份额增长目标密切相关,两者共同推动产品创新和市场竞争力的提升。

企业还应该建立有效的绩效评估和反馈机制,以监测和评估目标的实现情况。通过定期审查和评估目标达成的进展,企业可以及时调整和优化目标,确保其与战略目标保持一致,并采取必要的措施来解决潜在问题。

（二）SMART 原则

SMART 原则是一种有效的目标设定方法,它可以确保目标和指标具备以下五个特征:具体（Specific）、可衡量（Measurable）、可达成（Attainable）、相关（Relevant）

和时间相关（Time-bound）。

1.具体

具体目标明确而清晰，能够帮助员工更好地理解预期结果和行动计划。相比模糊的目标，具体目标更容易被理解和实施。例如，将"提高销售业绩"这样的模糊目标转化为"每个季度增加10%的销售额"，能够更明确地指导员工的行动。

2.可衡量

可衡量的指标能够提供可量化的标准来评估绩效。通过设定具体的指标，可以对目标的达成情况进行量化分析和评估。例如，将目标设定为"提高客户满意度"，可以通过客户满意度调查问卷得到具体的评分结果，从而衡量目标的达成程度。

3.可达成

可达成的目标要求合理，并具备一定的挑战性以激发员工的积极性。设定过于理想化或不切实际的目标会导致员工失去动力和信心。因此，目标应该在合理范围内设定，并结合员工的能力和资源来确定。适度的挑战性可以激发员工的潜力和创造力，推动他们努力实现目标。

4.相关

相关的目标与员工的职责和岗位要求相一致。它们应该与企业的战略目标、部门目标以及员工的工作内容密切相关。相关的目标可以确保员工的行动和努力对于整体目标的实现有积极影响，避免出现分散精力和无效努力的情况。

5.时间相关

时间相关的目标需要设定明确的截止日期。设置截止日期有助于提高目标的可控性和紧迫感，促使员工按时完成任务并达成目标。时间限制还可以帮助组织进行有效的绩效评估和监控进展情况。

（三）参与式设定过程

参与式的目标设定过程是指在设定目标时，与员工积极沟通和讨论，了解他们的意见和建议，并尽量将员工的期望纳入目标设定过程中。这种方式能够增强员工的参与感和认同感，提高目标的接受度和执行力。

参与式的目标设定过程可以帮助员工更好地理解和接受目标。通过与员工进行沟通和讨论，组织可以解释目标的背景、重要性和影响，并与员工共享相关信息和数据。这样可以使员工对目标有更深入的了解，理解目标与组织整体发展之间的关系，并认识到实现目标的重要性。

参与式的目标设定过程可以激发员工的积极性和动力。当员工参与目标设定的过程中，他们会感到被重视和尊重，他们的意见和建议被听取并得到回应。这种参与感会激发员工的自主性和责任心，使他们更加愿意为目标的实现做出努力。员工会感到目标是共同制定的，他们有责任和义务去达成这些目标。

参与式的目标设定过程可以提高员工的创造力和主动性。当员工有机会参与目标设定过程时，他们可以提出自己的想法、建议和创新方案。这种参与鼓励员工积极思考和贡献自己的观点，促使组织获得更多的创新和改进。员工会感到他们的意见被重视，并且有机会在目标实现的过程中发挥自己的才能和潜力。

参与式的目标设定过程可以增强员工的认同感和团队凝聚力。当员工参与目标设定过程中，他们会感受到组织对他们的信任和依赖。他们会认识到自己是团队的一员，目标的实现需要大家的共同努力。这种共同参与和共同决策的过程能够增强员工之间的合作和协作，加强团队的凝聚力和归属感。

（四）考虑员工能力和成长

在设定目标时，充分考虑员工的能力和成长是非常重要的。以下是一些关键点，用于确保目标与员工的能力和发展需求相匹配。

1.考虑员工的能力和经验水平

了解每个员工的能力和经验水平，包括技术、知识和技能。根据员工的实际情况，设定具有适当挑战性的目标，既能够激发员工的积极性和进步动力，又不会过于超出其能力范围。

2.鼓励自主学习和个人发展

组织可以创建一个积极的学习文化，鼓励员工不断学习新知识、掌握新技能，并将其应用到实际工作中。

通过充分考虑员工的能力和成长需求，设定具有挑战性且与员工能力相匹配的目标，组织可以激发员工的积极性和动力，并促使他们不断提升自身能力和职业发展。

设定明确的目标和指标是激励机制设计与实施中至关重要的一环。通过对齐企业战略目标、符合 SMART 原则、参与式设定过程、考虑员工能力和成长结合，企业可以有效地设定明确的目标和指标，激发员工的积极性，提高工作效率和财务绩效。在实施过程中，企业应不断监测和改进目标设定的准确性和有效性，以保持与变化的环境和员工需求的适应性。

二、确定合适的激励方式

确定合适的激励方式是激励机制设计与实施的关键步骤之一，能够有效地激发员工的积极性和工作动力，提高工作效率和财务绩效。

（一）奖励和认可

除了薪酬之外，奖励和认可是一种有效的激励方式，可以激发员工的积极性和动力。以下是关于奖励和认可的一些建议。

1.奖励计划

企业可以设立奖励计划，如员工月度、季度或年度最佳表现奖。这样的奖励计划可以鼓励员工在工作中展现出色的表现，并根据绩效评估结果进行奖励。奖励可以是物质性的，如奖金、礼品或旅行机会，也可以是非物质性的，如额外的休假时间或灵活工作安排。

2.项目奖励

对于团队项目，企业可以设立项目奖励制度。当团队成功完成重要项目或取得显著成果时，可以给予团队成员相应的奖励和认可。这有助于促进团队合作和协作精神，激励团队成员共同努力实现目标。

3.及时给予肯定和赞扬

及时给予员工肯定和赞扬是非常重要的。当员工取得突出成绩或完成重要任务时，领导者应该及时表达赞赏之词，让员工感受到自己的努力和贡献被认可。这种肯定可以是私下的口头表扬，也可以是公开的表彰仪式或团队会议上的赞美。

4.公开表彰成就和贡献

除了私下给予赞赏，公开表彰员工的成就和贡献也是一种有效的激励方式。例如，在公司内部通信渠道或员工会议上，向全体员工宣布并表彰那些取得优秀成绩的员工。这样不仅能够让员工感到自己的努力得到重视，也可以激发其他员工的动力和竞争意识。

（二）工作平衡

提供工作平衡是一种重要的激励方式，可以满足员工的工作和生活平衡需求，提高员工的工作满意度和忠诚度。以下是几种常见的方式。

1.弹性工作制度

弹性工作制度可以包括弹性工作小时、弹性工作地点和弹性工作任务等。例如，员工可以根据自己的需求选择适合自己的工作时间段，或在需要时选择在不同的工作地点进行工作。这种灵活性可以帮助员工更好地平衡工作和个人生活，提高工作效率和满意度。

2.假期和休假政策

提供充足的假期和休假时间也是促进工作平衡的重要措施。企业可以设立合理的年假、带薪病假和特殊假期制度，以满足员工对休息和个人事务处理的需求。这样可以帮助员工恢复体力和精力，减少工作压力，提高工作效率和工作质量。

3.关注员工的福利和健康

除了工作时间安排和休假政策外，关注员工的福利和健康也是重要的激励措施。企业可以提供健康保险、健身俱乐部会员资格、员工福利计划等福利措施，以支持员工的身心健康。同时，组织还可以开展健康促进活动、培训课程和心理辅导等，提供综合的健康支持。

通过提供工作灵活性和平衡，企业可以满足员工的个人需求和生活要求，提高员工的工作满意度和忠诚度。这种激励方式可以促进员工的工作效率和工作质量，增强员工对组织的归属感和责任感，从而实现共赢的结果。同时，企业也可以从员工的更好福祉中获得积极的回报，如员工保持健康、提高工作动力和创造力，为企业的长期发展做出更大的贡献。

三、关注个体差异和激励个性化

关注个体差异和激励个性化是激励机制设计与实施的重要考虑因素之一。每个员工都有不同的驱动因素和激励需求，因此，在设计激励机制时，需要充分考虑个体差异，并提供个性化的激励措施。

（一）了解员工需求

为了了解员工的需求，企业可以进行定期的调研活动。例如，可以通过问卷调查或面谈的形式，让员工表达他们对激励措施的期望和意见。调研可以包括员工对薪酬水平的满意度、对福利待遇的期望、对职业发展机会的看法等内容。通过分析调研结果，企业可以了解员工的需求和优先级，有针对性地制定激励计划。

与员工进行积极的沟通也是了解员工需求的重要途径。企业可以组织团队会议、个人面谈或员工代表会议等形式，倾听员工的意见和建议。通过与员工的互动，企业可以了解到员工在工作中的困难和需求，进而制定相应的激励措施。

员工反馈也是了解员工需求的重要来源。企业可以建立反馈渠道，鼓励员工积极表达自己的意见和想法。例如，可以设置匿名反馈箱或电子邮件，让员工自由地提出建议和意见。通过收集和分析员工的反馈，企业可以及时调整和改进激励策略，更好地满足员工的需求。

了解员工需求后,企业可以根据员工的个性化需求制定激励计划。不同员工对于激励的需求可能存在差异,一些员工可能更注重薪酬福利,而另一些员工可能更看重职业发展机会。企业可以根据员工的需求,灵活地设计激励方案,以满足员工的期望,并激励他们在工作中发挥更大的动力和创造力。

(二)灵活的激励方案

为了实现个性化的激励,企业需要提供灵活的激励方案。这意味着激励机制应该具有一定的灵活性,能够根据员工的变化需求和情况进行调整。

企业可以与员工进行定期的激励沟通。通过与员工的沟通交流,了解他们的变化需求和期望,从而针对性地调整激励方案。这种沟通可以通过个人面谈、团队会议或者匿名调查等方式进行。员工可以表达自己的职业发展目标、工作喜好以及对激励方式的偏好,企业可以根据这些反馈来调整激励措施。

企业可以根据员工的职业发展提供相应的激励机会。随着员工在职业道路上的成长,他们可能希望得到晋升的机会和更高级别的激励措施。企业可以制定完善的晋升机制,为员工提供晋升的渠道,并相应调整激励方案,例如增加薪酬福利、提供更多的培训机会等,以激励员工积极进取、不断学习和成长。

对于有特殊情况的员工,企业可以提供特殊的灵活激励安排。例如,当员工面临家庭状况变化、个人困难或者紧急事务时,企业可以灵活调整他们的工作安排,提供更多的弹性和支持。这可以包括灵活的工作时间安排、远程工作或者短期休假等方式,以帮助员工平衡工作与生活,并减轻他们的压力,从而激励他们更好地投入到工作中。

通过了解员工需求、选择合适的激励方式以及灵活的激励方案,企业可以更好地满足员工的个体差异和激励需求,提高员工的工作满意度和忠诚度,进而提升工作效率和财务绩效。在实施过程中,需要持续关注员工的变化需求,并及时调整和改进激励机制,以保持与员工需求的匹配性和适应性。

第十章 财务战略规划

第一节 新经济环境下的财务战略定位

随着科技的快速发展和全球化的进程,新经济环境对企业的财务战略定位提出了新的挑战和机遇。在这个不断变化的环境中,企业需要灵活应对,积极适应新的市场条件,以保持竞争力并实现可持续发展。

一、理解新经济环境

在新经济环境中,信息技术、互联网和人工智能等领域的不断创新和快速发展对传统产业和企业带来了深远影响。

新经济环境下的企业可以充分利用数字化和互联网技术,实现生产、销售和管理的全面升级。通过数字化转型,企业可以提高生产效率、优化供应链、降低成本,并通过互联网平台拓展市场、增加销售渠道、提升用户体验。

新经济环境下的企业需要面对激烈的市场竞争。随着新兴产业和创新型企业的崛起,市场竞争变得更加激烈。企业需要不断提升自身的核心竞争力,不仅要在产品和服务上有差异化,还要在技术创新、品牌建设和用户体验等方面具备竞争优势。

同时,新经济环境下的企业面临着技术更新的压力。科技的快速发展意味着企业必须保持对最新技术的敏感度,并及时应用到自身的业务中。企业需要不断进行技术创新,加强与科研机构和高校的合作,吸纳人工智能、大数据分析等前沿技术,以提升产品和服务的竞争力。

新经济环境下的企业还需要应对市场的不确定性和风险。由于新经济环境的快速变化和不确定性,企业需要灵活应对市场需求的变化,及时调整产品和服务的策略。同时,企业还需要加强风险管理,评估和控制各种潜在风险,保证企业的稳健运营。

二、财务战略定位的重要性

新经济环境下,财务战略定位的重要性愈发凸显。随着科技的快速发展、互联网的普及以及全球化的加深,企业面临着诸多新的挑战和机遇。在这样的背景下,财务战略定位成为企业成功的关键之一。

（一）盈利能力

新经济环境下，财务战略定位对企业的盈利能力至关重要。随着市场竞争的加剧、消费者需求的快速变化和产品生命周期的缩短，企业需要灵活调整盈利模式以适应市场需求。财务战略定位能够帮助企业合理分配资源，选择适合自身特点的盈利模式，从而提高盈利能力。

在新经济环境中，传统的盈利模式可能已经不再适用。许多企业利用免费服务来吸引用户，并通过广告、增值服务等方式实现盈利。然而，如何在免费服务和盈利模式之间取得平衡成了一个关键问题。财务战略定位可以帮助企业确定适当的收费策略，确保免费服务的同时实现可持续盈利。例如，一些在线教育平台提供部分课程免费，但通过付费课程、认证考试等方式获得更高的收入。

财务战略定位还可以帮助企业在产品创新和技术研发方面提高盈利能力。在新经济环境下，技术创新是企业保持竞争优势和提高盈利能力的重要手段。财务战略定位可以帮助企业确定投资方向，合理配置研发经费，促进产品创新和技术升级。例如，一些科技公司将大量资金投入到研发领域，不断推出新产品和服务，从而赢得市场份额并实现盈利增长。

（二）资金运作和风险管理

在新经济环境下，面对更多的不确定性和风险，企业需要通过合理规划资金运作来提高资金利用效率并降低融资成本。同时，财务战略定位还可以帮助企业制定有效的风险管理策略，以减少经营风险和市场波动对企业的影响。

财务战略定位能够帮助企业合理规划资金运作，提高资金利用效率。在新经济环境下，资金的流动速度更快，企业需要灵活应对市场需求和变化。财务战略定位可以帮助企业确定适当的资金结构，包括债务比例、股权结构等，以满足企业的融资需求。财务战略定位还可以指导企业进行资金调配和配置，确保资金用于支持核心业务、投资创新和扩大市场份额等方面，从而提高资金利用效率。

财务战略定位对于降低融资成本具有重要意义。在新经济环境下，企业可能面临更高的融资成本和融资难度。财务战略定位可以帮助企业选择适当的融资方式和渠道，以降低融资成本。例如，企业可以通过发行债券、股权融资或与投资机构进行合作等方式获取资金。同时，财务战略定位还可以指导企业在融资过程中优化财务结构，提高信用评级，从而获得更有利的融资条件。

财务战略定位还可以帮助企业制定有效的风险管理策略。在新经济环境下，企业面临着更多的市场波动和不确定性，包括竞争风险、技术风险、供应链风险等。财务战略定位可以帮助企业识别和评估这些风险，并制定相应的风险管理措施。例如，企业可以通过多元化产品线、区域分散等方式降低单一风险的影响；同时，企业也可以购买保险、建立风险准备金等方式来应对潜在的风险事件。

（三）长期发展

在新经济环境下，财务战略定位对企业的长期发展具有重要意义。面对快速变化的市场和技术环境，企业需要通过稳健的财务战略来确立长远目标，并制定相应的财务策略以支持企业的长期竞争力。

财务战略定位可以帮助企业明确长远目标并制定相应的投资方向。在新经济环境下，市场需求和消费者行为不断变化，企业需要具备敏锐的洞察力并及时调整战略。财务战略定位可以帮助企业确定合适的投资方向，包括产品研发、技术创新、市场扩张等方面，以保持竞争优势和持续增长。例如，一些科技公司将大量资金投入到研发领域，以推出创新产品和服务，满足市场需求并提升企业的竞争力。

财务战略定位还可以支持企业进行战略合作、并购重组等活动，实现战略转型和扩张。在新经济环境下，企业面临着激烈的竞争和市场变革，通过战略合作或并购重组可以实现资源整合、扩大市场份额和增强核心能力。财务战略定位可以帮助企业评估潜在合作伙伴或并购目标的财务状况和潜在价值，并制定相应的财务策略以实现合作或并购的顺利进行。例如，企业可以通过并购具备关键技术或市场渠道的公司来拓展自身的业务范围。

财务战略定位还可以帮助企业优化资本结构，提高融资能力和降低融资成本。在新经济环境下，企业可能需要大量的资金来支持创新、扩张和投资等活动。财务战略定位可以帮助企业选择合适的融资方式和渠道，以满足企业的资金需求。同时，通过优化财务结构和提高信用评级，企业可以降低融资成本，提高融资能力，并为长期发展提供稳定的资金支持。

三、财务战略定位的原则

（一）敏捷性

在新经济环境下，市场的变化速度越来越快，企业需要具备敏捷性以适应这种变化。对于财务战略定位来说，敏捷性是一个非常重要的原则。它要求财务部门能够灵活机动地调整资金配置、投资方向和融资方式，以适应市场的变化。

财务战略定位的敏捷性要求企业具备快速决策的能力。在面对市场的变化时，财务部门需要能够迅速分析形势、制定相应的财务策略，并及时将其转化为行动计划。这包括对现有资金的灵活运用，例如加大投资、减少成本或调整资本结构等。财务部门还需要与其他部门密切合作，确保各项决策能够高效执行。

财务战略定位的敏捷性要求企业能够及时调整投资方向。在新经济环境下，市场需求和竞争态势可能会发生快速变化。财务部门需要密切关注市场动态，及时识别出新的机会和风险，并据此调整投资方向。这可能涉及开拓新的业务领域、调整产品组合或进一步发展现有优势领域等。

财务战略定位的敏捷性要求企业能够灵活运用融资方式。在市场需求和竞争态势发生变化时，企业可能需要额外的资金来支持业务扩张或投资项目。财务部门应该了解不同的融资方式，包括股权融资、债务融资和合作伙伴关系等，并根据实际情况选择最合适的方式。财务部门还应该与金融机构建立良好的合作关系，以便在需要时能够快速获取融资资源。

财务战略定位的敏捷性要求企业具备灵活的预算和绩效评估机制。传统的预算和绩效评估往往是年度为周期，难以适应市场的快速变化。财务部门应该探索灵活的预算制度，例如滚动预算或革命性的预算方法，以更好地适应市场的变化。同时，财务部门还应该建立及时的绩效评估机制，及时评估财务目标的实现情况，并根据评估结果调整战略定位。

（二）与企业战略一致性原则

财务战略的定位与企业整体战略的一致性原则是指，财务战略应该与企业的长期发展目标相契合，以支持和促进企业战略的实施。财务部门在制定财务目标和计划时，需要深入了解企业的战略定位，并将其纳入考量，确保财务资源能够合理配置和利用。

财务战略定位与企业整体战略的一致性可以提高企业绩效和竞争力。财务部门负责筹集和配置资金，决策投资和融资活动，对企业的财务状况和经营效益产生直接影响。如果财务战略与企业整体战略不一致，可能会导致资源分配不当、投资决策失误等问题，进而影响企业的长期发展。

财务战略的一致性可以确保财务目标与企业战略目标相互支持。财务目标通常包括盈利能力、资本结构、流动性等方面，而企业战略目标可能涉及市场份额扩大、产品创新、国际化等方面。财务部门应该根据企业的战略定位，制定与之相适应的财务目标和计划，确保财务资源的合理配置和利用，从而为企业实现长期发展目标提供支持。

财务战略的一致性有助于提高决策的准确性和稳定性。企业在制定战略时，需要综合考虑市场环境、竞争对手、核心竞争力等因素，并制定相应的行动计划。财务部门作为企业决策的重要参与者，需要深入了解企业战略，以便能够提供准确的财务信息和分析，为管理层的决策提供支持和参考。如果财务战略与企业整体战略不一致，可能会导致决策的失误和不稳定性，影响企业的长期发展。

（三）提高资本效率

在新经济环境下，资本效率对企业的竞争力至关重要。财务战略定位应注重提高资本效率，通过合理的资金配置和优化运营流程等方式降低成本、提高盈利能力。

合理的资金配置是提高资本效率的重要手段之一。财务部门需要根据企业的长期发展目标和风险承受能力，制定资金配置策略，将有限的资金投入到最具潜力和回报的领域。这意味着需要进行有效的资金预算和投资决策，避免资源的浪费和滥用。同时，财务部门还可以通过控制资金的流动性和周转率，合理管理资金的使用，以提高资本的利用效率。

优化运营流程也是提高资本效率的关键措施之一。财务部门可以与其他部门紧密合作，共同推动流程的优化和改进，降低生产和经营过程中的成本和时间。通过引入先进的信息技术、自动化设备等，提高生产效率和质量，减少资源的浪费和损耗。财务部门还可以借助数据分析和绩效评估工具，及时监控运营状况，发现问题并采取相应措施，以提高整体运营效率。

第二节 财务战略规划与业务发展的关系

财务战略规划和业务发展是企业管理中两个关键的方面。它们之间存在着密切的关系，相互影响并互为支持。

一、两者可持续发展

财务战略规划和业务发展是企业实现长期可持续发展的两个重要方面。它们相互关联、相互促进，共同推动企业在不同层面上取得稳定增长和持续竞争优势。

财务战略规划是企业根据其商业目标和市场环境制定的财务目标和策略。财务战略规划包括多个方面，如预算编制、资金筹集、资本投资决策等。通过合理的预算编制，企业能够对资金流入和流出进行有效控制，确保企业运营的稳定性和可持续性。同时，财务战略规划还涉及资金筹集,即通过内部融资或外部融资等方式获取所需资金,为企业的发展提供充足的资源支持。财务战略规划还包括资本投资决策,即对于资本项目的选择和投资决策,以提高企业的生产效率和盈利能力。

与此同时,业务发展是指企业通过市场拓展、产品创新、客户关系管理等方式,实现销售额和市场份额的增长,推动企业业务的持续发展。在市场拓展方面,企业可以通过进入新的地理市场或扩大现有市场份额来增加销售额和市场份额。产品创新是指企业不断研发和改进产品,以满足消费者的需求和市场的变化,提高产品竞争力和市场占有率。客户关系管理则是通过建立良好的客户关系、提供优质的售后服务等方式,增强客户忠诚度,促进重复购买和口碑传播,从而实现持续的销售增长。

二、对业务发展起积极作用

财务战略规划对于业务发展起到了至关重要的作用。

（一）提供资金和资源保障

财务战略规划的一个重要作用是提供资金和资源保障,为企业的业务发展提供坚实的基础。通过合理的预算编制和资金筹集,企业可以确保获得足够的资金来支持各项活动。

在市场拓展方面,企业需要投入大量的资金来开拓新市场、扩大市场份额。财务战略规划可以根据市场分析和预测,合理安排资金的使用,确保在市场拓展过程中能够有足够的资金支持。例如,企业可以设定专门的市场开拓基金,用于市场调研、推广活动、渠道建设等,从而提高市场占有率。

在产品创新方面,企业需要投入资金进行研发、设计和生产。财务战略规划可以明确产品创新的预算,并确保这些资金得到合理的运用。通过科学的预算编制和绩效评估,企业可以避免资源的浪费和不必要的成本支出,使得研发和创新活动能够持续进行,提高产品竞争力。

财务战略规划还可以为企业提供资金流动性的保障。在日常经营中,企业可能会面临短期资金周转困难的情况,如供应商付款、员工薪资支付等。通过合理规划现金流量和资金结构,财务战略可以确保企业有足够的流动资金来满足短期需求,避免出现资金不足的风险。

（二）支持业务发展和增长

财务战略规划对于支持企业的业务发展和增长起着至关重要的作用。通过制定明确的财务目标和发展方向,企业能够更好地规划自身的财务活动,并制定相应的财务计划。

财务战略规划可以帮助企业制定资金使用计划。在业务发展过程中，企业需要不断投入资金来支持各项活动，如研发、生产、市场推广等。通过合理规划资金的使用方式和时间节点，企业可以避免出现资金紧张或浪费的情况，确保资金能够得到最大化的利用。这样一来，企业就能够更好地满足各项业务需求，提高运营效率。

财务战略规划可以设定利润目标。利润是企业经营活动的重要指标，直接影响到企业的盈利能力和竞争力。通过制定明确的利润目标，企业可以更加有针对性地进行经营决策，调整产品定价、控制成本、优化销售渠道等，以实现利润最大化。同时，利润目标也可以作为激励机制，激发员工的积极性和创造力，推动业务发展和增长。

三、对财务战略规划产生积极影响

业务发展对财务战略规划产生积极影响的方面有很多。

（一）增加资金来源

资金来源的增加是企业财务战略规划中至关重要的一环。业务的持续发展为企业带来更多的收入和利润，从而为财务战略规划提供了丰富的资金来源。

随着销售额的增长，企业的营收也会相应增加。这些新增的收入可以用于支持企业的财务战略计划，如投资新项目、扩大生产能力、提高产品质量等。企业可以将一部分收入用于实施财务战略规划中的各项目标，确保业务的可持续发展。

企业还可以通过自有资金的积累来增加资金来源。在业务发展过程中，企业可以通过谨慎的财务管理，控制成本、提高效率，从而获得更多的自有资金。这些自有资金可以用于支持企业的财务战略规划，例如用于新产品研发、市场推广、品牌建设等方面。自有资金的积累不仅可以减少企业对外部融资的依赖，还有助于提高企业的经营稳定性和抗风险能力。

（二）提高企业信誉和声誉

一个企业若能在市场上树立良好的声誉和品牌形象，其成功的业务发展将会为财务战略规划带来积极影响。良好的口碑和品牌形象能够更容易吸引投资者的关注和资金的注入，从而为企业的财务战略规划提供更多机会和选择。例如，它可以吸引风险投资，并为企业进行并购重组等战略提供支持。

企业在市场上享有良好声誉和知名度，对于建立合作伙伴关系也大有裨益。合作伙伴通常倾向于与具有良好声誉的企业合作，因为这可以增加他们的信任感，并降低风险。通过与其他企业建立稳固的合作伙伴关系，企业能够获得更多资源、技术和市场机会，进一步支持业务的发展和扩张。

良好的声誉还能够为企业争取到更多的机会和资源。当企业以可靠、诚信和负责任的形象被广泛认可时，它将更容易获得政府、金融机构和其他利益相关方的支持。例如，企业可能会获得更多优惠政策、低息贷款和其他形式的资金支持，从而为财务战略规划提供更多的选择和灵活性。

良好的信誉和声誉也有助于吸引和保留人才。员工通常希望在有声誉和高度认可的企业工作，因为这不仅能够提供更好的职业发展机会，还可以增加他们的个人价值和专业声誉。因此，企业在招聘和留住高素质人才方面将更具竞争力，这对于实施财务战略规划至关重要。

（三）提升企业价值

财务战略规划的一个重要目标是提升企业的价值。而业务发展是实现这一目标的关键手段之一。通过不断推动业务的发展和增长，企业能够逐步提升自身的市值和企业价值。这对于企业内部股东来说具有利益增值的效果，同时也有助于吸引外部投资者的关注和认可。

成功的业务发展可以直接提升企业的财务指标，如收入、利润和市场份额等。当企业的财务表现持续增强时，其市值往往会随之提升。这种市值的提升意味着企业的整体价值增加，从而为股东带来更高的回报。高增长的企业还能够吸引更多投资者的关注，促使其购买该企业的股票，进一步推动企业价值的上升。

成功的业务发展也为企业提供了更多融资渠道和更优惠的融资条件。当企业展现出良好的经营状况和潜力时，银行和其他金融机构更愿意向其提供贷款和融资支持。融资渠道的开拓为财务战略规划的实施提供了更多的选择和灵活性，有助于优化企业的资本结构和降低融资成本。

成功的业务发展还能够提升企业的品牌价值和声誉，从而进一步增加企业的市值和价值。当企业建立起强大的品牌形象和良好的口碑时，消费者对其产品或服务的认可度和忠诚度将得到提升，从而推动销售额的增长和市场份额的扩大。这种品牌溢价效应不仅会直接提升企业的市值，还能够吸引更多投资者愿意投资于该企业，进一步提高企业的价值。

四、共同追求企业价值最大化

财务战略规划和业务发展是企业管理中密不可分的两个方面。它们之间存在着紧密的关系，共同追求企业价值最大化。

财务战略规划为业务发展提供了必要的支持和保障。财务战略规划是指企业为实现战略目标而制定的财务目标、策略和措施。在业务发展过程中，资金是不可或缺的资源。财务战略规划通过合理的资金管理，确保企业在资金使用上的高效性和灵活性。它能够帮助企业确定适当的资金来源和利用方式，为业务发展提供所需的资金支持。同时，财务战略规划还可以优化成本结构，提高经营效益，增强企业的竞争力。通过合理配置资源和降低成本，财务战略规划为业务发展创造良好的条件。

业务发展为财务战略规划提供了增长潜力和利润空间。业务发展是企业实现价值最大化的核心驱动力之一。通过市场调研、产品创新、销售渠道拓展等方式，企业能够不断满足消费者需求，扩大市场份额，提高销售收入。这为财务战略规划提供了更多的增长潜力和利润空间。例如，随着业务的发展壮大，企业可以通过规模经济效应降低成本，提高盈利能力。业务发展还可以帮助企业降低风险，提高抗风险能力。当企业有多个业务板块时，即使某一板块出现问题，其他板块仍然能够支撑企业的运营，减轻财务风险。

财务战略规划和业务发展之间也存在着相互促进的关系。财务战略规划需要基于对业务发展的前瞻性认识和预测，以便合理规划资金和资源的使用。同时，业务发展也需要财务战略规划的支持，确保企业在发展过程中能够获得稳定的资金来源和优惠的融资条件。两者相互影响、相互支持，共同推动企业的发展。

在实际操作中，财务战略规划和业务发展需要密切配合，相互协调。财务部门应该与业务部门保持紧密沟通，了解业务发展的需求和机遇，为其提供相应的财务支持。财务战略规划应该与业务发展的长期目标相一致，以确保财务战略能够真正支持业务发展，推动企业价值的最大化。定期的财务分析和业务评估也是必要的，以便及时调整财务战略和业务发展策略。

第三节　实施财务战略的关键因素和方法

财务战略是指组织在达成长期财务目标时所采取的行动方针和决策。实施财务战略需要考虑众多因素，并采取相应的方法和措施来确保其成功。

一、关键因素

（一）组织内外部环境

组织所处的内外部环境对实施财务战略具有重要的影响。内部环境指的是组织内部的资源、能力和文化等因素，而外部环境则包括市场竞争、经济形势、政策法规等方面的因素。了解和分析这些环境因素对于制定和实施财务战略来说至关重要。

了解组织的内部环境对于制定财务战略至关重要。内部环境包括组织的资源和能力。资源可以是资金、设备、技术和人力资源等。了解组织拥有的资源情况可以帮助管理层确定可行的财务战略，并合理分配资源以支持战略的实施。组织的能力也是制定财务战略的重要考虑因素。组织应该评估自身的核心竞争力和优势，以确定在财务战略中如何利用和发挥这些优势。

外部环境对于财务战略的制定和实施同样具有重要的影响。外部环境包括市场竞争、经济形势和政策法规等方面的因素。了解市场竞争状况可以帮助组织确定适应性强的财务战略，包括定价策略、市场定位和产品创新等方面。同时，经济形势也是制定财务战略时需要考虑的重要因素。在经济增长的时期，组织可能会采取不同的财务战略来追求增长和扩张；而在经济衰退时期，组织可能会更加注重成本控制和风险管理。政策法规对于财务战略的制定和实施也有着直接的影响。组织需要遵守相关的法律法规，同时也可以根据政策的变化来调整财务战略，以获得更好的发展机会。

（二）目标设定与战略选择

明确财务目标是实施财务战略的前提。财务目标可以包括增加利润、提高现金流、降低风险等方面。根据不同的目标，组织需要选择适合的财务战略，如收购、合并、剥离、扩张等。

财务目标是组织在财务方面所追求的具体目标和期望。例如，组织可能希望增加利润，提高现金流，降低成本或者降低风险等。明确财务目标有助于指导和衡量财务战略的有效性和成效。通过设定明确的财务目标，组织可以更好地聚焦于实施相应的财务战略，并评估其对目标的实现程度。

根据目标的不同，选择适合的财务战略是必要的。财务战略是指为实现财务目标而采取的一系列行动和决策。根据不同的财务目标，组织可以选择不同的战略路径。例如，如果组织的目标是增加利润，可以考虑通过收购具有互补优势的企业来扩大规模和市场份额，或者通过产品创新和市场定位来提高产品附加值和市场竞争力。如果目标是提高现金流，可以采取降低成本、优化资本结构、改善资金回收周期等策略。而如果目标是降低风险，可以考虑剥离非核心业务、进行风险分散或者采取保险等措施。

在选择财务战略时，组织还需考虑各种因素，如市场竞争、经济环境、行业趋势等。这些因素将影响到财务战略的可行性和成功实施的可能性。因此，在制定财务战略之前，组织应该进行充分的市场调研和环境分析，了解外部环境的变化和潜在机会与威胁，以便更准确地选择适合的财务战略路径。

（三）投资决策与项目评估

投资决策是财务战略的核心环节之一。在进行投资决策之前，组织需要进行项目评估，以确保投资项目符合财务战略的要求。

风险评估是投资决策中不可忽视的一个环节。投资项目存在着各种潜在风险，如市场风险、技术风险、竞争风险等。组织需要对这些风险进行评估，并制定相应的风险管理策略。通过风险评估，组织可以识别和量化风险，判断投资项目的可行性和回报潜力，并采取相应的措施来降低风险。

收益预测是投资决策的重要考虑因素。组织需要对投资项目的预期收益进行合理的预测和评估。这涉及市场需求、产品定价、销售预测等方面的分析。通过收益预测，组织可以评估投资项目的盈利能力和回报期，从而更好地判断投资项目是否符合财务战略的要求。同时，收益预测还可以帮助组织制定合理的定价策略和销售策略，以实现投资项目的可持续发展。

二、实施方法

（一）策略规划

策略规划是财务管理中的关键步骤之一。通过制定详细的财务战略规划，组织可以明确目标、确定行动计划，并制定时间表，以实现财务目标。同时，考虑到内外部环境的变化，并及时调整和修正战略，是保持财务战略的有效性和灵活性的重要措施。

明确目标是财务战略规划的基础。组织应该设定具体、可衡量的财务目标，如增加利润、提高现金流、降低成本等。这些目标应该与组织的长期战略目标相一致，并能够指导财务战略的制定和实施。明确目标有助于激励团队的努力，使其朝着共同的方向努力，并为评估财务战略的执行结果提供依据。

确定行动计划是财务战略规划的关键步骤之一。行动计划应该明确列出实现财务目标的具体步骤和措施。这包括资金筹集、成本控制、投资决策、市场定位等方面的具体行动。行动计划应该具体、可行，并且能够与组织的资源和能力相匹配。同时，需要制定适当的指标和目标，以监测和评估行动计划的执行效果。

制定时间表是确保财务战略规划得以有效实施的重要一环。时间表应该明确列出各项行动计划的实施时间和顺序。通过合理安排时间表，组织可以确保各项行动计划按照预定的进度进行，并及时调整和修正计划。时间表还有助于提醒和激励团队成员履行自己的职责，并促使他们在规定的时间内完成任务。

最后，考虑到内外部环境的变化，并及时调整和修正财务战略，是保持战略的有效性和灵活性的关键。组织应该密切关注市场竞争、经济形势、政策法规等方面的变化，并根据实际情况对财务战略进行评估和调整。如果发现财务战略不再适应新的环境，组织应该及时进行修正，并采取相应的措施来应对变化。

（二）绩效管理

绩效管理是财务战略实施中至关重要的一环。通过建立科学的绩效评估体系，设定关键绩效指标（KPI），对财务战略的执行情况进行监控和评估，可以及时发现问题并采取纠正措施，确保财务战略的顺利实施。

建立科学的绩效评估体系是绩效管理的基础。组织应该根据财务战略的目标和要求，制定明确的绩效评估标准和方法。这些评估标准可以包括财务指标（如利润、现金流、资产回报率等）、市场指标（如市场份额、客户满意度等）和运营指标（如成本控制、生产效率等）。通过建立科学的绩效评估体系，可以量化和衡量财务战略的实际执行情况，为后续的决策提供依据。

设定关键绩效指标是绩效管理的重要一环。关键绩效指标是那些直接反映财务战略执行结果和影响组织长期价值创造的指标。组织应该根据财务战略的目标和关键业务流程，设定与之相关的关键绩效指标。这些指标可以帮助组织衡量财务战略的实施效果，并及时发现问题和改进机会。同时，关键绩效指标也能够激励员工的努力和表现，对于推动组织的整体绩效提升具有重要作用。

在实施绩效管理过程中，监控和评估是至关重要的一步。组织应该建立有效的数据收集和分析机制，及时获取财务战略执行所需的数据，并进行准确、全面的评估。通过对财务指标、市场指标和运营指标等方面的监控，可以发现绩效偏差和问题，并及时采取纠正措施。组织还应该进行定期的绩效评估和回顾，以识别成功因素和改进机会，并为下一阶段的决策和调整提供参考。

（三）战略合作与并购

通过战略合作和并购，组织可以扩大规模、增强核心竞争力，并实现财务战略的快速实施。然而，在选择合作伙伴和并购对象时，组织需要谨慎行事，并进行充分的尽职调查和风险评估。

战略合作是一种通过与其他组织建立合作关系来实现共同目标的方式。通过战略合作，组织可以利用合作伙伴的资源、技术或市场渠道等优势，共同开发新产品、进军新市场或提高效率。在选择合作伙伴时，组织应该考虑双方的战略目标是否相符，能否形成互补优势，以及合作关系的长期可持续性。合作伙伴的信誉和声誉也是重要的考虑因素。

并购是通过收购或合并其他组织来实现战略目标的一种方式。通过并购，组织可以快速扩大规模、进入新市场、获取新技术或知识，并实现财务战略的快速实施。在选择并购对象时，组织需要进行充分的尽职调查和风险评估。这包括评估并购对象的财务状况、市场地位、技术实力、法律合规性等方面的风险和潜在问题。还需要考虑文化融合、组织结构调整和员工流失等并购后的整合问题。

（四）综合资源优化

综合资源优化是实施财务战略的重要环节。通过整合和优化组织内部的各种资源，包括人力资源、技术资源、信息资源等，可以提高资源利用效率，支持财务战略的顺利实施。

人力资源是组织最重要的资产之一。优化人力资源包括招聘、培训、激励和绩效管理等方面的措施。组织应该根据财务战略的要求，制定适当的人力资源策略，确保拥有符合业务需求的高素质人才。同时，通过培训和发展计划，提升员工的专业能力和领导力，以支持财务战略的执行。建立激励机制和绩效管理体系，激发员工的积极性和创造力，提高整体绩效水平。

技术资源的优化对于财务战略的实施至关重要。技术资源包括设备、系统和技术知识等方面的资源。组织应该定期评估和更新技术设备，确保其与业务需求相匹配，并能够满足财务战略的要求。同时，组织还应该重视技术研发和创新，不断提升自身的技术能力和竞争力。通过优化技术资源，组织可以提高生产效率、降低成本，并实现财务战略目标。

信息资源的优化也是支持财务战略的关键因素。信息资源包括数据、信息系统和信息管理等方面的资源。组织应该建立完善的信息系统，确保数据的准确性和及时性，为决策提供可靠的基础。同时，组织还应该加强信息管理，确保信息的安全性和保密性，以防止潜在的风险和损失。通过优化信息资源，组织可以提高决策的准确性和效率，支持财务战略的制定和实施。

综合资源优化需要综合考虑人力资源、技术资源和信息资源等方面的优化措施。通过拥有适合业务需求的人才，更新和升级技术设备，建立完善的信息系统和信息管理体系，组织可以提高资源利用效率，支持财务战略的顺利实施。因此，组织应该重视综合资源优化，并将其纳入财务管理的日常实践中。

第十一章 财务信息披露与透明度

第一节 新经济环境下的财务信息披露要求

新经济环境下的财务信息披露要求是指在新经济发展背景下,对企业财务信息披露的要求和规定。随着科技的不断进步和互联网的快速发展,新经济已经成为全球经济发展的重要动力之一。在这样的背景下,财务信息披露作为企业与投资者、监管机构等各方沟通的桥梁,对于维护市场秩序和保护投资者权益具有重要意义。

一、财务信息披露的目标和意义

财务信息披露是指企业向外界公开其财务状况、经营成果和经营活动的行为。它的目标主要有以下几点。

(一)保护投资者权益

在新经济环境下,保护投资者权益仍然是财务信息披露的重要目标之一。通过披露财务信息,投资者可以了解企业的真实情况,从而做出明智的投资决策,确保自身的合法权益得到有效保护。

财务信息披露为投资者提供了关于企业经营状况和财务状况的重要参考依据。投资者可以通过分析财务报表、利润表、现金流量表等披露的财务信息,对企业的盈利能力、财务稳定性以及现金流状况进行评估和判断。这些信息对于投资者制定投资策略和决策具有重要意义,有助于避免投资风险,确保投资回报。

对于投资者而言,他们应该关注企业的财务信息披露,并结合其他信息进行综合分析和判断。他们可以通过关注企业的年度报告、中期报告、财务公告以及相关新闻等渠道获取财务信息。同时,投资者还可以参考专业机构的研究报告和评级意见,以获得更全面的信息和分析。

对于企业而言,他们应当积极履行财务信息披露的义务,确保财务信息的真实性、准确性和完整性。企业需要建立健全的内部控制体系,加强会计核算和财务管理,确保财务信息的可靠性。企业还可以主动与投资者进行沟通和交流,解答投资者关于财务信息的疑问和问题,提高信息披露的透明度和质量。

（二）提高企业透明度

在新经济环境下，提高企业透明度是财务信息披露的重要目标之一。通过财务信息披露，企业可以向投资者、监管机构和其他利益相关方公开其财务状况、经营成果和经营活动，从而增加企业的透明度。

财务信息披露可以使企业的经营状况和财务状况更加透明化。通过披露财务报表、利润表、现金流量表等财务信息，投资者和其他利益相关方可以了解企业的盈利能力、财务稳定性和资金运作情况。这有助于投资者评估企业的价值和潜力，减少信息不对称带来的不确定性，增强市场参与者的信心和信任度。

财务信息披露可以促使企业更加规范经营和提高内部管理水平。在进行财务信息披露的过程中，企业需要建立健全的内部控制体系，确保财务信息的真实性、准确性和完整性。这要求企业加强会计核算和财务管理，完善财务制度和流程，规范企业的经营行为。通过透明披露财务信息，企业可以接受来自外部的监督和评估，从而推动企业提高内部管理水平。

财务信息披露还有助于建立企业与投资者、监管机构之间的信任关系。透明披露财务信息可以使企业更加开放和诚信，增加与投资者和监管机构的沟通和交流。投资者和监管机构可以通过了解企业的财务状况和经营情况，更好地评估和判断企业的价值和风险，从而建立起相互信任的合作关系。

对于企业而言，提高透明度需要企业制定并遵守相关的法律法规和会计准则，确保财务信息披露符合规范要求；加强内部控制和风险管理，保证财务信息的真实性和可靠性。

对于投资者和监管机构而言，他们应积极参与并关注企业的财务信息披露。他们可以通过评估财务报表、分析企业的经营情况和风险状况，对企业进行监督和评估。同时，他们还可以提出建议和要求，推动企业加强透明度，提高内部管理水平。

（三）维护市场秩序

在新经济环境下，财务信息披露的一个重要目标是维护市场秩序和竞争公平性。通过及时、准确地披露财务信息，可以有效防止不良竞争和欺诈行为的发生，从而促进市场的稳定和健康发展。

财务信息披露可以提供公开透明的经营数据，让市场参与者了解企业的真实情况。这样一来，投资者和其他利益相关方可以更加准确地评估企业的价值和风险，并做出相应的决策。对于潜在的投资者来说，他们可以根据企业的财务信息进行比较和选择，避免因为信息不对称而导致投资错误。同时，对于竞争对手来说，了解企业的财务状况可以促使其更加客观地评估自身的竞争力，从而推动市场竞争的公平性。

财务信息披露可以增加市场的透明度，减少不正当行为的发生。通过及时披露财务信息，监管机构可以对企业的财务状况进行监督和评估。他们可以发现和阻止可能存在的欺诈行为，维护市场的秩序和公平性。同时，投资者和其他利益相关方也可以通过对财务信息的分析和比较，发现潜在的风险和问题，减少被误导或受骗的可能性。这有助于建立一个诚信、公正的市场环境，提高市场的竞争效率和资源配置效益。

财务信息披露还可以促使企业自身规范经营，避免不正当竞争行为。透明披露财务信息可以使企业的经营活动受到监督和评估，迫使企业依法合规，遵守市场规则。企业需要确保财务信息的真实性、准确性和完整性，加强内部控制和风险管理，从而提高经营的透明度和合规性。这有助于维护市场秩序，推动市场的健康发展。

对于投资者和监管机构而言，他们应积极参与和关注财务信息披露，及时发现和纠正市场中的不正当行为。投资者可以通过研究和分析财务信息，了解企业的经营情况和财务状况，从而减少投资风险。监管机构应加强对财务信息披露的监管和引导，及时发现和处理违法违规行为，维护市场的秩序和公平竞争。

二、新经济环境下的财务信息披露要求

（一）及时性

新经济环境下，及时性是财务信息披露的一个重要要求。随着科技的快速发展和市场的变化，企业需要及时披露准确的财务信息，以满足市场的需求并保持投资者的信任。

及时披露财务信息可以提供最新的企业经营情况和财务状况。新经济中的企业面临着快速变化的市场环境和竞争压力，投资者和其他利益相关方需要了解企业的最新动态。通过及时披露财务信息，投资者可以及时了解企业的盈利能力、财务稳定性和成长潜力，从而做出明智的投资决策。同时，对于企业自身而言，及时披露财务信息有助于提高透明度，增加投资者对企业的信任和支持。

及时披露财务信息可以满足市场的需求和预期。在新经济中，市场的变化非常迅速，投资者需要及时了解企业的财务状况和经营状况，以便做出相应的决策。如果企业不能及时披露财务信息，投资者可能会面临信息不对称的风险，无法准确评估企业的价值和风险。

（二）技术支持

随着互联网、大数据和其他新兴技术的迅速发展，企业可以利用这些技术手段来更高效地收集、处理和披露财务信息。同时，监管机构也应加强对这些新技术的监管和引导，以确保财务信息披露的安全和可靠。

新经济背景下的技术支持使得企业可以更加便捷地收集和处理财务信息。通过互联网和数据采集技术，企业可以实时获取来自各个部门和业务领域的财务数据，并进行快速分析和整理。这有助于提高财务信息的准确性和及时性，满足市场对信息的需求。

大数据技术为企业提供了更全面的财务信息披露能力。通过对大量数据进行挖掘和分析，企业可以揭示隐藏在数据中的商业模式、市场趋势和潜在风险。这样的披露可以为投资者提供更深入的了解企业的价值和潜力，从而做出更明智的投资决策。同时，大数据技术还可以帮助企业更好地预测和规划未来的财务状况，提高经营效率和风险管理能力。

云计算和人工智能技术也为财务信息披露提供了强大的支持。通过云计算，企业可以将财务数据存储在云端，实现数据的共享和远程访问，提高数据的安全性和可靠性。而人工智能技术则可以通过自动化处理和分析大量数据，提供更精准和智能化的财务信息披露服务。

在技术支持方面，监管机构也发挥着重要的作用。监管机构应加强对新技术在财务信息披露中的应用监管和引导。他们可以制定相应的技术标准和规范，确保财务信息的披露过程中的数据安全和隐私保护。同时，监管机构还应积极推动信息共享和合作，促进企业之间的财务信息交流和比较，提高整个市场的透明度和公正性。

（三）信息披露内容多样化

在新经济环境下，财务信息披露的内容已经不再局限于传统的财务报表，企业还应该披露与其业务相关的非财务信息。这些非财务信息包括科研成果、知识产权、商业模式等，可以更全面地展示企业的价值和潜力，满足投资者对企业的需求。

披露科研成果是新经济下企业非财务信息披露的重要内容之一。随着科技的快速发展，许多新兴产业和企业依靠创新和科技驱动来推动业务的发展。通过披露科研成果，企业可以向投资者展示自身的技术实力、研发能力和创新潜力。这有助于增加投资者对企业的信任和对未来发展的预期。

披露知识产权是非财务信息披露的另一个重要方面。在新经济中，知识产权具有重要的价值和竞争优势。通过披露知识产权，企业可以展示其在技术、品牌、专利等方面的优势和保护措施。这不仅可以提高企业的市场竞争力，还可以为投资者提供更多关于企业价值和潜力的信息。

披露商业模式也是非财务信息披露的一个重要内容。在新经济中，许多企业通过创新的商业模式实现了快速发展和商业成功。通过披露商业模式，企业可以向投资者展示其独特的价值创造方式、盈利模式和可持续发展策略。这有助于投资者更好地理解企业的商业逻辑和未来增长动力。

除了上述内容，企业还可以披露其他与业务相关的非财务信息，如环境、社会和治理（ESG）方面的信息。ESG披露可以帮助投资者评估企业在环境、社会和治理方面的表现和风险管理能力，从而更全面地评估企业的价值和可持续性。这些披露内容包括企业的环境保护措施、员工福利和关系等。

对于企业而言，披露非财务信息需要制定相应的披露政策和程序，并确保披露的内容准确、真实、全面。企业可以通过建立专门的披露部门或委员会来负责非财务信息的披露工作，并与内部各个部门进行紧密合作。同时，企业还应积极与投资者、行业协会和监管机构进行沟通和交流，了解他们对非财务信息披露的需求和关注点，以提高披露的针对性和效果。

（四）披露方式多样化

在新经济环境下，披露方式的多样化成为财务信息披露的重要趋势。除了传统的报纸、杂志和公告等渠道，企业可以通过官方网站、移动应用等多种渠道进行财务信息的披露。这些新的披露方式能够更好地满足投资者的需求，提高信息的传递效率。

通过官方网站进行财务信息披露已经成为企业常见的方式之一。官方网站是企业展示自身形象、提供相关信息的重要平台。通过在官方网站上披露财务报表、财务公告和其他相关信息，企业可以向投资者提供全面、准确的财务信息。同时，官方网站还可以提供下载和查询功能，方便投资者随时获取所需的财务信息。

移动应用也成为财务信息披露的新渠道。随着智能手机的普及和移动互联网的快速发展，越来越多的投资者倾向于使用移动应用来获取财务信息。企业可以开发专门的移动应用程序，提供财务报表、公告、新闻等信息，使投资者可以随时随地获取最新的财务信息。移动应用还可以通过推送功能向用户发送重要的财务信息更新，提高信息传递的及时性。

除了上述方式，企业还可以结合其他新技术手段进行财务信息披露。例如，视频直播、在线会议等方式可以提供更生动和互动的形式，使投资者更好地了解企业的财务状况和经营情况。同时，区块链技术可以提供更安全和可追溯的财务信息披露方式，保护数据的安全性和完整性。

第二节 财务信息透明度的影响因素

财务信息透明度是指企业在向利益相关方披露财务信息时的清晰度和准确度程度。高度透明的财务信息能够增强市场信任、降低信息不对称风险，对于保障企业的长期发展具有重要意义。

一、法律法规与监管要求

法律法规与监管要求是影响财务信息透明度的重要因素。

（一）会计准则和报告规范

各国都制定了相应的会计准则和报告规范，规定了企业如何编制和披露财务信息。这些准则和规范通常包括会计原则、会计政策、报表格式、披露要求等内容，确保了财务信息的一致性和可比性。严格遵守这些准则和规范可以提高财务信息的透明度，使利益相关方能够更好地理解和评估企业的财务状况。

（二）监管机构和审核制度

监管机构对企业的财务信息披露和报告进行监管和审核，以确保信息的真实性和准确性。监管机构在制定监管规定和要求时，通常考虑了市场的需要和公众利益，加强了财务信息披露的监督和执行力度。严格的审核制度可以防止企业隐瞒或歪曲财务信息，增加财务信息透明度。

（三）报告披露要求

法律法规和监管要求规定了企业应当披露的财务信息内容和频率。这些要求通常包括年度财务报告、季度报告、中期业绩报告等。通过规定企业必须按时、按要求披露财务信息，可以提高信息的可及性和透明度。同时，一些法律法规还要求企业在特定情况下披露关键性信息，如重大合同、关联交易、内幕消息等，以增加财务信息的透明度。

（四）处罚和惩戒机制

法律法规和监管要求设立了相应的处罚和惩戒机制，对违反财务信息披露规定的企业进行惩罚。这些处罚和惩戒措施包括罚款、暂停上市、取消资质等。企业面临着这些处罚和惩戒的风险，会更加注重财务信息透明度，遵守相关规定，以避免损失和声誉受损。

二、企业文化和价值观

财务信息透明度对于企业的发展和经营活动具有重要影响，能够增强投资者信任、降低融资成本、提升企业形象以及促进市场稳定。财务信息透明度的影响因素众多，其中企业文化和价值观是其中之一。

企业文化是指企业内部共同遵循的行为准则、信念和价值观。它反映了企业的核心理念和行为规范，对企业的发展和运营方式产生深远影响。以下是企业文化和价值观对财务信息透明度的影响因素。

（一）诚信和道德

企业文化中的诚信和道德价值观是构建财务信息透明度的基础。如果企业注重诚信和道德，就会更加倾向于公开披露真实、准确的财务信息，与利益相关方建立良好的信任关系。

（二）透明度意识

企业文化中是否存在着透明度意识也是影响财务信息透明度的重要因素。如果企业将透明度作为一种核心价值观，员工在日常工作中会更加注重财务信息的准确性和透明度，主动将信息披露给相关方。

（三）沟通与合作

企业文化中是否倡导沟通和合作也对财务信息透明度产生影响。如果企业鼓励员工之间的沟通和合作，员工在处理财务信息时更容易相互协作，共同保证信息的准确和透明。

三、外部审计

外部审计作为一种重要的监督机制，对于提高财务信息透明度起到了至关重要的作用。

（一）独立性与公正性

外部审计机构应具备独立性，即不受被审计对象的控制和影响，以保证审计结果的客观性和公正性。只有当审计师独立于企业并能够全面客观地评估其财务信息时，才能提高财务信息的透明度。

（二）专业素质与技术水平

外部审计机构的审计师应具备丰富的专业知识和经验，掌握先进的审计技术和方法。审计师的专业素质和技术水平直接影响着审计工作的质量和深度，进而影响财务信息的透明度。

（三）法律法规与标准规范

外部审计活动受到一系列的法律法规和标准规范的制约，例如国家的会计法、审计准则、证券法等。这些法律法规和标准规范要求审计机构在审计过程中遵循一定的程序和方法，确保财务信息的真实性和准确性。

（四）审计资源与时间限制

外部审计机构需要投入足够的审计资源，包括人力、物力和财力等，以保证审计工作的有效进行。同时，审计工作也有时间限制，需要在一定的时间内完成。如果审计资源不足或时间限制过紧，可能会影响审计师对企业财务信息的全面检查和评估，从而降低财务信息透明度。

（五）审计风险与问责机制

外部审计存在一定的风险，如审计师的错误判断、舞弊行为未能被发现等。因此，建立健全的审计问责机制对于提高财务信息透明度至关重要。问责机制可以通过对审计机构的监督、对审计师的奖惩等方式来确保审计工作的质量和可靠性。

第三节 提高财务信息披露与透明度的措施和方法

提高财务信息披露与透明度对于公司和投资者来说都是非常重要的。一个透明度高、信息披露充分的公司能够赢得投资者的信任，增加股东的满意度，并有助于提高公司的声誉和竞争力。下面将介绍一些提高财务信息披露与透明度的措施和方法。

一、制定合规政策和规范

制定合规政策和规范是提高财务信息披露与透明度的重要措施之一。通过建立健全的合规框架，明确公司内部的行为准则和操作规程，可以确保公司在信息披露方面遵守法律法规，并且更加透明地向投资者和公众披露财务信息。

下面将介绍一些关键的合规政策和规范，以提高财务信息披露与透明度。

（一）内部控制制度

建立完善的内部控制制度是确保财务信息披露准确性和透明度的基础。这包括明确的责任分工、审批程序、风险管理机制等。公司应该设立独立的内部审计部门，对财务信息进行内部审查，及时发现并纠正问题。

（二）披露政策和流程

公司应该制定明确的披露政策和流程，规定信息披露的内容、方式和时间表。政策应该包括披露的原则和准则，如真实性、准确性、全面性和及时性。同时，公司应该确保披露程序的透明度，明确相关职能部门的责任和权限。

（三）财务报告准则

公司应该遵守国际会计准则（IFRS）或国家的财务报告准则，确保财务报表的一致性和可比性。财务报表应该按照规定的格式和内容编制，并经过独立审计机构的审计确认。

（四）内幕交易管理

公司应该建立内幕信息管理制度，禁止内幕交易和泄露内幕信息。相关人员应该签署保密协议，并接受内幕交易规则的监管。公司应及时披露重要的内幕信息，以防止操纵市场和不公平竞争。

（五）风险管理和合规培训

公司应建立风险管理体系，识别并管理与财务信息披露相关的风险。公司应提供定期的合规培训，确保员工了解和遵守相关法律法规，增强其对财务信息披露重要性的认识。

二、提高信息披露的透明度

提高财务信息披露与透明度对于公司和投资者来说都至关重要。透明度可以帮助公司建立良好的声誉，增强投资者信任，并促进市场的健康发展。

（一）制定透明度政策

公司应该制定明确的透明度政策，明确规定哪些信息应该披露，披露的时间和方式。这可以确保信息披露的一致性和连续性。

（二）遵守会计准则

公司应该严格遵守国际会计准则或当地的会计准则，确保财务报表的准确性和可比性。遵守会计准则可以增加投资者对公司财务状况的了解和信任。

（三）披露全面的财务信息

除了基本的财务报表，公司还应该尽可能地披露其他相关的财务信息，如管理层讨论和分析、现金流量表、重要的会计政策和估计等。通过提供更全面的财务信息，公司可以帮助投资者更好地理解公司的经营情况。

（四）主动沟通与互动

除了定期披露财务信息，公司还应该与投资者进行积极的沟通和互动。举办定期的股东大会、电话会议或网络直播等活动，让投资者有机会提问和获取公司的最新情况。这种互动可以帮助公司更好地理解投资者的需求和关切，并及时回应市场的疑虑。

三、推动信息技术应用

提高财务信息披露与透明度对于企业和投资者来说都具有重要意义。透明的财务信息可以帮助投资者更好地了解企业的经营状况和财务状况，从而做出更明智的投资决策。

同时,对于企业来说,透明度能够增加市场信任度,提升企业形象,吸引更多投资者的关注。

在推动财务信息披露与透明度方面,信息技术应用起到了至关重要的作用。

(一)加强财务报告的标准化

制定统一的财务报告标准,确保财务报告内容的一致性和可比性。信息技术可以通过开发财务报表自动化生成系统,减少人工操作的错误和主观性。

(二)强化财务报告的审计与验证

加强对财务报告的审计与验证,提高财务数据的准确性和真实性。信息技术可以应用数据分析和人工智能技术,对大量的财务数据进行自动化分析和核对,发现潜在的问题和异常。

(三)拓宽信息披露渠道

采用多种方式进行信息披露,如企业网站、财务报告发布平台、社交媒体等,提高信息传递的广度和深度。信息技术可以帮助建立企业信息披露平台,实现在线发布财务信息,并提供数据搜索和导出功能,方便投资者查询和分析。

(四)提高信息披露的时效性

及时披露财务信息,减少信息滞后性,提高投资者获取信息的便利性。信息技术可以通过建立财务信息披露系统,实现自动化的财务数据收集和处理,缩短信息披露的时间周期。

(五)提高透明度

在财务报告中增加足够的解释和注释,确保投资者对财务信息的理解。信息技术可以应用于财务报告的可视化呈现,通过图表和图形展示财务数据,提高信息的易读性和可理解性。

第十二章　新经济环境下员工发展与培训

第一节　员工培训与发展的重要性

在当今竞争激烈的商业环境中，员工培训与发展变得越来越重要。企业要想保持竞争力和持续发展，就必须关注并投资于员工培训与发展。

一、提高员工技能

员工培训与发展对于企业来说具有重要的意义和价值。在竞争激烈的商业环境中，员工是企业最宝贵的资源之一，他们的技能水平直接影响着企业的竞争力和发展潜力。通过持续的培训和发展计划，可以提高员工的技能水平，为企业带来多方面的益处。

（一）适应变化的市场环境

如今，市场环境变化迅速，新技术和新趋势层出不穷。如果员工的知识和技能无法与时俱进，企业就会落后于竞争对手。通过培训和发展计划，员工可以学习到最新的行业动态、市场趋势和最佳实践，掌握新的工作方法和技术。这将使员工能够更好地适应变化的市场环境，提高工作效率和质量，并为企业开拓新的业务机会。

（二）提升员工专业能力

员工的专业能力是企业成功的关键之一。通过培训和发展计划，员工可以深入学习和掌握自己所从事的领域知识和技能。培训可以提供专业的教育和培训资源，帮助员工拓宽知识面、增强专业素养，并不断提升自身的技术水平。这将使员工能够更好地胜任工作任务，提高工作质量和效率，从而为企业创造更大的价值。

（三）促进员工个人成长

员工培训与发展不仅关注员工的专业能力，还注重员工的个人成长。培训可以提供员工发展的机会和平台，激发员工的潜力，帮助他们实现自我价值。通过培训，员工可以了解自己的优势和不足，发现自己的潜在能力，并通过学习和实践不断提升自己。同时，培训还可以提供员工与他人交流和合作的机会，提高团队合作和沟通能力，培养员工的领导才能和创新意识。

二、提升绩效

员工培训与发展对于企业提升绩效具有重要的作用和意义。在竞争激烈的商业环境中，优秀的绩效是企业成功的关键之一。通过为员工提供系统的培训和发展机会，可以有效地提高员工的绩效水平，从而为企业创造更大的价值。

（一）提高工作技能和知识

通过培训和发展计划，员工可以不断学习和掌握新的工作技能和知识。培训可以帮助员工了解最新的行业趋势和最佳实践，学习新的工作方法和技术。这将使员工能够更加熟练地处理工作任务，提高工作效率和质量。同时，培训还可以拓宽员工的知识面，提升专业素养，使他们更全面地理解和应对工作挑战。通过不断提升工作技能和知识，员工可以更好地完成工作任务，提高绩效表现。

（二）增强工作动力和职业素养

员工培训与发展可以增强员工的工作动力和职业素养。培训可以帮助员工了解企业的战略目标和价值观，明确自己的角色和责任。当员工了解企业对他们的期望并且能够与企业的目标保持一致时，他们会更加积极主动地履行工作职责，投入更多的精力和时间。培训还可以提高员工的自信心和自我管理能力，使他们更好地应对工作压力和挑战。这些因素都有助于激发员工的工作热情，提高工作绩效。

（三）提升问题解决和创新能力

通过培训和发展计划，员工可以提升问题解决和创新能力。培训可以帮助员工学习和掌握解决问题的方法和技巧，培养分析和决策能力。员工在面对工作中的各种问题时，能够更加理性和高效地进行思考和处理，从而更好地解决问题。同时，培训还可以激发员工的创新意识和创造力，鼓励他们提出新的想法和方法，为企业带来更多的机会和竞争优势。通过提升问题解决和创新能力，员工可以在工作中表现出更高的绩效水平。

（四）促进团队合作和沟通能力

员工培训与发展还可以促进团队合作和沟通能力的提升。培训可以为员工提供与他人交流和合作的机会，培养良好的团队合作意识和沟通技巧。员工在团队中能够更好地理解和协调彼此的角色和责任，加强团队协作，共同完成工作任务。同时，培训还可以提高员工的跨部门合作能力，促进不同岗位之间的信息流动和知识共享。这将有效地提高工作效率，推动团队整体绩效的提升。

第二节 新经济环境下的员工发展需求

随着信息技术的快速发展和全球化的推动,新经济已经成为推动社会进步和经济增长的重要力量。在这个新经济环境下,员工发展需求也面临了新的挑战和变化。

一、职业技能的更新与提升

随着科技的迅猛发展和全球化的加速,企业面临着更加激烈的竞争压力,而员工的职业技能更新与提升成了关键因素。

（一）技术革新对职业技能的要求

新经济环境中,技术的革新和应用正在改变着各行各业的运作方式。例如,人工智能、大数据、云计算等新兴技术已经深入到企业的各个层面,对员工的职业技能提出了更高的要求。员工需要不断学习和掌握这些新技术,以适应企业的发展需求。

（二）跨领域能力的培养

在新经济环境下,各个行业之间的边界变得模糊,跨领域的合作和创新成了常态。因此,员工需要具备跨领域的能力,能够在不同领域之间进行沟通和协调。这就要求员工在职业发展过程中,积极主动地学习和培养自己的跨领域能力,提升自己的综合素质。

（三）学习能力与适应能力

在新经济环境下,知识更新的速度非常快,员工需要具备持续学习和适应变化的能力。只有不断学习新知识,掌握新技能,才能保持竞争力并适应企业的发展需求。同时,员工还需要具备自主学习的能力,能够主动寻找学习资源,并将所学应用到实际工作中。

（四）职业规划和个人发展

在新经济环境下,员工需要更加注重职业规划和个人发展。他们需要明确自己的职业目标,并制定相应的发展计划。通过不断学习和提升自己的职业技能,他们可以实现个人价值,并在职业生涯中取得更好的发展。

二、工作环境和文化建设

在新经济环境下,员工发展需求不仅包括职业技能的更新与提升,也涉及工作环境与文化建设。一个良好的工作环境和积极向上的文化可以促进员工的成长和发展,并提高员工的工作满意度和忠诚度。

（一）开放与包容的工作环境

在新经济环境中，企业应该营造一个开放与包容的工作环境，给予员工更多的自由度和创造空间。员工应该感受到他们的意见和想法被重视和尊重，能够畅所欲言地表达自己的观点。同时，企业还应该鼓励员工之间的合作与交流，打破部门之间的壁垒，促进跨团队的合作与创新。

（二）持续学习与发展机会

在新经济环境下，知识的更新速度非常快，员工需要不断学习和提升自己的能力。企业应该为员工提供持续学习与发展的机会，例如内部培训、外部培训、专业认证等。同时，企业还可以建立导师制度，为员工提供指导和支持，帮助他们实现个人和职业的成长。

（三）鼓励创新与实践

在新经济环境下，创新和实践是推动企业发展的重要动力。企业应该鼓励员工的创新思维和实践能力，提供创新项目和实践机会。同时，企业还应该鼓励员工承担挑战和冒险，允许他们犯错和失败，从中学习和成长。

三、平衡工作与生活

在新经济环境下，平衡工作与生活是员工发展需求中的重要方面。随着竞争压力的增大和工作强度的加大，员工面临着更多的挑战和压力。因此，建立一个平衡的工作与生活状态对于员工的身心健康和职业发展至关重要。

（一）理解和尊重员工的个人需求

在追求平衡的工作与生活时，企业应该理解并尊重员工的个人需求。不同员工有不同的家庭状况和生活情况，他们可能需要更多的时间来照顾家庭、处理个人事务或从事兴趣爱好。企业应该灵活地调整工作安排，为员工提供适当的休息和调整时间，以满足他们的个人需求。

（二）培养时间管理和工作效率

平衡工作与生活不仅仅是控制工作时间和生活时间的平衡，也涉及如何有效地利用时间和提高工作效率。企业可以为员工提供时间管理的培训和指导，教授他们如何合理规划工作任务和个人事务，避免过度加班和拖延现象。企业还可以倡导集中注意力的工作方式，如番茄工作法、批量处理等，以提高员工的工作效率，从而腾出更多的时间用于生活。

（三）建立支持系统和员工关怀

企业可以建立一套完善的支持系统和员工关怀机制，为员工提供必要的支持和帮助。例如，设立员工关怀热线或专门的员工关怀部门，让员工可以随时倾诉和寻求帮助；提供心理健康辅导和培训，帮助员工处理工作压力和个人问题。通过这些措施，企业能够更好地关心员工的身心健康，提供必要的支持，从而帮助他们实现工作与生活的平衡。

第三节 培训与发展策略规划与实施

培训与发展策略是企业在新经济环境下实现员工发展需求的重要手段。通过规划和实施有效的培训与发展策略，企业可以提升员工的职业素养和技能水平，增强他们的绩效表现和竞争力。

一、分析与评估

培训与发展策略的规划与实施是组织中关键的人力资源管理活动之一。通过有效的培训与发展策略，组织能够提高员工的工作技能、知识和能力，促进组织的持续发展和竞争优势。

培训与发展策略的规划阶段需要对组织的目标、需求和现状进行分析与评估。这包括对组织的战略目标进行理解，确定组织在人力资源方面的需求，以及对员工的现有技能和能力进行评估。在这个阶段，可以采用各种方法和工具，如员工调查、绩效评估和能力模型等，来收集数据和信息。通过对这些数据和信息的分析，可以确定培训与发展的重点领域和目标，为后续的策略制定提供依据。

在制定培训与发展策略时，需要考虑到组织的资源限制和市场环境的变化。根据前期的分析结果，可以确定培训与发展的重点领域，并制定相应的培训计划和活动。这些计划和活动应该与组织的战略目标相一致，并且能够满足员工的需求。同时，还需要考虑到培训与发展策略的可行性和可持续性，确保能够利用有限的资源实现最大的效益。

培训与发展策略的实施需要制定详细的实施计划，并落实到具体的培训活动中。在实施过程中，需要建立有效的沟通渠道，与员工和相关部门进行密切合作。还需要选择合适的培训方法和工具，如面对面培训、在线学习和导师制度等，以提供多样化的培训方式。通过不断评估和调整培训活动，可以确保培训与发展策略的有效实施。

在培训与发展策略的评估阶段,需要对培训活动的效果进行评估和反馈。评估可以包括员工的反馈调查、培训成果的考核和绩效评估等方法。通过评估结果,可以了解到培训活动是否达到预期效果,是否需要进行改进和调整。评估结果也可以为未来的培训与发展策略提供经验和参考。

二、开展培训与发展活动

开展培训与发展活动是培训与发展策略规划与实施的核心环节之一。在这个阶段,组织需要根据制定的计划和目标,具体安排和组织各项培训活动。

(一)确定培训方法与形式

在开展培训与发展活动之前,需要确定合适的培训方法和形式。根据培训的目标、内容和受众特点,可以选择不同的培训方式,如面对面培训、在线学习、研讨会、导师制度等。同时,还需要考虑到资源和预算的限制,选择最适合的培训形式。

(二)选择培训师资

培训师资的选择是开展培训活动的关键。组织可以从内部或外部招募专业的培训师,或者依托内部员工培训师团队进行培训。无论选择哪种方式,培训师应具备专业知识和丰富的实践经验,并具备良好的培训技巧和沟通能力。

(三)开展培训活动

在具体的培训活动中,需要按照计划进行组织和安排。通过课堂教学、演讲、案例分析等形式,向员工传授知识和技能。利用网络平台和多媒体技术,提供在线学习课程和资源,方便员工随时随地学习。组织小组讨论、团队合作和问题解决活动,促进员工之间的交流与互动。为员工提供实际工作场景下的实践机会,加深对知识和技能的理解和应用。

在开展培训活动时,还需要考虑到员工的不同学习风格和需求,提供多样化的培训方式和资源;鼓励员工积极参与培训活动,并提供互动和合作的机会,以促进学习效果;在培训活动进行过程中,定期评估学习效果,并及时提供反馈和改进意见。

(四)提供支持与资源

在培训活动中,组织需要提供必要的支持与资源,以保证培训的顺利进行。这包括提供培训材料、技术设备、场地等,确保培训师和学员能够充分利用这些资源进行学习和实践。

(五)监控和调整

在培训与发展活动进行过程中,组织需要不断监控和评估培训的实施情况和效果。

通过收集员工的反馈和评估数据，了解培训的有效性和改进点，及时进行调整和改进。监控和调整是确保培训活动能够达到预期目标的重要环节。

开展培训与发展活动需要充分考虑目标、方法、师资、资源和评估等因素，以确保培训活动的有效性和可持续性。通过精心组织和实施培训活动，组织可以提高员工的能力和素质，推动组织的发展和竞争优势的持续增强。

三、评估与反馈

评估与反馈是培训与发展策略规划与实施的重要环节之一。通过评估和反馈，可以了解培训活动的效果和成效，从而进行调整和改进。

（一）设计评估指标与工具

在进行评估之前，需要确定合适的评估指标和工具。评估指标应该与培训目标相一致，并能够衡量员工在知识、技能和态度等方面的提升程度。常用的评估指标包括学习成果、应用效果、满意度等。评估工具可以包括问卷调查、观察记录、绩效评估等。

（二）收集数据与信息

在培训活动结束后，可以通过各种方式收集数据和信息。这包括员工的反馈调查、观察记录、实际业绩数据等。收集的数据和信息应该全面、客观，并覆盖培训活动的各个方面。可以采用定性和定量的方法进行数据分析，以获取更准确的评估结果。

（三）分析评估结果

在收集到数据和信息后，需要进行评估结果的分析和解读。根据评估指标和数据分析，可以了解培训活动的效果和成效。通过比较预期目标和实际结果，可以发现差距和问题，并找出原因。这有助于识别培训活动的成功因素和改进点。

（四）提供反馈与改进

根据评估结果，向参与培训的员工和相关部门提供及时的反馈。反馈应该具体、明确，并重点突出培训活动的优点和需要改进的方面。同时，还可以提供个人的发展建议和支持，帮助员工进一步提升能力和职业发展。将评估结果与组织的战略目标和培训策略进行对比，以确定是否需要调整和改进培训与发展策略。

（五）持续监控和追踪

评估与反馈并不是一次性的过程，而是需要持续进行的。在实施新的培训活动之前，需要对上一轮培训活动的评估结果进行总结和回顾。根据反馈和改进意见，调整和改进下一轮的培训计划和活动。通过持续监控和追踪，可以逐渐提高培训活动的质量和效果。

评估与反馈是确保培训与发展策略持续改进和提高的重要手段。通过收集数据、分析结果,并提供具体的反馈和建议,可以不断优化培训活动,提升员工能力和组织绩效。同时,持续的监控和追踪可以确保培训与发展策略的长期可持续性和有效性。

第四节 创新员工发展与培训模式在新经济中的应用案例

随着新经济的快速发展和变革,企业需要不断创新和改进员工发展与培训模式,以适应新的机遇。

一、微学习和碎片化培训的实践

在新经济中,员工的时间成本很高,传统的长时间培训课程可能无法满足他们的需求。为了提高学习效率和适应性,许多企业开始尝试微学习和碎片化培训的模式。这种模式通过将知识和培训内容拆分成小块,提供短时间的学习机会,使员工可以在工作间隙进行学习。下面将介绍一些企业在微学习和碎片化培训方面的实践案例。

(一)腾讯的"腾讯课堂"

腾讯公司的在线学习平台"腾讯课堂"是一种微学习和碎片化培训的创新实践。该平台为员工提供了各种短视频课程和在线测验,旨在通过灵活的学习机会满足他们的学习需求。

腾讯课堂的特点之一是课程内容简洁明了。通常,课程都是几分钟的短视频,精心设计以便迅速传递知识要点。这种短小精悍的课程非常适合快节奏的工作环境,员工可以在工作间隙利用碎片时间进行学习。相比于长时间的培训课程,这种微学习的方式更符合员工的时间成本,能够有效提高学习效率。

腾讯课堂还提供了丰富多样的学习内容,涵盖了各个领域的知识和技能。员工可以根据自己的兴趣和需求选择感兴趣的课程进行学习。平台上的课程不仅包括专业知识,还包括职业发展、软技能等方面的内容,帮助员工全面提升自己的能力。

在线测验是腾讯课堂的另一个特点,它为员工提供了测试自己所学知识的机会。通过在线测验,员工可以检验自己对课程内容的理解和掌握程度。这种形式的测试能够帮助员工及时发现自己的不足,并针对性地进行学习和提升。

腾讯课堂的应用为员工的学习提供了便捷、灵活和高效的途径。员工可以随时随地通过手机或电脑访问平台,根据自己的时间安排进行学习。腾讯课堂还提供了学习记录功能，员工可以跟踪自己的学习进度和成果，更好地管理个人学习过程。

通过腾讯课堂的实践，腾讯公司有效地将微学习和碎片化培训模式应用于员工发展与培训中。该模式充分考虑到员工的时间成本和学习需求，提供了灵活、个性化的学习机会。这种创新的学习模式能够提高员工的学习效率和学习积极性，为员工的职业发展和组织的持续发展提供有力支持。

（二）阿里巴巴的"阿里云学院"

阿里巴巴集团的在线学习平台"阿里云学院"是另一种微学习和碎片化培训的创新实践。该平台旨在通过短视频课程和在线测验帮助员工掌握云计算知识和技能。

阿里云学院的特点之一是将复杂的云计算概念和技术拆解成易于理解的小块。云计算作为一门专业领域，涉及多个层面的知识和技能。为了让员工更容易学习和理解，阿里云学院将这些知识和技能拆分成小块，并通过短视频课程的形式呈现给员工。这样员工可以在短时间内快速学习一个具体的云计算概念或技术，逐步积累知识。

阿里云学院的应用为员工提供了灵活和便捷的学习方式。员工可以根据自己的时间安排选择学习内容，随时随地通过手机或电脑访问平台。阿里云学院还提供了学习进度追踪功能，员工可以清楚地了解自己的学习进展并设立学习目标。

通过阿里云学院的实践，阿里巴巴集团有效地将微学习和碎片化培训模式应用于云计算领域。这种模式不仅使员工能够在短时间内快速学习云计算知识和技能，还提供了个性化的学习机会。通过阿里云学院的学习，员工能够更好地掌握云计算领域的知识和技能，提高自身竞争力。同时，阿里云学院也为阿里巴巴集团提供了一个培养人才和推动组织发展的重要平台。

以上案例表明，微学习和碎片化培训在新经济中得到广泛应用，通过将知识和培训内容拆分成小块，提供短时间的学习机会，使员工可以在工作间隙进行学习。这种模式的应用具有灵活性、高效性和便捷性，能够满足员工快速学习和实际应用的需求。企业通过微学习和碎片化培训模式，可以提高员工的学习效率和适应能力，促进组织的持续发展和竞争优势的提升。

二、社交学习和协作学习的推广

在新经济中，企业越来越重视员工之间的社交学习和协作学习。这种学习模式通过促进员工之间的互动和交流，共享知识和经验，帮助他们相互学习和成长。

腾讯公司的企业级通信和协作工具"企业微信"是一种促进员工社交学习和协作学习的创新实践。该平台提供了实时聊天、群组讨论、文件共享等功能，旨在帮助员工方便地进行沟通和协作。

企业微信的特点之一是实时聊天功能。员工可以通过企业微信进行一对一或多人之间的实时聊天，不受时间和地域的限制。这样的即时通信能够促进员工之间的交流和互动，方便他们分享知识和经验，解决问题，并在沟通中相互学习和成长。

群组讨论是企业微信的另一个重要功能。员工可以加入感兴趣或与工作相关的群组，与同事进行讨论和交流。这些群组可以是团队项目群组、专业领域群组等，员工可以在其中分享观点、解决问题，并从其他成员的经验中学习。群组讨论的开放性和互动性为员工之间的社交学习和协作学习提供了平台。

企业微信还提供了文件共享和协同编辑的功能。员工可以在平台上共享文档、表格、演示文稿等文件，方便团队成员之间的协作和知识共享。多人同时编辑文件的功能使得员工可以实时协同工作，提高效率和质量。

腾讯还在企业微信中集成了学习模块，为员工提供学习资源和参与学习活动的机会。员工可以通过平台获取各种学习资料，如培训课程、学习视频、在线测验等。企业微信也支持企业内部举办线上学习活动，例如在线培训课程、专家讲座等。这样的学习模块促进了员工之间的知识共享和学习互助，帮助他们不断提升自己的能力和技能。

通过企业微信的应用，腾讯有效地促进了员工之间的社交学习和协作学习。企业微信提供了一个集实时沟通、群组讨论、文件共享和学习资源于一体的综合平台，方便员工进行知识共享、问题解决和协同工作。这种创新的工具有助于建立积极的学习文化和学习型组织，提高员工的综合素质和团队协作能力。同时，企业微信也为腾讯公司提供了一个促进员工发展和推动组织创新的重要平台。

通过上述案例表明，在新经济中，企业越来越重视员工之间的社交学习和协作学习。通过建立内部社交平台、利用企业社交软件等方式，促进员工之间的互动和交流，共享知识和经验。这种学习模式有助于培养团队协作精神、提高学习效果，并推动创新和持续发展。通过社交学习和协作学习的推广，企业能够建立积极的学习文化和学习型组织，不断提升员工的综合素质和竞争力。

第十三章 新经济环境下员工福利与社会责任

第一节 新经济企业的员工福利管理

随着新经济的快速发展,企业对员工福利管理的重视也日益增加。良好的员工福利政策不仅能够吸引和留住人才,还能提高员工的工作满意度、减少员工的离职率,并为企业创造更好的竞争优势。

一、制定全面的福利政策

新经济企业的员工福利管理对于吸引和留住优秀人才、提高员工满意度和工作效率至关重要。在制定全面的福利政策时,企业需要考虑到员工的需求和公司的可行性,确保福利政策既能满足员工的期望,又不给企业造成过大负担。

(一)健康福利

企业要非常重视员工的健康福利,为此提供了一系列的健康保障措施。

为所有员工提供全面的医疗保险,这包括门诊、住院和手术等费用。通过医疗保险,员工可以享受到优质的医疗服务,不仅能够有效降低就医费用的负担,还能获得及时的治疗和护理。

定期组织员工进行全面的健康体检。这些体检项目涵盖了各个方面的身体指标,以便及早发现和预防潜在的健康问题。体检结果将被严格保密,只有专业医生和员工本人可以查看。除了体检外,还提供必要的健康指导和咨询服务,帮助员工保持良好的生活习惯和健康状态。

还提供员工健身俱乐部会员资格。通过加入健身俱乐部,员工可以享受到专业的健身指导和多样化的运动设施。鼓励员工积极参与运动锻炼,提高身体素质。健身俱乐部还为员工提供了一个交流和社交的平台,增强员工之间的团队凝聚力和合作精神。

(二)休假

年假制度的重要性在于为员工提供足够的休息时间,以确保他们的身心健康和工作效率。一个合理的年假制度应该根据员工的工龄和职务给予相应的年假,以便让员工在工作之余能够有充分的时间去放松、休息和恢复精力。

根据员工的工龄给予不同的年假是合理的。随着员工在公司工作的时间越长，他们积累的年假也应该相应增加。这样做可以激励员工长期留在公司，并对他们的忠诚度给予认可。例如，对于工作满一年但不满三年的员工，可以给予 5 天的年假；对于工作满三年但不满五年的员工，可以给予 10 天的年假；对于工作满五年及以上的员工，可以给予 15 天的年假。

根据员工的职务给予不同的年假也是合理的。不同职务的员工所承担的工作压力和责任是不同的，因此他们需要的休息时间也会有所不同。高层管理人员可能需要更多的休假时间来放松和恢复精力，以应对工作上的挑战；而一线员工可能需要更多的休假时间来缓解身体疲劳和工作压力。因此，在设立年假制度时，应该考虑不同职务员工的实际情况，并给予相应的年假。

除了年假制度，节假日福利也是员工休假的重要组成部分。在重要节假日，公司可以为员工提供额外的福利待遇，以表彰他们的辛勤工作和付出。这些福利待遇可以包括节日礼品、津贴或额外的休假。例如，在春节期间，公司可以发放红包或购物卡作为节日礼品；在国庆节期间，公司可以给予员工一天的额外休假，让他们有更多的时间与家人团聚或进行自己喜欢的活动。

通过设立合理的年假制度和提供节假日福利，公司可以增强员工的工作满意度和忠诚度，同时也能够促进员工的工作效率和创造力。员工在得到充分休息的同时，也会更加积极主动地投入到工作中，为公司的发展做出更大的贡献。

（三）员工关怀

在企业管理中，给予员工充分的关怀和重视是提升员工满意度和忠诚度的重要手段。以下是一些常见的员工关怀措施。

1.员工活动

定期组织各类员工活动，如团建活动、员工生日会等，可以增强员工之间的交流与凝聚力。这些活动可以是户外拓展训练、文化艺术体验、运动竞赛等形式，既可以让员工放松心情，又可以增进彼此之间的了解和友谊。

2.健康保障

为员工提供健康保障服务，包括心理咨询、法律咨询和紧急援助等。心理咨询可以帮助员工应对工作和生活压力，解决情绪问题；法律咨询可以为员工提供法律方面的帮助和指导，确保员工权益得到保障；紧急援助可以在员工遇到突发事件或意外情况时提供及时的支持和救助，关注员工的身心健康。

3.福利调研

定期进行员工福利调研，了解员工需求和意见，根据结果进行调整和改进。通过问卷调查、个别面谈等形式，可以了解员工对于福利待遇的满意度、期望以及存在的问题，从而针对性地进行改善和优化。例如，员工可能希望获得更多的培训机会、晋升空间或福利补贴等，公司可以根据调研结果进行相应的调整。

以上措施旨在提高员工的幸福感和归属感，增强员工对企业的认同和忠诚度。同时，员工关怀措施也有助于提升团队合作精神和工作效率，营造积极向上的工作氛围。员工关怀是一个持续的过程，需要企业与员工之间的双向沟通和理解。只有真正关心和尊重员工的需求，才能够建立起良好的雇主形象，吸引和留住人才，推动企业的可持续发展。

二、建立健康保险和福利计划

健康是员工最基本的需求之一，建立健康保险和福利计划对于新经济企业来说非常重要。在这个计划中，企业可以为员工提供全面的医疗保险、意外伤害保险等，为他们提供安全保障。还可以开展健康促进活动，如提供健身房会员、定期体检等，以提高员工的身体健康水平。

（一）提供全面的医疗保险

新经济企业可以与保险公司合作，为员工提供全面的医疗保险。这包括基本医疗保险、住院医疗保险、门诊医疗保险等。通过提供医疗保险，员工可以享受到负担得起的医疗服务，减轻医疗费用压力，提高他们的生活质量。

（二）意外伤害保险

除了医疗保险，企业还可以为员工提供意外伤害保险。这种保险可以在员工遭受意外伤害或发生意外事故时提供赔偿，包括医疗费用、残疾补偿和身故赔偿等。通过提供意外伤害保险，企业可以为员工提供安全保障，帮助他们应对突发情况。

（三）心理健康支持

心理健康也是员工幸福感和工作效率的重要因素。新经济企业可以提供心理咨询和支持服务，帮助员工应对工作和生活中的压力和挑战。通过提供心理健康支持，企业可以关注员工的心理健康，提高他们的工作满意度和忠诚度。

（四）营养餐饮和健康食品

新经济企业可以提供营养餐饮服务，为员工提供健康的膳食选择。例如，在公司食堂提供多样化的健康餐点，包括蔬菜水果、低脂肪食品等。还可以提供健康食品作为员工福利，如提供健康零食或水果。

（五）健康教育和培训

新经济企业可以开展健康教育和培训活动，提高员工的健康意识和健康知识。通过举办健康讲座、研讨会等，向员工传授健康知识和生活技巧，帮助他们更好地管理自己的健康。

建立健康保险和福利计划需要企业与专业的保险公司、医疗机构和健康管理服务机构合作。通过制定全面而适应员工需求的健康保险和福利计划，企业可以提高员工的幸福感和满意度，增强员工对企业的认同感和忠诚度。同时，这也有助于改善员工的身体健康状况，提高工作效率和生产力，促进企业的可持续发展。

三、建立良好的沟通渠道

在新经济时代，员工福利管理不仅仅包括薪酬和福利待遇，还需要关注员工对于信息的获取和沟通的需求。建立良好的沟通渠道是确保员工福利得到有效传达和理解的重要一环。

（一）定期员工会议

定期召开员工会议是一种常见的沟通方式，可以为员工提供与管理层面对面交流的机会。在会议上，管理层可以向员工传达公司战略、目标和政策，同时也可以倾听员工的反馈和建议。通过定期员工会议，企业可以增强员工的参与感和归属感，建立积极的沟通氛围。

（二）匿名反馈机制

有些员工可能不愿意公开表达自己的意见或担忧，企业可以建立匿名反馈机制。例如，员工可以通过在线调查或反馈箱等方式匿名地提供意见和建议。这种机制可以为员工提供一个安全的沟通渠道，鼓励他们更加坦诚地表达自己的看法，帮助企业了解并解决存在的问题。

（三）领导定期走访

企业管理层可以定期进行员工走访，与员工进行面对面的交流。这种形式可以让员工感受到管理层的关心和重视，同时也可以及时了解员工的需求和意见。走访中，管理层可以主动询问员工的工作情况、困难和建议，并提供相应的支持和帮助。

（四）透明度和信息共享

在新经济企业中，透明度和信息共享是建立良好沟通渠道的重要原则。企业应该努力提供清晰明确的信息，分享公司战略、目标和进展，让员工能够对企业发展有更全面的了解。定期发布内部通讯、邮件、公告等，以确保员工获得及时的信息。

通过建立良好的沟通渠道，新经济企业可以促进员工与企业之间的有效沟通和互动，增强员工对企业的认同感和忠诚度。良好的沟通氛围不仅可以提高员工工作满意度和效率，还有助于解决潜在问题、预防矛盾和冲突的产生。因此，在员工福利管理中，建立良好的沟通渠道是至关重要的一环。

第二节 社会责任理念在新经济企业的实践

随着时代的发展和社会的进步，越来越多的企业开始关注和践行社会责任。在新经济时代，企业不仅要追求经济效益，还要承担起社会责任，为可持续发展做出贡献。

一、社会责任理念的内涵

社会责任是企业对社会和环境负有的义务和责任。社会责任理念包括以下几个方面。

（一）经济责任

企业应当创造经济价值，为投资者提供合理回报，并为员工提供良好的薪酬和发展机会。经济责任是企业社会责任的重要方面，它涵盖了企业对于财务稳定、利润增长以及员工福利的关注。

企业的首要责任之一是创造经济价值，实现持续健康的经济增长。作为经济活动的主体，企业应当积极追求盈利能力的提高，并为投资者提供合理的回报。企业通过有效的运营管理、市场竞争和创新发展，不断提升自身的核心竞争力，为股东创造稳定可靠的投资回报。

与此同时，企业也应关注员工的经济权益，为员工提供良好的薪酬待遇和发展机会。作为企业的生产要素和创造力的源泉，员工的劳动应当得到公平合理的回报。企业应制定合理的薪酬政策，确保员工的劳动价值得到适当体现。企业还应提供培训和职业发展机会，帮助员工提升专业技能和个人素质，实现个人价值的最大化。

在履行经济责任的过程中，企业还应注重与其他利益相关方的合作和共赢。企业应积极参与产业链的构建和合作，促进资源的共享和互利共赢。同时，企业也要充分考虑社会的经济需求和环境可持续发展的要求，遵守法律法规，遵循商业道德，维护市场秩序和公平竞争。

（二）社会责任

企业应当尊重人权，关注社会公益事业，积极参与社区建设，推动社会进步和公正发展。社会责任是企业对社会各界的责任和义务，它涵盖了企业在人权保护、社会公益、社区参与等方面的实践。

作为社会的一员，企业有责任尊重和保护人权，确保员工和其他利益相关者的基本权益得到充分尊重和保障。企业应遵循国际人权标准，不歧视任何个体或群体，提供平等机会和公平待遇。同时，企业还应建立健全的劳动关系，保障员工的劳动权益，包括合理的工作时间、安全的工作环境、合理的薪酬待遇等。

除了尊重人权，企业还应积极关注社会公益事业，承担起社会责任。企业可以通过捐款、志愿者活动等方式支持教育、环境保护、扶贫帮困等公益项目。企业还可以开展技术援助和知识共享，为社会发展提供专业支持和帮助。

企业应积极参与社区建设，成为社区的一分子。通过与当地政府、社区组织等合作，共同推动社区经济的发展、基础设施的改善和公共服务的提升。同时，企业还可以鼓励员工参与社区活动，并充分听取社区居民的意见和需求，以满足他们的实际需求。

为履行社会责任，企业需要制定明确的社会责任政策和目标，并将其纳入企业的战略规划和日常运营中。企业应建立相应的管理体系和评估机制，确保社会责任的有效实施和监督。同时，企业还应加强内部员工教育和培训，提高员工对社会责任的认识和理解，培养良好的社会责任意识。

在履行社会责任的过程中，企业还应倡导商业道德和诚信经营。企业应遵守法律法规，遵循商业道德，坚决抵制不正当竞争行为。企业还应注重信息披露和透明度，向社会公众和利益相关者提供准确、及时的信息。

（三）环境责任

企业应当注重环境保护，降低资源消耗和污染排放，倡导可持续发展和绿色生产方式。环境责任是企业对自然环境和生态系统的责任和义务，它涵盖了企业在资源利用、污染防治和生态保护等方面的实践。

企业应当积极履行环境责任，关注环境保护并采取有效措施降低资源消耗和污染排放。为了实现可持续发展和绿色生产方式，企业应制定并执行环境管理政策，确保其经营活动对环境的影响最小化。

为降低资源消耗，企业应优化资源利用，提高资源的效率和利用率。通过节约能源、减少原材料浪费和推广循环经济模式，企业可以降低对自然资源的需求，减缓资源的枯竭和过度开采的问题。

同时，企业还应采取措施减少污染物的排放和废弃物的产生。通过引入清洁技术和工艺，加强废水处理、废气净化和固体废弃物管理，企业可以降低对环境的污染和破坏。

企业还应推广低碳生产方式，减少温室气体的排放，应对气候变化的挑战。

为履行环境责任，企业需要建立健全的环境管理体系和监测机制。企业应制定环境管理计划，明确环境目标和指标，并进行定期的环境评估和监测。通过内部培训和员工教育，提高员工对环境保护的认识和意识，鼓励员工参与到环境管理和节能减排的实践中。

除了内部管理，企业还应积极参与社会和行业的环境保护活动。企业可以加强与政府、社区和非政府组织的合作，共同推动环境保护和可持续发展的进程。例如，企业可以参与环保项目和公益活动，提供技术支持和资金援助，为环境保护事业贡献自己的力量。

二、社会责任在新经济企业中的实践案例

（一）滴滴出行

作为中国最大的出行平台，滴滴出行一直致力于提高出行效率和服务质量的同时，也高度重视社会责任。滴滴出行通过"公益滴滴"项目，在全国范围内组织了多次公益活动，帮助贫困地区群众解决出行问题。滴滴还积极推动绿色出行，鼓励用户使用共享单车和公共交通工具，减少尾气排放和交通拥堵。

作为一个领先的出行平台，滴滴出行深知自身在促进城市出行便利性方面的重要性。然而，滴滴不仅仅将商业利益作为其核心目标，还将社会责任纳入企业的发展战略。滴滴通过"公益滴滴"项目向贫困地区的群众提供免费或优惠的出行服务，帮助他们解决出行难题。这些贫困地区往往交通条件较差，居民出行困难，而滴滴的参与有效地改善了他们的出行状况，提升了生活品质。这项公益项目不仅体现了滴滴出行对社会弱势群体的关爱，也充分展现了企业的社会责任担当。

滴滴出行还积极推动绿色出行，鼓励用户使用共享单车和公共交通工具。在大城市中，私家车过多导致交通拥堵和尾气排放等问题日益严重，而共享单车和公共交通可以有效缓解这些问题。滴滴通过提供共享单车服务，并将其与出行平台相结合，为用户提供更加便捷和环保的出行选择。同时，滴滴还与公共交通部门合作，提供便捷的接驳服务，使用户能够更方便地从一种交通方式切换到另一种交通方式。这些措施旨在减少尾气排放、缓解交通压力，促进城市可持续发展。

除了在出行领域推行社会责任，滴滴出行还注重用户安全和数据隐私保护。滴滴出行采取了一系列措施来确保乘客和司机的安全，包括实名认证、背景调查、乘客评价系统等。同时，滴滴出行建立了严格的数据安全管理制度，保护用户的个人信息免受泄露和滥用。

（二）蚂蚁集团

蚂蚁集团是全球领先的数字金融科技公司，致力于将社会责任作为其核心价值观之

一。蚂蚁通过多项举措来履行社会责任,其中最为重要的项目是"蚂蚁森林"。

"蚂蚁森林"项目是一个碳排放减少和公益事业参与的激励计划。用户可以通过使用蚂蚁集团旗下的支付宝应用,在日常生活中完成一系列绿色行为,例如步行、骑行或者采取其他低碳出行方式,以此减少个人的碳排放量。通过这些行为,用户可以积累能量值,然后将其转化为真实的树苗种植。这些树苗会在中国的贫瘠地区进行植树造林,帮助改善环境状况。

除了"蚂蚁森林"项目,蚂蚁集团还致力于为小微企业提供便捷的金融服务,推动小微经济的发展和就业机会的增加。蚂蚁集团的旗舰产品——支付宝,为小微企业提供了线上支付、贷款、保险等一系列金融服务。通过这些服务,小微企业可以更加方便快捷地进行经营和发展,从而促进了就业机会的增加和经济的繁荣。

除此之外,蚂蚁集团还在社会福利事业中积极参与。例如,蚂蚁还积极开展教育、扶贫、环境保护等公益活动,为社会做出了积极的贡献。

(三)美团点评

美团点评是中国领先的生活服务平台,一直以来高度重视社会责任,并将其融入企业发展的方方面面。其中,最引人注目的项目之一是"爱心餐厅"。

"爱心餐厅"是美团点评发起的一个公益项目,旨在帮助贫困地区的孩子解决午餐问题并提供教育资助。美团点评通过与当地学校、餐厅和慈善机构合作,设立了一批"爱心餐厅"。这些餐厅为贫困地区的学生提供营养均衡的午餐,并通过募捐等方式为他们提供经济援助,帮助他们更好地接受教育。

除了关注教育和贫困问题,美团点评还积极参与环境保护工作。在外卖业务中,美团鼓励用户选择低碳、环保的外卖包装,推动减少一次性塑料使用。同时,美团也开展回收利用工作,通过与相关合作伙伴建立回收网络,收集和处理废弃外卖包装等物品,以减少对环境的负面影响。

美团点评还积极参与社区建设和扶贫事业。他们通过开展各种公益活动,如捐赠物资、资金支持、技能培训等,为社区的发展做出贡献。美团点评还与多个慈善机构合作,共同推动公益事业的发展,并鼓励员工积极参与志愿者活动,传递爱心和关怀。

第三节 弹性工作制度与员工生活平衡

随着社会的发展和进步,人们对于工作与生活平衡的需求越来越强烈。在传统的固定工作时间制度下，员工往往面临着时间不够充裕、无法照顾家庭、缺乏休闲娱乐等问题。因此，为了满足员工的个性化需求，许多企业开始引入弹性工作制度。

一、弹性工作制度的定义和类型

（一）弹性工作制度的定义

弹性工作制度是指根据员工的个人需求和能力，在一定的规则范围内，灵活安排工作时间、地点和方式的一种工作模式。它追求员工的工作效率和生活质量的双赢。

（二）弹性工作制度的类型

允许员工在一定时间范围内自由选择工作时间，如弹性上下班制度、非固定工作时间制度等；允许员工在一定范围内选择工作地点，如远程办公、分散办公等；允许员工根据自身需求和特点选择适合的工作方式，如灵活排班制度、部分时间在家办公等。

二、弹性工作制度对员工生活平衡的促进作用

弹性工作制度是一种灵活的工作安排方式，它允许员工在一定程度上自主决定工作时间、地点和方式。这种工作制度的出现，对于员工生活平衡具有积极的促进作用。

（一）减轻员工的工作压力

传统的固定工作时间和地点往往无法满足员工个体差异和需求的变化，导致员工在工作中面临较大的压力。而弹性工作制度则允许员工根据自身情况合理安排工作时间，使得员工能够更好地平衡工作与个人生活之间的关系。例如，员工可以选择在高效的工作状态下完成任务，避免长时间的低效工作，从而减轻了工作压力。

（二）促进家庭和社交关系

传统的固定工作时间和地点往往限制了员工与家人和朋友的交流和相处时间，导致家庭和社交关系的紧张。而弹性工作制度则可以让员工更好地平衡工作和家庭生活，提供更多的时间用于陪伴家人和参与社交活动。例如，员工可以根据需要合理安排工作时间，在家庭重要时刻能够更多地参与其中，增强家庭成员之间的亲密关系；同时，弹性工作制度也为员工提供了更多的社交机会，可以更灵活地安排与朋友和同事的交流活动，促进人际关系的发展。

（三）满意度和忠诚度

弹性工作制度能够满足员工个性化的需求，让员工感受到组织对其权益和福利的关注，从而增强员工对组织的归属感和忠诚度。同时，弹性工作制度也能够提升员工的工作满意度，使得员工更加积极主动地投入到工作中，进而提高工作质量和效率。

三、弹性工作制度的优势

(一) 提高员工工作效率

弹性工作制度是一种灵活的工作安排方式,可以提高员工的工作效率。这种制度允许员工根据个人的习惯和精力状况选择最适合自己的工作时间和地点,从而能够在最佳状态下工作,发挥出个人的特长和才能。

弹性工作制度能够避免强制性的工作安排对工作效率的影响。传统的固定工作时间和地点限制了员工的自由度,可能导致员工在不适合的时间或地点工作,降低工作效率。而弹性工作制度则允许员工根据自身情况进行调整,选择最适合自己的工作时间和地点,这样就能够更好地配合个人的工作习惯和节奏,提高工作效率。

弹性工作制度有助于员工充分发挥个人特长和才能。每个人都有自己的优势和擅长领域,而弹性工作制度能够为员工提供更多展示自己才华的机会。员工可以在自己感觉最有创造力和高效率的时间段进行工作,从而能够更好地发挥自己的才能,提高工作效率。

弹性工作制度还有助于提高员工的工作积极性。员工在能够自由选择工作时间和地点的情况下,能够更好地平衡工作和生活,减少压力和疲劳感。这样就能够更加投入到工作中,提高工作积极性和主动性,进而提高工作效率。

(二) 吸引和留住人才

弹性工作制度是吸引和留住人才的重要方式之一。在现代社会,越来越多的人注重工作与生活的平衡,他们渴望能够拥有更灵活的工作环境和福利待遇。因此,对于企业来说,如果能够提供弹性工作制度,将更有可能吸引并留住优秀的人才。

弹性工作制度体现了企业对员工的关心和信任,增加员工对企业的忠诚度。弹性工作制度传递出的信息是企业尊重员工的个人需求和价值,愿意为员工提供更大的自主权和灵活度。员工在这种环境下感受到企业对他们的关怀,会更加珍惜这份工作,提高工作动力和积极性。同时,弹性工作制度也要求员工有一定的自律和责任心,能够合理安排工作时间和任务,这样的员工通常具备较高的素质和能力。因此,弹性工作制度有助于吸引那些具备优秀素质和能力的人才,并激发他们对企业的忠诚度。

弹性工作制度还可以提升企业的竞争力。拥有灵活的工作制度,企业能够吸引到更多具备高素质和创造力的人才。这些人才往往能够带来创新思维和独特见解,为企业带来新的机遇和竞争优势。而且,弹性工作制度也能够满足不同群体的需求,例如年轻人更倾向于自由和灵活的工作方式,而中高级管理人员则需要更多的工作自主权和决策空间。通过提供弹性工作制度,企业能够吸引并留住多样化的人才,形成更具竞争力的团队。

四、弹性工作制度的挑战

（一）管理和沟通难度增加

弹性工作制度的实施可能会增加管理和沟通的难度。由于员工的工作时间和地点不固定，管理者需要更好地协调各个岗位之间的工作安排，确保团队的协作和合作。同时，沟通也需要通过非面对面的方式进行，可能会带来一些交流上的问题。

在传统的固定工作时间和地点的情况下，管理者可以更容易地监督员工的工作状态和进展。然而，在弹性工作制度下，员工具有更大的自主权和灵活度，工作时间和地点会有所变化，这给管理者带来了挑战。管理者需要更加灵活地制定工作计划和安排，以适应不同员工的工作时间和地点需求。同时，管理者还需要加强对任务分配、目标设定和绩效评估等方面的管理，确保团队的整体协作和工作效率。

弹性工作制度可能会导致沟通上的困难。传统的办公室环境提供了直接面对面交流的机会，员工之间可以随时进行沟通和协商。然而，在弹性工作制度下，员工的工作时间和地点不固定，可能会使得面对面的交流变得更加困难。沟通需要依赖于电子邮件、即时通信工具或在线会议等非面对面的方式进行，这可能导致信息传递不及时或不够清晰，增加了误解和沟通障碍的风险。管理者需要采取有效的沟通策略和工具，加强团队成员之间的沟通和协作，确保信息的准确传达和理解。

（二）需要建立完善的制度和规范

为了使弹性工作制度能够正常运行，企业需要建立完善的制度和规范。这些制度和规范包括对工作时间、工作地点以及工作方式等方面的约束和规定。企业在实施弹性工作制度之前需要投入一定的人力和物力，同时也需要对员工进行培训和指导。

1.工作时间的约束和规定

弹性工作制度允许员工根据个人情况选择工作时间，但仍然需要制定一些基本的约束，以确保团队协作和服务质量。例如，可以要求员工在每天的特定时间段内必须在线或到达办公室，并设定一定的核心工作时间，以便团队成员之间能够进行有效的沟通和协作。还可以制定关于加班、调休和请假等方面的政策，确保员工的工作时间合理安排和管理。

2.明确工作地点的要求

弹性工作制度允许员工选择工作地点，可以在办公室、家中或其他适合的场所进行工作。然而，为了确保工作效率和信息安全，企业需要制定相关的规定和措施。例如，可以要求员工在远程工作时使用安全的网络连接和设备，保护公司数据的安全性。同时，也可以要求员工遵守办公室内的秩序和规范，在共享工作空间中保持整洁和安静，以确保工作环境的良好。

3.规定弹性工作制度下的工作方式

这包括员工与团队成员之间的沟通方式、工作任务的分配和协调，以及绩效评估等方面的规定。例如，可以通过电子邮件、即时通信工具或在线项目管理平台进行沟通和协作。同时，需要明确员工的工作目标和责任，确保工作任务的合理分配和完成。企业还可以建立一套科学有效的绩效评估体系，根据员工的实际表现进行评估和激励，促进员工的工作动力和发展。

为了使弹性工作制度顺利运行，企业需要对员工进行培训和指导。这包括对弹性工作制度的介绍和解释，以及相关的操作和技能培训。员工需要了解制度的原则和规定，掌握使用相应的工具和平台进行工作，提高自我管理和协作能力。同时，管理者也需要接受培训，学习如何有效地管理和指导弹性工作制度下的团队，确保工作的顺利进行。

（三）需要公平和公正的管理

在员工之间具有不同的工作时间、地点和方式时，企业应该给予合理的解释和安排，以避免出现不公平的情况。同时，管理者也需要根据员工的实际情况进行评估和考核，以确保工作质量和效果。

对于员工之间的工作时间、地点和方式的差异，企业需要提供明确的规定和准则，以确保公平性。这意味着员工在选择工作时间和地点时应当遵循一些基本的约束和限制，以保证团队协作和服务质量。例如，可以制定一些公平的轮班制度或工作交接机制，以确保各个岗位之间的平衡和公正。

对于弹性工作制度下的评估和考核，管理者应根据员工的实际表现进行公正的判断。这包括工作质量、工作成果以及与团队成员的协作等方面的综合评价。管理者需要建立科学且公平的绩效评估体系，确保评价的客观性和公正性。评估标准应事先明确，并与员工进行沟通和共识，避免主观偏见或不公平对待。同时，管理者应提供必要的反馈和指导，帮助员工提升工作能力和职业发展。

企业还可以通过建立透明和开放的沟通渠道，增加员工之间的互动和交流，以促进公平和公正的管理。这可以包括定期团队会议、在线讨论平台等。通过这些渠道，员工可以分享自己的工作经验和成果，了解其他团队成员的工作情况，促进信息的共享和交流。同时，管理者也可以通过这些渠道传达公司的政策和目标，使员工对弹性工作制度的实施有更清晰的认识和理解。

第十四章 新经济环境下员工关系与团队管理

第一节 新经济环境下的员工关系特点

随着时代的发展和经济的变革,新经济环境下的员工关系也发生了一系列的变化。在过去,员工与雇主之间的关系通常是单向的,以雇主为中心,员工被动接受安排和决策。然而,在新经济环境下,员工关系呈现出了以下几个特点。

一、人才需求的多样性

人才需求的多样性是新经济环境下员工关系的重要特点之一。随着科技的迅猛发展、全球化的推进以及市场竞争的加剧,企业对人才的需求变得更加多样化和复杂化。在这种背景下,企业需要不断调整和适应,以满足不同岗位和行业的人才需求。

(一)职业领域的多样性

在新经济环境下,人才需求呈现出职业领域的多样性。随着科技的普及和应用,新兴职业如人工智能工程师、数据分析师、网络安全专家等迅速崛起,成为企业所需的热门人才。同时,传统行业如制造业、金融业等仍然需要大量的专业技术人才。因此,企业在招聘过程中需要根据自身的业务特点和发展需求,有针对性地寻找符合岗位要求的人才。

随着科技的飞速发展,人工智能工程师成为各大公司争相争夺的人才。人工智能技术在各个行业都有广泛应用,从自动驾驶到智能语音助手,都离不开人工智能工程师的设计和开发。这些专业人才需要具备深厚的数学、计算机科学和机器学习知识,能够独立进行算法开发和模型优化,以满足企业对于智能化解决方案的需求。

数据分析师也是新经济时代的热门职业之一。随着大数据时代的到来,企业需要从海量数据中提取有价值的信息,并进行合理的分析和应用。数据分析师需要具备良好的数据处理和统计分析能力,能够利用各种数据挖掘和机器学习算法,为企业提供决策支持和业务优化方案。

网络安全专家在信息时代中扮演着重要的角色。随着互联网的普及和信息化程度的提高,网络安全问题变得日益突出。企业面临着越来越多的网络攻击和数据泄露风险,因此对于网络安全的需求也越来越高。网络安全专家需要具备深入了解网络安全威胁和防护技术的知识,能够制定有效的网络安全策略并进行安全事件的响应与处置。

除了新兴职业,传统行业依然需要大量的专业技术人才。例如,在制造业领域,机械工程师、电气工程师等仍然是不可或缺的岗位。金融业也需要大量的金融专业人才,包括银行业务员、投资顾问等。这些传统行业的发展离不开专业技术人才的支持和推动。

(二)学历层次的多样性

新经济环境下的人才需求呈现出学历层次的多样性。在过去,企业更倾向于招聘本科或硕士学历的人才,认为他们具备更全面的知识和较高的综合素质。然而,随着新经济的发展,一些岗位对高职教育背景或职业培训证书等的要求更为突出。

以互联网行业为例,许多成功的企业家并非拥有传统意义上的高学历,而是通过自学、实践和创新取得了成就。在这个快速发展和变化的行业中,创新能力、实际操作能力和解决问题的能力往往比纸上的学历更为重要。因此,企业在招聘和选拔人才时,应更注重能力和潜力的发掘,而不仅仅依赖于学历的硬性要求。

新经济环境下,一些职位对实践经验和专业技能的需求更加迫切。例如,在某些技术岗位上,一些企业更倾向于招聘具有相关工作经验和职业技能认证的人才,因为他们在实际工作中已经积累了丰富的经验和技能。对于这些职位,企业更看重候选人是否具备解决实际问题的能力,而不仅仅是学历背景。

新经济环境下也出现了一些新兴行业和新职业,对于这些行业来说,传统的学历层次并不能完全适应其需求。例如,人工智能、区块链等领域的发展迅猛,对于这些领域的专业人才,除了学术知识,还需要具备创新思维、跨学科的能力以及与时俱进的学习意识。

(三)技能与创新能力的多样性

新经济环境下的人才需求呈现出技能与创新能力的多样性。随着科技的迅猛发展,企业对掌握先进技术和专业知识的人才的需求越来越大。

在新经济的背景下,一些新兴领域和技术如人工智能、大数据分析、区块链等得到了广泛应用和发展。为了满足这些领域的需求,企业需要招聘具备相应技能的专业人才。例如,在人工智能领域,企业需要拥有机器学习、深度学习等相关技术知识的人才,他们可以应用这些技术来解决实际问题,并推动企业的创新和发展。

企业也对具备创新能力和创业精神的人才有着迫切需求。在竞争激烈的市场环境中,创新是企业保持竞争优势的关键。创新能力不仅指个人能够提出新的商业模式、产品和服务的能力,还包括团队合作和创造性思维等方面。这种创新能力可以帮助企业适应市场的变化，开拓新的业务领域，并不断推动企业的发展。

需要注意的是，技能与创新能力的多样性也意味着人才需求的个性化和差异化。不同行业、不同岗位对技能和创新能力的要求各不相同。人才在提升自身技能和创新能力时，应结合自身所处的行业和岗位特点，有针对性地进行学习和培养。

（四）跨文化和跨领域的多样性

新经济环境下的人才需求体现出跨文化和跨领域的多样性。随着全球化的推进，企业面临与不同国家和地区的企业进行合作与竞争的挑战。因此，企业需要拥有具备跨文化交流和合作能力的人才。

在全球化背景下，企业需要能够理解和适应不同文化背景、价值观和商业惯例的人才。这些人才需要具备跨文化沟通和协调能力，能够有效地与来自不同文化背景的合作伙伴进行交流和合作。他们应该具备尊重和包容不同文化的意识，并能够灵活地应对不同文化之间的差异，促进有效的跨文化合作。

另一方面，科技发展的交叉融合也带来了跨领域综合能力的需求。许多新兴行业和领域需要跨越学科边界，将不同领域的知识和技能相结合。例如，在智能物联网领域，需要融合物理学、计算机科学、工程学等多个学科的知识和技能。企业需要招聘具备跨领域综合能力的人才，他们能够将不同学科的知识和技术进行整合和创新，推动企业在新兴领域的发展。

为了适应跨文化和跨领域的多样性需求，人才需要具备广泛的知识储备和学习能力。他们应该持续学习和积累跨文化交流、合作技巧以及不同领域的知识。他们还需要具备创新思维和问题解决能力，能够灵活应对复杂多变的环境和挑战。

二、科技与员工关系的融合

在新经济环境下，科技与员工关系的融合呈现出多个特点。随着科技的快速发展和广泛应用，企业和员工之间的互动和沟通方式发生了重大变革，对员工关系产生了深远影响。

（一）推动数字化和自动化的进程

科技的快速发展推动了数字化和自动化的进程，对工作的性质和组织形式带来了重大改变。自动化技术和机器人在生产线和服务行业中的广泛应用，减少了一些重复性和低附加值的工作，提高了工作效率和质量。同时，数字化技术提供了更多的数据和信息支持，帮助员工进行决策和解决问题。

自动化技术的应用减轻了员工的重复性工作负担。例如，在制造业中，许多传统的装配和加工工作可以由机器人完成。这些机器人能够以更高的精度和速度执行任务，减少了人力资源的需求，同时也提高了产品质量的稳定性。员工不再需要花费大量时间和精力在重复性、烦琐的操作上，而可以将更多的时间和精力投入到创造性和高价值的工作中。

数字化技术为员工提供了更多的数据和信息支持。企业可以通过各种软件和系统收集、分析和共享数据，从而帮助员工更好地了解市场趋势、客户需求和竞争对手情况。这使得员工能够基于数据进行决策和规划，提高工作的准确性和效率。同时，数字化技术还提供了更多的沟通和协作工具，使员工能够更加便捷地与同事和合作伙伴进行交流和合作。

（二）增强员工参与和沟通

科技的发展在很大程度上促进了员工参与和沟通的增强。现如今，通过社交媒体、企业内部平台和在线协作工具等，员工可以更加方便地与同事和管理层进行交流和分享。

社交媒体为员工提供了一个开放性的沟通渠道。员工可以通过微信、QQ等社交媒体平台与同事们建立联系，分享工作中的经验、问题和想法。这种实时的互动使得员工之间的沟通更加便捷高效，有助于快速解决问题和取得更好的工作成果。

企业内部平台成了员工交流和信息共享的重要工具。通过内部论坛、即时通信工具和协作平台，员工可以随时随地与同事们进行交流和合作。他们可以分享项目进展、提出建议和意见，并与其他团队成员协作完成任务。这种跨部门、跨地域的协作方式打破了时间和空间的限制，提高了工作效率和团队协作能力。

在线协作工具也在很大程度上改善了员工与管理层之间的沟通。通过视频会议、远程办公等工具，员工可以与领导进行实时的沟通和交流。这种直接的互动让员工感受到被关注和重视，同时也有利于领导了解员工的需求和问题，及时提供支持和解决方案。

科技与员工关系融合也会带来了一些挑战。随着科技的广泛应用，员工的个人信息和工作数据可能被收集和使用。雇主需要确保员工的隐私权得到尊重，同时采取措施保护数据安全，防止信息泄露和滥用。

科技也可能导致员工的不安全感和职业焦虑。自动化和机器人的出现可能会替代一些传统岗位，使员工面临失业风险。因此，企业需要积极应对这一问题，提供培训和转岗机会，帮助员工适应新的工作要求和发展方向。

第二节 团队管理与员工关系的协同作用

团队管理与员工关系是组织中两个重要的方面，它们之间存在着协同作用。团队管理涉及对团队的组织、领导和激励，以实现团队的目标和使团队成员发挥出最大的潜力；而员工关系则关注的是组织与员工之间的互动和沟通，以建立良好的工作环境和积极的员工态度。

一、目标一致

团队管理与员工关系之间的协同作用主要表现在目标的一致性上。团队管理通过明确团队的目标并制定相应的策略和计划，而员工关系则通过有效的沟通和参与机制，让员工理解和接受这些目标，并为其贡献自己的力量。当团队管理和员工关系能够紧密配合，使得团队目标与员工期望保持一致，就能够达到更好的协同效果。

（一）战略目标的一致性

团队管理与员工关系的协同作用首先体现在战略目标的一致性上。组织制定战略目标时，需要将其传达给团队成员，并让他们理解和认同这些目标的重要性。这时候，员工关系的作用就显得尤为重要。良好的员工关系可以建立开放和透明的沟通渠道，使领导者能够向员工详细解释战略目标的背景和意义，回答员工的疑问和担忧，增加员工对战略目标的理解和认同。同时，员工关系还可以通过各种参与机制（如员工代表会议、团队讨论等）让员工参与到目标制定的过程中，从而增加员工的投入感和责任感，提高他们对目标的接受度。

（二）组织目标的传导

团队管理与员工关系的协同作用体现在组织目标的传导上。一旦战略目标确定，就需要将其传导给不同层级和各个团队，确保每个人都明确自己的职责和目标，以便实现整体目标的顺利推进。团队管理负责将战略目标分解为具体的任务和指标，并通过团队会议、目标设定等方式向团队成员进行传达。而员工关系则负责建立有效的沟通渠道和机制，确保信息能够流动畅通。良好的员工关系可以提供及时的反馈和沟通机制，让领导者能够向团队成员传递关键信息、解答疑问、提供支持和资源，帮助他们理解和完成自己的目标。同时，员工关系还可以促进团队成员之间的合作和协调，避免目标冲突和重复劳动，提高工作效率。

(三) 目标的调整与迭代

团队管理与员工关系的协同作用还体现在目标的调整与迭代上。随着外部环境的变化和组织的发展，战略目标可能需要进行调整和修正。在这个过程中，团队管理和员工关系需要相互配合，确保调整后的目标能够及时传达给团队成员，并帮助他们重新定位自己的任务和责任。良好的员工关系可以提供开放和透明的沟通渠道，让领导者能够与员工进行及时的交流和反馈，解释调整目标的原因和影响，并根据员工的反馈和建议进行必要的修正。同时，团队管理还可以通过有效的培训和发展计划，提升团队成员的能力和素质，以适应新目标的要求。

二、信息流通

团队管理与员工关系之间的协同作用主要表现在信息流通上。团队管理需要不断地向团队成员传递重要信息，包括任务分配、工作进展、反馈等。而员工关系则负责建立良好的沟通渠道和机制，确保员工能够及时了解到组织的决策和变化。当团队管理和员工关系能够密切配合，形成顺畅的信息流通，就能够提高团队的协同效率和响应能力。

(一) 信息交流的双向性

团队管理与员工关系的协同作用表现在信息交流的双向性上。有效的信息流通不仅仅是领导者向员工传递信息，也包括员工向领导者反馈问题、意见和建议。团队管理需要倾听员工的声音，理解他们的需求和困扰，并根据这些反馈做出相应的调整和改进。而良好的员工关系可以鼓励员工敞开心扉地与领导者沟通，提供真实的反馈和建议。

通过定期的个别面谈、员工满意度调查等方式，领导者可以与员工进行深入的交流，了解他们的工作情况、问题和建议，及时采取措施解决问题，增强员工对组织的归属感和满意度。当团队管理和员工关系能够形成良好的信息交流机制，信息能够自由地在团队内部流动，就能够提高团队成员的参与度和工作效率。

(二) 信息共享的透明性

团队管理与员工关系的协同作用还表现在信息共享的透明性上。透明的信息共享可以帮助团队成员了解整个组织的情况，增强他们对组织的认同感和归属感。团队管理需要确保重要信息能够及时传达给团队成员，让他们了解组织的目标、战略和变化。而良好的员工关系可以建立开放和透明的沟通氛围，鼓励领导者与员工分享信息，包括组织的发展动态、业绩状况、竞争环境等。

通过定期的团队会议、内部刊物、公司内部网站等方式，领导者可以向团队成员分享组织的最新信息，并解答他们的疑问和担忧。同时，良好的员工关系也可以促使员工自愿地分享信息，例如经验交流、工作成果展示等，从而增强团队成员之间的合作和学习。当团队管理和员工关系能够形成透明的信息共享机制，信息能够自由地在团队内部共享，就能够提高团队的协同作业效率和创新能力。

（三）信息反馈的及时性

团队管理与员工关系的协同作用还表现在信息反馈的及时性上。良好的信息反馈机制可以帮助领导者了解团队成员的工作进展、困难和需求，及时采取措施解决问题并给予支持。团队管理需要建立有效的反馈渠道，让团队成员能够及时向领导者汇报工作进展、遇到的问题以及对工作的建议。而良好的员工关系可以鼓励员工敞开心扉地与领导者进行沟通，并提供真实的反馈。

通过定期的个别面谈、工作回顾会议等方式，领导者可以与员工进行深入的交流，了解他们的工作情况、问题和需求，并根据反馈做出相应的调整和改进。同时，良好的员工关系还可以通过适当的奖励和认可机制，激励员工积极参与反馈，提供准确和有价值的信息。当团队管理和员工关系能够形成及时的信息反馈机制，领导者能够迅速获得团队成员的反馈和建议，及时调整工作方向和资源分配，从而提高团队的协同作业效率和创新能力。

第三节　创新员工关系与团队管理模式在新经济中的应用案例

随着新经济的快速发展，企业面临着日益激烈的竞争和不断变化的市场环境。为了适应这种变化，企业需要采取创新的员工关系和团队管理模式，以激发员工的创造力和潜力，提高团队的效能和竞争力。

案例一：谷歌的"20%时间"政策

谷歌是全球知名的科技公司，以其创新性和领导地位而闻名。其中，谷歌的"20%时间"政策是一个被广泛关注和应用的创新员工关系和团队管理模式。

（一）"20%时间"政策的概述

谷歌的"20%时间"政策允许员工每周将20%的工作时间用于自己感兴趣的项目或研究，而不受正式工作任务的限制。这意味着员工有更多的自主权和自由度，可以选择并专注于他们认为有意义的工作。

（二）政策的背景与目的

该政策源于谷歌创始人之一拉里·佩奇的理念。他认为，员工应该有时间去追求自己的创造力和兴趣，而不仅仅是完成分配给他们的任务。因此，佩奇提出了这个政策，旨在激发员工的创造力和推动创新。

（三）实施过程与支持措施

为了确保"20%时间"政策的顺利实施，谷歌采取了一系列支持措施。公司鼓励员工在团队会议中分享他们的项目和进展情况，以促进交流和合作。谷歌提供了必要的资源和支持，包括技术设备、培训和导师指导，以帮助员工在自己的项目上取得成功。

（四）收益与影响

通过"20%时间"政策，谷歌收获了许多收益和积极影响。这种政策激发了员工的创造力和激情，使他们有更大的动力去追求自己的兴趣和目标。这种自由度和灵活性促进了跨团队的合作和知识共享，进一步推动了创新。最重要的是，谷歌通过这种政策不断推出新产品和服务，保持了竞争优势，并在全球市场中获得了成功。

谷歌的"20%时间"政策成功的证明了在新经济中，给予员工更多的自主权和自由度，鼓励他们参与创新和实验，是提高企业竞争力和创造力的关键因素之一。其他企业可以借鉴谷歌的经验，并根据自身的情况进行调整和改进，以推动组织的创新和发展。

案例二：苹果的"设计驱动"

苹果是全球知名的科技公司，以其创新性和独特的产品设计而著称。苹果的"设计驱动"理念是一个被广泛关注和应用的创新员工关系和团队管理模式。

（一）"设计驱动"理念的概述

苹果的"设计驱动"理念将设计视为核心竞争力和创新的驱动力。在苹果，设计不仅仅是外观和功能，更是用户体验的核心。该理念强调将用户需求和创新融入产品设计的每个方面，以打造出独特、易用且具有吸引力的产品。

（二）"设计驱动"理念的背景与目的

苹果创始人史蒂夫·乔布斯是设计驱动理念的倡导者。他相信优秀的设计能够改变用户的生活，并赋予产品以情感和价值。因此，苹果致力于将设计作为公司文化的核心，以提供卓越的用户体验和创新的产品。

（三）实施过程与支持措施

为了实施"设计驱动"理念，苹果公司注重招聘和培养具有设计思维和创造力的人才，建立了专业的设计团队。苹果在产品开发过程中强调跨部门的合作和沟通，以确保各个方面都能兼顾用户需求和创新。苹果还投入大量资源用于设计研发和用户体验测试，以不断提升产品的质量和性能。

（四）应用案例：iPhone

一个典型的应用案例是苹果的 iPhone。在 iPhone 的设计过程中，苹果团队将用户体验放在首位，并注重细节和简洁性。他们深入了解用户的需求和行为习惯，以此来指导产品设计和功能开发。结果，iPhone 成了全球最畅销的智能手机之一，引领了移动设备市场的变革。

（五）收益与影响

通过"设计驱动"理念，使苹果能够推出具有独特外观和卓越用户体验的产品，从而赢得了消费者的喜爱和忠诚。苹果的设计驱动理念也推动了整个行业对于产品设计和用户体验的重视，提高了整体市场的水平和标准。

通过将设计作为核心竞争力和创新的驱动力，苹果在新经济中取得了巨大的成功。其他企业可以借鉴苹果的经验，并将设计思维和用户体验融入自己的产品开发和团队管理中，以提升竞争力和创造力。在新经济时代，注重设计和用户体验已经成为企业取得成功的重要因素之一。

第十五章　人力资源发展策略

第一节　新经济环境下的人力资源需求和供给特点

随着经济的发展和科技的进步，全球范围内都出现了新经济环境的兴起。在这个新经济环境下，人力资源的需求和供给也发生了一系列的变化。

一、灵活性与多样性的增加

在新经济环境下，人力资源需求和供给呈现出许多特点。其中最显著的特点之一是灵活性与多样性的增加。随着科技的迅猛发展和全球化的深入推进，传统产业正在逐渐被数字化和智能化取代，新兴产业蓬勃发展，对人力资源提出了更高的要求。

（一）更加灵活

新经济环境下的人力资源需求变得更加灵活，传统意义上的稳定长期就业正逐渐被弹性就业所取代。这种变化主要体现在企业对于雇佣形式的改变以及员工对于工作方式的选择上。

在过去，大部分企业倾向于雇佣固定的全职员工，提供长期稳定的就业机会。然而，随着市场竞争的日益激烈和技术创新的快速发展，企业需要更加灵活的劳动力来应对市场需求的变化。因此，越来越多的企业开始采取雇用临时工、合同工、兼职工等灵活的用工方式。

通过雇用临时工，企业可以根据项目需求灵活地增减人力资源，避免了长期招聘和培训的成本。临时工可以在需要时迅速加入团队，并在项目结束后离开，从而提高了企业的运营效率。同时，企业还可以根据具体项目的特点，选择拥有相关专业知识和技能的临时工，提高工作质量和效果。

合同工也成为新经济环境下常见的用工形式。与传统全职员工不同，合同工的雇佣关系以固定期限或特定项目为基础，双方在合同中明确了工作内容、薪酬待遇和劳动条件等细节。企业通过雇佣合同工可以根据市场需求的波动灵活调整人力资源配置，并在合同到期后决定是否续约或解除雇佣关系。

兼职工也成为越来越多人选择的就业方式。随着互联网的普及和在线平台的兴起，兼职工作机会大大增加。许多人通过兼职工作来实现自己的个人兴趣和发展需求，同时也能获得一定的收入。对于企业而言，雇佣兼职工可以在繁忙时段提供额外的劳动力支持，而无须支付全职员工的高额薪酬和福利费用。

（二）技能的更新和转型

在新经济环境下，技能的更新和转型变得更加重要。随着科技的迅猛发展，许多传统产业的工作岗位面临被自动化取代的风险，而新兴产业对于新技术和新知识的需求日益增长。因此，人力资源供给方面需要注重培养和提升员工的技能水平，以适应新经济的需求。

为了跟上科技的进步，企业应该不断投资于员工的培训和教育，帮助他们掌握新的技能和知识。例如，传统制造业中的工人可能需要学习如何操作自动化生产线，数据分析师可能需要学习人工智能和大数据分析的技术。通过持续的学习和培训，员工可以适应新技术和工作方式的变化，从而保持竞争力。

员工也需要主动学习和转型，增强自身的适应能力和竞争力。在新经济中，技能的更新速度很快，过去的知识和技能可能很快过时。员工应该积极主动地学习新知识和技能，不断提升自己的专业能力。这可以通过参加培训课程、自学、参与项目等方式实现。同时，员工也应该保持开放的心态，愿意接受新的挑战和变化，积极适应工作环境的变化。

政府和教育机构也需要关注技能的更新和转型。政府可以制定相关政策，鼓励企业提供培训机会，促进技能的更新和转型。教育机构可以调整课程设置，增加新技术和新知识的教学内容，为学生提供适应新经济需求的教育。政府和教育机构与企业之间的合作可以帮助人力资源供给方面更好地满足新经济的需求。

二、数字化技术的应用

新经济环境下的人力资源需求和供给特点与数字化技术的应用密切相关。数字化技术的广泛应用对于人力资源管理产生了深远影响，也带来了一系列的需求和供给特点。

（一）效率和精确度

数字化技术的应用在人力资源供给方面提高了效率和精确度。传统的人才供给方式通常需要依赖招聘广告、猎头公司等中介机构，整个流程耗时且不够精准。然而，随着数字化技术的发展，人才供给变得更加便捷和精确。

通过在线招聘平台和人才管理软件等工具，企业可以直接发布招聘信息，省去了传统方式中的烦琐环节。企业可以在平台上详细描述岗位需求和要求，吸引合适的候选人。

同时，候选人也可以通过平台主动搜索和申请感兴趣的职位，提高了供给的灵活性和互动性。

数字化技术的应用使得候选人筛选更加高效和精确。通过人才管理软件，企业可以利用关键词匹配、简历自动筛选等功能，快速地从大量的申请者中找到符合条件的候选人。这种自动化的筛选过程节省了大量时间和人力成本，同时也减少了人为因素对于候选人评估的干扰，提高了供给的准确性和公正性。

数字化技术还提供了更多数据支持，帮助企业更好地了解候选人的能力和背景。通过在线申请和面试平台，企业可以收集到候选人的详细信息和评估结果。这些数据可以被整理和分析，为企业提供更全面、客观的候选人评估依据。同时，企业也可以利用数据分析工具进行人才预测和人力资源规划，提前做好供给的准备，提高供给的质量和效果。

（二）组织形式和方式

数字化技术的应用改变了人力资源管理的组织形式和工作方式，实现了信息化和网络化。

传统的人力资源管理依赖于纸质文件和传真等手段进行信息记录和沟通，这种方式效率低下且容易出错。然而，随着数字化技术的发展，人力资源管理实现了信息化的转变。通过人力资源信息系统、电子档案管理系统等工具，企业可以集中存储和管理员工的信息。这些系统可以方便地记录和更新员工的个人资料、合同信息、薪酬福利等数据，实现了信息的集中化和统一化管理。同时，数字化技术还提供了快速查询和检索的功能，使得人力资源部门能够更加高效地获取所需的信息，提升工作效率。

数字化技术的应用使得远程协同工作成为可能，改变了人力资源管理的工作方式。通过云平台、在线协作工具等技术，人力资源部门可以与各个部门和分支机构实现即时沟通和协作。无论是跨地域的招聘、培训活动，还是员工绩效评估和沟通，都可以通过视频会议、实时消息等方式进行。这种远程协同工作的方式不仅提高了响应速度，减少了沟通成本，还使得人力资源部门能够更好地跨部门合作，协调各方利益，为企业提供更全面和一致的人力资源支持。

三、跨界合作与知识共享

跨界合作与知识共享也是人力资源需求和供给呈现出的特点。这些特点是由数字化技术的快速发展、全球化竞争的加剧以及创新驱动的经济转型等因素所引起的。

在过去，人力资源供给往往依赖于传统的人才培养渠道，如高校教育和专业培训等。然而，新经济环境下的人才需求日益多样化和复杂化，单一的培养渠道难以满足企业的需要。因此，跨界合作成了一种重要的人力资源供给方式。企业通过与高校、研究机构、科技企业等进行合作，共同开展人才培养和技术创新项目，实现知识和资源的共享。这种跨界合作不仅有助于人才的培养和储备，还促进了产学研结合，加快了科技创新和经济发展。

知识共享成为新经济环境下人力资源供给的重要特点之一。在传统经济中，知识往往被视为企业的核心竞争力，很少主动进行分享和交流。然而，在新经济环境下，知识共享成为一种重要的合作方式。企业通过建立开放式的创新生态系统，与合作伙伴共享知识和资源，推动创新和发展。例如，一些企业会通过开放源代码软件、参与行业联盟、举办技术交流会议等方式，主动分享自己的技术和经验，吸引更多的人才和合作伙伴加入创新网络中。这种知识共享的方式有助于提升整个产业链的创新能力，推动新经济的发展。

新经济环境下人力资源供给还具有高度的灵活性和流动性。随着全球化竞争的加剧和科技的进步，人才的流动性越来越高。人才可以通过跨国公司、项目合作、远程办公等方式，不受地域限制地参与各类工作。同时，人才的需求也变得更加灵活多样，企业可以通过外包、人才租赁、自由职业者等形式灵活配置人力资源，根据实际需要进行招聘和解雇，以适应市场的变化和业务的发展。

第二节 人力资源发展策略规划与实施

随着社会的不断发展和企业竞争的加剧，人力资源发展策略的规划与实施变得尤为重要。人力资源发展策略旨在通过合理配置和有效利用人力资源，提高企业绩效和竞争力。

一、人力资源发展策略规划与实施的关键步骤

（一）环境分析

环境分析是人力资源发展策略规划与实施的关键步骤之一，通过对外部环境和内部资源进行全面评估，能够更好地了解行业动态、市场需求和竞争状况，以及企业内部的人力资源状况和潜力。环境分析的目的在于为制定合理的人力资源发展策略提供有力支持。

1.外部环境分析

外部环境分析主要包括行业分析、市场分析和竞争分析。

（1）行业分析。

了解所处行业的发展趋势、政策法规、技术创新等方面的情况。可以通过收集行业报告、参加行业会议等方式获取相关信息。

（2）市场分析。

研究市场需求、消费者偏好、竞争对手等因素，确定市场的变化趋势和机会。可以通过市场调研、客户反馈等方式获取相关信息。

（3）竞争分析。

分析竞争对手的优势、劣势、战略和人才队伍等方面的情况，以便制定有效的竞争策略。可以通过竞争对手的年报、新闻报道等方式获取相关信息。

2.内部资源分析。

内部资源分析主要包括人力资源分析、组织结构分析和文化氛围分析。

（1）人力资源分析。

评估企业现有的人力资源状况，包括员工数量、岗位需求、员工素质和能力等方面。可以通过员工档案、绩效评估结果等方式获取相关信息。

（2）组织结构分析。

了解企业的组织结构、职责分工和决策流程等方面的情况，以便优化组织架构和提高工作效率。可以通过组织机构图、工作流程图等方式获取相关信息。

（3）文化氛围分析。

分析企业的价值观、企业文化和员工关系等方面的情况，以便营造积极向上的工作氛围和凝聚力。可以通过员工调查、文化活动参与度等方式获取相关信息。

通过外部环境分析和内部资源分析，企业可以全面了解自身所处的环境条件和资源状况，从而为制定合理的人力资源发展策略提供依据。在进行环境分析时，企业可以借助市场调研公司、咨询顾问等专业机构的支持，也可以通过内部调研、员工反馈等方式收集相关信息。在分析过程中，需要注意数据的真实性和可靠性，尽可能多角度地获取信息，避免片面或主观的判断。只有通过准确的环境分析，企业才能更好地制定人力资源发展策略，提高组织的竞争力和适应能力。

（二）制定目标

制定目标是人力资源发展策略规划与实施的重要步骤之一，通过根据环境分析的结果，确定人力资源发展的长期目标和短期目标，以确保目标的可行性和可量化性。合理的目标设定可以有效指导企业的人力资源管理和发展方向，提高组织绩效和竞争力。

1.长期目标

长期目标是指企业在较长时期内（通常为3～5年）希望达到的人力资源发展结果。制定长期目标需要考虑企业的战略定位、发展规划和市场需求等因素。

例如，一个制造业企业的长期目标可能是通过培养高素质的技术人才和优秀的管理人才，提高生产效率和产品质量，成为行业领军企业。

2.短期目标

短期目标是指企业在较短时期内（通常为1年）希望达到的具体人力资源发展结果。短期目标应该与长期目标相一致，并且具有可操作性和可衡量性。

例如，一个零售企业的短期目标可能是在一年内招聘并培训一定数量的销售人员，提高销售额和市场份额。

（三）制定策略

制定策略是人力资源发展策略规划与实施的关键步骤之一。在制定策略时，需要结合目标和现实情况，针对不同方面制定相应的人力资源发展策略。这些策略能够帮助企业提升员工素质、激发员工潜力，从而实现人力资源的有效配置和利用。

1.招聘策略

招聘策略是确保企业能够吸引和选拔到适合岗位需求的人才的重要手段。制定招聘策略时，需要考虑所需人才的特征和背景，以便更精准地开展招聘活动；选择合适的招聘渠道，如在线招聘平台、校园招聘、猎头服务等，以便吸引到优秀的候选人；准确描述岗位职责和要求，以便候选人能够了解岗位的需求和期望；建立科学有效的面试和评估流程，以筛选出最适合岗位的人才。

2.培训策略

培训策略是提升员工技能和职业素养的重要手段。制定培训策略时，需要通过员工绩效评估、岗位需求分析等方式，确定培训的重点和内容；选择合适的培训方式，结合现实情况确定培训的形式并确保足够的培训资源和预算。

3.薪酬福利策略

薪酬福利策略是吸引和激励员工的重要手段。制定薪酬福利策略时，需要了解行业内薪酬水平和趋势，确保企业的薪酬具有竞争力；将绩效与薪酬挂钩，激励员工通过优异表现获得更高的薪资回报；提供有竞争力的福利待遇。

在制定策略时，需要综合考虑企业的实际情况、目标要求以及市场需求。策略的制定应是一个动态的过程，随着环境的变化和业务需求的调整，需要及时对策略进行评估和调整。只有制定合适的策略，才能更好地推动人力资源的发展和组织的持续增长。

(四) 实施计划

实施计划是将制定的策略转化为具体的行动计划,包括时间安排、资源配置和责任分工等,以确保策略的顺利实施。一个明确而有效的实施计划能够帮助企业在执行过程中更好地组织和管理人力资源。

1.时间安排

制定时间安排是为了合理安排各项行动计划的执行时间,确保人力资源发展策略按计划进行。时间安排需要考虑到不同策略之间的先后关系和相互影响,同时也要充分考虑资源的可用性和实际操作的可行性。根据策略的优先级和紧迫程度,将整个实施过程分解为具体的时间节点和阶段,为每个阶段设定明确的时间目标和截止日期。

2.资源配置

资源配置是指将必要的人力、财务、物资等资源合理地分配到各项行动计划中,以支持人力资源发展策略的实施。资源配置需要根据策略的需求和实际情况,进行综合考虑和平衡。例如,为培训策略安排合适的培训师资和培训设施;为招聘策略提供足够的招聘渠道和人力资源信息系统支持。同时,还需要预留一定的资源储备,以应对可能出现的变动和紧急情况。

3.责任分工

责任分工是指将各项行动计划分配给相应的团队或个人,并明确其在实施过程中的职责和权责。责任分工需要根据人员的专业能力、经验和兴趣进行合理匹配,确保每个团队成员清楚自己的任务和目标,并能够协同合作完成工作。在责任分工中,还需要设立明确的沟通渠道和反馈机制,以促进团队之间的信息共享和协作。

在制定实施计划时,需要充分考虑各项策略之间的关联和协同性,避免出现冲突和重复。同时,还应该预留一定的灵活性,以应对外部环境变化和业务需求调整。只有通过明确的实施计划,才能更好地组织和管理人力资源,确保策略的有效执行和目标的顺利实现。

二、人力资源发展策略规划与实施的方法

(一) SWOT 分析

SWOT 分析是一种常用的人力资源发展策略规划和实施方法,通过对企业的优势(Strengths)、劣势(Weaknesses)、机会(Opportunities)和威胁(Threats)进行全面分析,确定人力资源发展的重点和方向,并制定相应的策略和措施。

1.优势（Strengths）

优势是指企业在人力资源方面具备的相对于竞争对手的独特或突出的优势。通过识别和评估企业的优势，可以明确人力资源发展中可以利用的内部资源和能力。例如，企业拥有优秀的员工队伍、先进的技术和设备、良好的品牌声誉等。

2.劣势（Weaknesses）

劣势是指企业在人力资源方面相对于竞争对手存在的不足或弱点。通过识别和评估企业的劣势，可以了解人力资源发展中需要改进或加以补强的方面。例如，企业缺乏特定领域的专业人才、组织结构不灵活、薪酬福利不吸引等。

3.机会（Opportunities）

机会是指外部环境中可能带来的有利条件和发展机遇。通过识别和评估企业面临的机会，可以抓住市场机遇，调整人力资源发展策略以适应市场需求。例如，市场增长潜力大、技术创新带来的新机会、人才供给充足等。

4.威胁（Threats）

威胁是指外部环境中可能对企业产生负面影响或带来潜在风险的因素。通过识别和评估企业面临的威胁，可以制定相应的应对措施，降低风险并保证人力资源发展的顺利进行。例如，竞争加剧、法律法规变化、经济不稳定等。

基于SWOT分析的结果，企业可以制定相应的人力资源发展策略和具体的行动计划。针对优势，可以进一步发展和巩固，提高核心竞争力；针对劣势，可以采取培训和改进措施，提升员工素质和组织效能；针对机会，可以抓住市场机遇，加强人才储备和技术创新；针对威胁，可以制定风险应对计划，减少潜在影响。

（二）人才需求预测

人才需求预测是指通过对市场需求和企业发展趋势进行研究，以预测未来人才需求的变化。这样可以帮助企业合理安排人力资源的配置和开发，从而满足未来的业务需求。

随着社会经济的不断发展和技术的进步，各行各业都在不断变革和创新。企业需要准确地预测未来的人才需求，以适应快速变化的市场环境。

人才需求预测主要包括以下几个方面。

1.市场需求分析

通过对市场趋势、行业发展和消费者需求的研究，了解未来的市场需求变化。例如，对于电子商务行业来说，随着互联网普及和消费习惯的改变，电子商务平台可能会需要更多的技术人才和数据分析师。

2.企业战略规划

企业的发展战略和目标也是影响人才需求的重要因素。通过分析企业的战略规划，可以了解企业未来的业务扩张计划、产品研发方向等，从而预测所需人才的类型和数量。

3.人口结构和劳动力市场

人口结构和劳动力市场的状况也会对人才需求产生影响。例如，随着人口老龄化趋势的加剧，医疗、养老等行业可能需要更多的护理人员和老年健康管理师。

4.教育培训需求

根据预测的人才需求变化，可以合理规划教育培训资源，为未来提供所需的专业人才。通过与教育机构和培训机构的合作，可以提前培养适应未来需求的人才。

（三）培训与开发

培训与开发是指通过制定培训计划和开发项目，提升员工的专业技能和职业素养，以满足企业发展的需要，并激励员工的学习动力和发展潜力。

在现代竞争激烈的商业环境中，企业要保持竞争优势，不仅需要拥有高素质的员工队伍，还需要不断提升员工的综合能力和适应能力。

培训与开发可以提升员工的职业素养。职业素养包括沟通能力、领导力、团队合作能力等方面，这些素养对于员工的职业生涯和个人发展非常重要。通过培训和开发计划，员工可以接受职业素养方面的指导和培训，提高自己在工作中的综合素质和能力。

培训与开发还可以激励员工的学习动力和发展潜力。员工参与培训和开发项目，可以感受到企业对他们的关注和支持，从而增强他们的归属感和忠诚度。同时，培训和开发也为员工提供了一个不断学习和成长的机会，激发他们的学习动力和发展潜力，有助于提高员工的工作积极性和创造力。

培训与开发对于企业发展也具有重要意义。通过培养和开发内部人才，企业可以提升整体团队的素质和竞争力。同时，培训和开发也可以帮助企业培养未来的领导者和核心骨干，为企业的长远发展打下坚实的基础。

第三节 创新人力资源管理模式的应用案例

创新的人力资源管理模式在不同的组织和行业中都有广泛的应用。以下是几个具体案例，展示了创新人力资源管理模式的成功应用。

一、Netflix

Netflix 是一家全球领先的流媒体娱乐公司，其在人力资源管理方面一直以创新而著称。其中一个引人注目的创新人力资源管理模式是采用了一种名为"无限休假"的政策。该政策允许员工根据自己的需求和工作安排自主选择休假时间，而不受固定假期的限制。这种创新的人力资源管理模式在提高员工满意度、工作效率和企业形象方面发挥了重要作用。

（一）政策背景

Netflix 的"无限休假"政策是基于对员工福利和工作灵活性的深入思考和理解而设计的。传统的假期制度往往存在诸多限制和约束，例如固定的年假天数、特定的休假时段等，这可能使员工感到束缚和压力。因此，Netflix 决定通过创新的方式打破这些限制，提供更大的自主权和灵活性，以帮助员工更好地平衡工作和生活。

（二）政策内容

Netflix 的"无限休假"政策具体内容如下。

1.自主选择休假时间

员工可以根据自己的需要和工作安排自主选择休假时间，而不受固定假期的限制。他们可以根据个人的工作进展、项目需求和个人事务等因素合理安排休假。

2.无须提前申请

员工无须提前申请休假，也无须经过烦琐的审批程序。只需与团队成员进行沟通，确保工作任务的顺利交接即可。

3.着重结果导向

该政策强调员工的工作成果和绩效，而非工作时间的长短。只要员工能够在规定的时间内完成工作任务并达到预期目标，就可以自由安排休假时间。

4.鼓励休假文化

Netflix 鼓励员工充分利用这一政策，希望员工能够积极地休假，放松身心，从而更好地迎接工作挑战。

（三）政策适用范围和限制

1.针对全体员工

Netflix 的"无限休假"政策适用于所有员工，无论其职位级别或工作年限如何。这意味着每个员工都享有相同的权益和福利。

2.合理使用

虽然政策鼓励员工自主选择休假时间，但需要合理使用，确保工作任务的顺利进行。

员工需要与团队成员进行沟通,并根据项目和工作需求合理安排休假时间。

3.公司文化支持

该政策需要公司具备支持员工休假的文化氛围,包括鼓励员工休假、强调结果导向等。只有这样,政策才能真正发挥作用。

二、Patagonia

Patagonia是一家美国户外服装和用品公司,以其环保和可持续发展的价值观而闻名。该公司一直致力于在员工福利和人力资源管理方面实施创新和进步。其中,Patagonia实施了一套名为"灵活工作制度"的政策,以满足员工的个人需求和提高工作效率。

(一)灵活工作制度的概述

灵活工作制度是指通过调整工作时间、工作地点和工作方式等,以适应员工的生活和个人需求,并提高员工的工作效率和满意度。它赋予员工更多自主权,让他们能够更好地平衡工作与生活的关系。

(二)Patagonia的灵活工作制度

Patagonia的灵活工作制度具体包括以下几个方面。

1.弹性工作时间

Patagonia允许员工根据个人需要自由选择工作时间。除了核心工作时间外,员工可以自由安排工作日程,例如早上或晚上加班,或者在某些特定的日子提前下班。这种弹性工作时间使得员工能够更好地适应个人生活的需求,提高工作效率。

2.远程工作

Patagonia鼓励员工在需要的情况下选择远程工作。他们提供了必要的技术支持和设备,使得员工可以在家或其他地方完成工作任务。这种灵活的工作方式不仅能够提高员工的工作满意度,还能减少通勤时间和成本,促进工作与生活的平衡。

3.子女护理和家庭支持

Patagonia提供全面的子女护理和家庭支持服务,以帮助员工平衡工作和家庭责任。他们为员工提供了托儿所、灵活的产假和陪产假政策,并且鼓励员工与家人共享更多的时间。这种关注员工家庭需求的做法有助于增强员工对公司的忠诚度和工作效率。

(三)灵活工作制度的优势

Patagonia的灵活工作制度带来了许多优势。

1.提高员工满意度

通过给予员工更大的自主权和选择权,使他们能够更好地平衡工作和生活的关系,提高了员工的满意度和幸福感。

2.促进工作效率

员工在能够自由安排工作时间和地点的情况下,能够更好地适应自己的工作习惯和生产力高峰期,从而提高工作效率。

3.吸引和保留人才

灵活的工作制度是吸引和保留人才的重要因素之一。Patagonia 的灵活工作制度为公司赢得了良好的声誉,吸引了许多优秀的人才加入公司。

4.环保和可持续发展

灵活工作制度减少了员工的通勤时间和交通排放,有助于减少对环境的负面影响,符合 Patagonia 的可持续发展理念。

第十六章　新经济环境下的人力资源多元化与包容性管理

第一节　多元化与包容性管理的概念与原则

多元化与包容性管理是现代组织管理中的重要概念，旨在促进组织内部的多样性和包容性。它们不仅可以帮助组织更好地适应不断变化的社会环境，还可以提高员工的工作满意度、创造力和创新能力。

一、多元化管理的概念与原则

（一）概念

多元化管理是一种管理方式，旨在促进组织内不同种类、背景和特征的人员之间的共存与合作。它强调组织内部的多样性，并将其视为一种资源和优势，而非问题或挑战。多元化管理的核心理念是通过创造一个开放、包容和平等的工作环境，使各种不同的观点、经验和技能得以充分发挥。

多元化管理的目标是建立一个具有多元文化特征的组织，其中员工的多样性被视为一种积极的因素，可以促进创新、提高绩效和增加竞争力。它认为不同背景和特征的员工能够带来不同的思考方式、知识和见解，从而为组织带来更广泛的视野和创造力。通过有效地管理多样性，组织可以更好地适应复杂多变的市场环境，并更好地满足不同客户群体的需求。

多元化管理的实施需要从多个方面进行考虑和落实。组织需要制定多元化政策和目标，明确多元化的重要性并将其纳入组织的价值观和战略规划中。组织需要建立一套公正和公平的招聘和晋升机制，以确保各种背景和特征的员工有平等的机会参与到组织的发展中来。组织还应该提供多样化的培训和发展机会，以帮助员工充分发挥自己的潜力和能力。

（二）原则

多样化管理是一种旨在促进组织内不同背景、特征和经验的员工共存与合作的管理方式。在实施多样化管理时,可以遵循以下原则。

1.价值观引导

多样化管理应该成为组织的核心价值观之一。组织需要明确表达对多样性的重视,并将其纳入组织的使命和愿景中。这意味着组织要鼓励员工的独特性,尊重他们的差异,创造一个包容、公平和平等的工作环境。

2.领导层支持

多样化管理需要得到组织领导层的全面支持和承诺。领导层应该在行动上示范出对多样性的重视,并通过建立相应的政策和程序来推动多样性的发展。他们还应该主动参与多样化管理的推进,树立榜样,为员工提供指导和支持。

3.招聘与晋升的公平性

组织应确保招聘和晋升过程的公平性,避免歧视和偏见的存在。招聘和晋升决策应基于能力、素质和业绩,而不是个人特征或背景。组织可以采用多样化招聘渠道,吸引不同背景和特征的人才,建立倡导多样性的团队。

二、包容性管理的概念与原则

(一)概念

包容性管理是一种管理方式,旨在在组织中创造一个容纳各种观点、背景和经验的环境,并积极支持和利用这些差异。它强调消除偏见,让每个人都感到受到尊重和平等对待。

包容性管理的核心理念是认识到每个人都是独特的,并且拥有不同的观点、价值观和背景。它不仅尊重员工的差异,还鼓励员工将自己的差异带入工作环境中,以推动创新和发展。通过包容性管理,组织可以更好地满足多样化的客户需求,提高团队的合作效率,增强员工的工作满意度和忠诚度。

(二)原则

包容性管理是一种组织管理的理念,旨在创造一个包容、多元、公正和平等的工作环境。它强调尊重和欣赏员工的差异,促进团队成员之间的合作和相互尊重。以下是包容性管理的一些原则。

1.尊重和接纳多样性

包容性管理的核心是尊重和接纳员工的多样性,无论是文化背景、性别、年龄、残疾状况还是其他个体特征。组织应该建立一个开放的氛围,鼓励员工分享自己的观点和经验,同时也要尊重他人的观点和经验。

2.倾听和沟通

包容性管理强调倾听员工的声音和关注员工的需求。领导者应该建立良好的沟通渠道，鼓励员工表达自己的意见和问题。组织还应该提供适当的培训和支持，帮助员工提高沟通技巧和解决问题的能力。

第二节 新经济环境下的多元化与包容性管理挑战

新经济环境下，人力资源的多元化和包容性管理面临着一系列挑战。随着全球化、科技发展和社会变革的加速推进，组织需要适应多样化群体，以满足他们的需求和期望。

一、性别平等

在新经济环境下，人力资源的多元化和包容性管理面临着诸多挑战，其中之一是性别平等。性别平等是指男女在社会、经济和政治等方面享有平等权利和机会的原则。然而，尽管过去几十年来在促进性别平等方面取得了一些进展，但在新经济环境下，仍然存在一些困难和问题。

（一）分工存在性别差异

在新经济中，一些领域如科技和金融依然被认为是男性主导的领域，而护理、教育等行业则被视为女性从业者较多的领域。这种性别差异不仅限制了女性的职业发展机会，也影响了他们在组织中的地位和权力。

（二）晋升和薪酬不平等

尽管女性在教育程度和能力上与男性不相上下，但女性在升职和薪酬方面仍然面临不平等待遇。这可能是由于性别偏见的存在，导致女性往往被低估或被忽视。

（三）工作与家庭平衡

工作与家庭平衡也是性别平等的一个重要方面。在新经济中，工作强度和竞争压力加大，对于女性来说，更难以兼顾工作和家庭责任。缺乏灵活的工作时间安排、儿童照顾设施不足等问题使得女性更难以实现工作与家庭的平衡，限制了她们的职业发展和参与度。

为解决这些挑战，组织和企业需要建立公平的招聘和晋升机制，消除性别偏见。通过设置明确的晋升标准和薪酬体系，确保男女员工在晋升和薪酬方面享有平等待遇。

提供灵活的工作安排和支持，以帮助员工实现工作与家庭的平衡。例如，提供弹性工作时间、远程工作和照顾假期等政策，使员工能够更好地兼顾工作和家庭责任。

组织可以开展性别平等教育和培训，提高员工对性别平等的意识和理解。通过培养包容性的工作环境和文化，鼓励员工参与决策和发言，消除性别偏见。

二、年龄多样性

在新经济环境下，人力资源的多元化和包容性管理还面临着年龄多样性的挑战。随着社会的发展，不同年龄段的员工进入职场，形成了跨代工作团队。这种跨代工作团队的存在给企业带来了机遇和挑战。

年龄多样性能够为企业带来创造力和创新。不同年龄段的员工具有不同的经验、知识和观念，他们可以通过交流和合作，为企业提供不同的思路和解决问题的方法。年轻员工通常具有较强的学习能力和创新思维，能够推动企业的发展和变革；而年长员工则拥有丰富的经验和稳定的工作态度，能够为企业提供稳定的运营基础。因此，合理利用年龄多样性可以增加企业的竞争力和创新能力。

然而，年龄多样性也带来了一些管理上的挑战。不同年龄段的员工对工作的态度、价值观和工作方式存在差异。年轻员工通常更注重个人发展和成长，追求挑战和变革；而年长员工则更注重稳定和安全，倾向于保持现状。这种差异可能导致沟通障碍、合作困难和冲突产生。年龄多样性也可能引发对待升迁机会、薪资待遇等方面的不公平感，进而影响员工的士气和团队凝聚力。

为了有效管理年龄多样性，企业需要采取一些策略和措施。应该鼓励跨代交流和合作。通过组织培训、团队建设活动等方式，促进不同年龄段员工之间的交流与合作，增加彼此的理解和信任；注重个体化管理。针对不同年龄段的员工，制定不同的激励机制和职业发展规划，满足他们的需求和期望；还应该提供相应的学习和发展机会，帮助员工不断更新知识和技能，适应新经济环境的需求。

第三节 多元化与包容性管理策略与实践

在过去，组织更注重员工的数量和技能，而今天，人力资源管理的关注点已经转向了多元化和包容性。多元化和包容性管理是现代组织中的关键概念，它们涉及提供一个公平、开放和包容的工作环境，以吸引和保留不同背景和特点的员工。

一、多元化与包容性管理的策略

（一）建立明确的政策和目标

为了有效实施多元化与包容性管理，组织需要制定明确的政策和目标，并将其纳入组织的战略规划中。这些政策和目标应该明确表达组织对多元化和包容性的重视，并为实现这些目标提供具体的指导和支持。

组织应该明确阐述其对多元化和包容性的价值观和承诺。这可以通过领导者的口头宣示、组织宪章或核心价值观的编制等方式来实现。明确的价值观能够向内部员工和外部利益相关方传递组织对多元化和包容性的重视，并树立组织在这方面的良好形象。

组织还应该为实现多元化和包容性的目标提供支持和资源。这包括培训预算、人力资源支持和技术设施等方面的投入。通过提供必要的资源和支持，组织能够帮助员工更好地理解和应对多样性，并创造一个充满包容性的工作环境。

（二）招聘和选拔策略

在推动多元化与包容性管理的过程中，组织在招聘和选拔过程中应该注重多元化和包容性。除了基本的资格要求，还应考虑候选人的多样性背景和经验。同时，组织应该采取公平的选拔程序，确保所有候选人都能获得公正的机会。

组织应该在招聘广告和宣传中强调对多元化和包容性的重视。这可以通过明确提出组织欢迎不同性别、年龄、文化背景等人才的需求，并强调多样性如何为组织带来创新和竞争优势。

组织在制定招聘标准时应该更加灵活，并考虑到候选人的多样性背景和经验。例如，在技能要求上，可以明确表示对特定语言能力、跨文化沟通或国际经验的关注。组织也应该注意到不同群体可能有不同的学历、工作经验和社交背景，以确保所有候选人都有机会参与到招聘过程中。

组织还可以采取积极的措施来吸引和招聘多样性背景的候选人。例如，与多元化相关的专业组织、社区团体或学术机构建立合作关系，通过参加职业展览、校园招聘活动等方式扩大招聘渠道。组织还可以鼓励员工推荐有多样性背景的候选人，并提供相应的奖励和激励机制。

组织应该定期评估和审查招聘和选拔策略的效果，并进行必要的调整和改进。这可以通过跟踪新员工的绩效表现、员工满意度调查和多样性统计数据等方式来实现。通过持续的监测和反馈，组织可以及时发现问题并采取纠正措施，以确保招聘和选拔过程的多元化与包容性。

（三）制定多元化和包容性的绩效评估指标

为了有效推动多元化与包容性管理，组织应该制定与多元化和包容性相关的绩效评估指标，并将其纳入员工绩效评估体系中。这样做可以激励员工在多元化和包容性方面付出更多的努力，并为组织的发展做出贡献。

组织应该制定具体的绩效评估指标。这些指标可以包括员工的多元化培训参与情况、在团队合作中展示的包容性行为、与不同文化背景客户或合作伙伴的关系建立等方面。

除了评估指标外，组织也应该考虑到员工在多元化和包容性方面的行为和态度。这可以通过定性评估，如观察员工对多样性背景的同事是否展现尊重和关怀、是否主动参与多元化倡议等来衡量。组织还可以通过匿名调查或员工满意度调查来了解员工对多元化和包容性管理的感受和看法。

在绩效评估过程中，组织应该确保评估的公正性和客观性。这可以通过建立评估标准和流程，明确评估指标的权重和标准，以及培训评估者进行客观评价的能力来实现。评估者应该具备足够的专业知识和敏感度，能够理解和评估员工在多元化和包容性方面的贡献。

最后，组织应该定期回顾和分析绩效评估结果，并将其纳入绩效反馈和奖励体系中。这可以激励员工在多元化和包容性方面持续努力，并为组织的发展做出更大的贡献。同时，组织也应该提供必要的培训和支持，帮助员工改进和提高在多元化和包容性方面的绩效。

二、多元化与包容性管理的实践

（一）建立开放和包容性的组织文化

为了实践多元化与包容性管理，组织应该致力于营造一个开放和包容的工作环境，鼓励员工分享自己的观点和经验。领导者在其中扮演着重要角色，他们需要树立榜样，倡导尊重和关怀，并积极处理冲突和不同意见的问题。

组织建立一种开放的沟通氛围，鼓励员工积极参与讨论和表达意见。这可以通过定期组织团队会议、员工交流活动以及设立反馈渠道等方式来实现。领导者应该主动倾听员工的声音，给予积极回应和支持，确保每个员工都有平等的机会发表自己的观点。

领导者应该以身作则，展示出尊重每个员工的独特价值和贡献，并鼓励团队成员之间相互尊重和合作。通过培养关怀和共情的文化，员工能够感受到彼此的支持和关注，从而更加愿意在工作中展现真实的自我。

同时，组织应该积极处理冲突和不同意见的问题。领导者应该倡导开放的讨论和建设性的反馈，帮助员工解决冲突并化解分歧。组织可以提供冲突解决培训，帮助员工学习有效的沟通和协商技巧，从而更好地处理多元化背景和观点之间的冲突。

（二）促进文化交流和庆祝活动

为了实践多元化与包容性管理，组织可以定期举办文化交流和庆祝活动，让员工了解和体验不同文化的特点。这种活动可以增强员工之间的理解和合作，建立更加融洽的工作关系。

组织可以安排文化交流活动，让员工分享自己的文化背景、传统和习俗。这可以通过组织文化展览、文化节日庆祝活动等方式来实现。员工可以展示自己的传统服饰、食物、音乐或舞蹈等，向其他员工介绍自己的文化特色。这样的交流活动可以让员工更好地了解彼此的文化背景，并增进对其他文化的尊重和理解。

组织还可以组织跨文化培训和工作坊，帮助员工更好地理解和应对多样性。这些培训可以涵盖跨文化沟通、文化敏感度、消除偏见等方面的内容。通过这样的培训，员工能够增强对不同文化的敏感度，学会在跨文化环境中进行有效的沟通和合作。

组织可以安排庆祝活动来纪念不同文化的重要节日或纪念日。这可以包括组织特别的聚餐、舞会、音乐会或其他形式的庆祝活动。通过参与这些庆祝活动，员工可以更深入地了解其他文化的传统和价值观，增进彼此之间的友谊和互信。

在促进文化交流和庆祝活动时，组织应该确保活动的多样性和包容性。它应该鼓励员工自愿参与，并尊重每个人的文化差异。同时，组织还可以邀请专业的文化顾问或讲师来分享有关不同文化的知识和经验，以确保活动的准确性和教育性。

最后，组织应该定期评估和调整文化交流和庆祝活动的效果。可以通过员工反馈调查、参与率统计和观察活动的氛围等方式来评估活动的影响力和满意度。根据评估结果，组织可以进行相应的改进和调整，以提高活动的质量和吸引力。

第十七章 人力资源规划与组织设计

第一节 新经济环境下的人力资源规划需求

随着科技的快速发展、经济结构的变革以及全球化的加剧,企业需要更加灵活、高效地管理和配置人力资源,以适应不断变化的市场需求和竞争环境。

一、技术驱动下的人力资源规划

技术驱动下的人力资源规划是指在新经济环境中,通过运用先进的技术手段和方法,提升人力资源管理的效率和精确度。

(一)人工智能与自动化

人工智能技术的发展在人力资源规划中起到了重要作用。人工智能可以通过机器学习和自然语言处理等技术,帮助人力资源部门更好地管理员工信息、进行招聘筛选、智能推荐培训计划等。例如,利用人工智能技术,可以自动筛选简历,快速匹配合适的候选人,大大提高招聘效率和准确性。人工智能还可以应用于员工绩效评估和薪酬管理等方面,提供客观、公正的评估结果。

自动化技术也在人力资源规划中发挥着重要作用。通过引入自动化流程,如自动化考勤系统、自动化培训管理系统等,可以大大减少烦琐的人工操作,提高工作效率和准确度。同时,自动化系统还可以实现员工信息的集中管理和共享,加强各个部门之间的协作和沟通。

(二)云计算与移动化

云计算技术的应用为人力资源规划带来了更大的灵活性和便利性。通过云计算平台,人力资源部门可以实现人员信息的在线存储和共享,随时随地访问和管理员工数据。这种方式方便了不同地点和部门之间的信息交流和合作。

移动化技术的普及也为人力资源规划带来了新的机遇。借助移动设备和应用程序,人力资源部门可以远程管理和监控员工的工作状态和绩效表现,提供实时反馈和指导。移动化技术还可以支持在线培训和学习,提供个性化的学习资源和教育方案,满足员工的学习需求和发展要求。

（三）虚拟化与协同工作

在新经济环境下，虚拟化和协同工作成了一种趋势。虚拟化技术可以通过远程办公、视频会议等手段，将分散的员工资源有效整合起来，实现跨时区、跨地域的协同工作。人力资源部门可以利用虚拟化技术，建立跨部门和跨地域的协作平台，加强团队之间的沟通和协调，提高工作效率和质量。

虚拟化技术还可以支持远程招聘和面试，减少时间和成本开销。通过视频面试等方式，人力资源部门可以与候选人进行实时交流和评估，从而更好地选择合适的人才。

二、跨文化管理的人力资源规划

新经济环境下，跨文化管理成为一个重要的课题。跨文化管理旨在处理和整合来自不同文化背景的员工和客户，以促进组织的成功和持续发展。在这样的背景下，人力资源规划需要与跨文化管理相结合，以满足企业在新经济环境下的需求。

（一）培训和发展跨文化能力

为了应对跨文化管理的挑战，人力资源部门应该加强员工的跨文化能力培训和发展。这包括提供跨文化沟通技巧、解决跨文化冲突的能力以及适应不同文化环境的能力。通过培训和发展，员工可以更好地理解和适应不同文化背景下的工作环境，提高工作效率和团队合作能力。

（二）建立多元化的团队

建立多元化的团队可以带来不同的观点和思维方式。不同文化背景的成员具有各自独特的视角和经验，这将为团队带来更广阔的思维空间。在解决问题和制定决策时，团队成员可以从不同的角度出发，提供全面和多样化的解决方案。这种多元化的思维方式有助于避免主观偏见和局限性，提高团队的创造力和创新能力。

不同文化背景的成员拥有不同的语言、习俗和价值观，通过与他们的交流和合作，团队成员可以学习和理解其他文化的特点和差异。这有助于打破文化壁垒，促进团队成员之间的理解和信任。通过跨文化沟通和合作，团队可以更好地应对国际市场的挑战，拓展业务范围，并获得竞争优势。

随着全球化的发展，企业面临着来自不同文化背景的客户需求的多样化和个性化。建立一个多元化的团队可以更好地理解和洞察不同文化背景客户的需求和偏好，从而提供更加精准和个性化的服务。这有助于增强企业在市场中的竞争力，树立良好的品牌形象，并实现持续的业务增长。

第二节　组织设计与人力资源管理的关系

组织设计与人力资源管理是组织运营中两个密切相关的领域。组织设计是指通过合理规划和安排组织的结构、职责、权力和流程等要素，以实现组织目标的过程。而人力资源管理则关注如何有效地招募、培养、激励和管理组织内的人力资源，以支持组织的战略和运营需求。

这两个领域之间存在紧密的关系，彼此相互影响和支持。下面将从不同角度分析组织设计与人力资源管理的关系。

一、组织设计对人力资源管理的影响

（一）结构设计

结构设计对于人力资源管理的实施有着直接的影响。一个合理的组织结构能够明确各个部门和岗位的职责和权力，从而使得人力资源管理更加高效和有序。

合理的组织结构能够明确各个部门的职责和功能。在一个完善的组织结构中，不同的部门承担着不同的任务和职责，各司其职。人力资源部门在这个结构中起着重要的作用，它负责制定和执行人力资源策略、招聘和培训员工、管理绩效和薪酬等。通过明确人力资源部门的职责，可以确保人力资源管理的专业性和专注性，从而提高管理效果。

合理的组织结构能够明确岗位的职责和权力。每个岗位都应该有明确的职责和权限范围，避免出现职责模糊或重叠的情况。例如，人力资源部门可以负责招聘和选拔新员工，但具体的面试和录用过程可能由部门经理来完成。通过明确各个岗位的职责和权限，可以确保工作流程的顺畅进行，并且减少冲突和误解的发生。

合理的组织结构能够建立有效的沟通和协作机制。在一个分工明确、层级清晰的组织结构中，各个部门和岗位之间的沟通更加直接和高效。人力资源部门可以与各个部门密切合作，了解各个部门的需求和问题，并提供相应的支持和解决方案。同时，不同部门之间也可以通过协调和合作来实现整体目标，促进组织的发展和创新。

（二）流程设计

流程设计在组织中的重要性不言而喻，它对人力资源管理的实施有着直接的影响。一个良好设计的流程能够确保各项工作有序进行，提高效率和准确性。

招聘流程的设计是人力资源管理中至关重要的一环。招聘是组织获得优秀人才的第

一步，因此，一个顺畅、科学的招聘流程至关重要。合理的招聘流程包括岗位需求分析、制定招聘计划、发布招聘广告、简历筛选、面试评估、背景调查等环节。通过明确每个环节的责任和时限，可以确保招聘过程的公正性和透明度，同时减少人力资源部门的工作压力，提高招聘的效率和质量。

绩效管理流程的设计是人力资源管理中不可忽视的一部分。绩效管理是组织管理中的重要环节，它能够促进员工的个人成长和组织目标的实现。一个科学、公正的绩效管理流程包括设定绩效目标、制定绩效评价标准、进行绩效评估、提供反馈和奖惩措施等环节。通过明确绩效管理流程，可以使员工清楚了解自己的工作表现和发展方向，帮助他们实现个人目标并为组织做出更大贡献。

离职流程的设计也是人力资源管理中需要关注的一点。离职流程的设计涉及员工离职手续的办理、知识交接和离职调查等环节。一个完善的离职流程可以帮助组织妥善处理员工的离职事务，确保公司的知识和经验得到良好的传承和利用，同时也能够帮助组织了解员工的离职原因和不满意之处，为人力资源管理的改进提供参考。

二、人力资源管理对组织设计的影响

人力资源管理对组织设计具有重要的影响。在组织设计过程中，人力资源管理可以提供关键的信息和建议，以确保组织的结构、流程和职责分配与人力资源需求相匹配。以下是人力资源管理对组织设计的几个主要影响方面。

（一）组织结构设计

人力资源管理可以提供组织结构设计的建议和指导。根据组织的战略目标和发展需求，人力资源管理可以协助制定合理的组织结构，包括部门划分、层级设置、职权和责任分配等。通过有效的组织结构设计，可以促进信息流通、决策效率和工作协作，提高组织的灵活性和响应能力。

（二）岗位设计和描述

人力资源管理负责定义和描述各个岗位的职责和要求。在组织设计中，人力资源管理可以提供关于岗位设计的建议，确保每个岗位具有明确的职责和工作范围。这有助于避免重复劳动或职责模糊，提高员工的工作效率和满意度。

（三）组织文化和价值观塑造

人力资源管理可以通过各种方式来塑造和传达组织的文化和价值观。在组织设计过程中，人力资源管理可以确保组织的文化和价值观与组织结构和流程相一致。通过明确的组织文化和价值观，可以增强员工的认同感和归属感，促进员工的积极参与和忠诚度。

三、共同目标的追求

组织设计和人力资源管理的最终目标都是为了支持组织的战略和运营需求，提高组织的绩效和竞争力。

（一）适应外部环境

组织设计和人力资源管理都需要考虑外部环境的变化和挑战。组织设计通过合理的组织结构和流程设计，使组织能够更加灵活、敏捷地应对市场的变化和竞争的挑战。人力资源管理通过招聘、培训和发展等措施，确保组织拥有具备必要技能和知识的人才，以满足外部环境变化对人力资源的需求。

（二）建立良好的组织文化

组织设计和人力资源管理都致力于建立积极、健康的组织文化。组织设计通过明确定义组织的核心价值观和行为准则，塑造组织的文化氛围和价值取向。人力资源管理通过培训、沟通和激励等手段，传达和强化组织的文化，引导员工在工作中遵循组织的期望和价值观。

（三）实现组织的战略目标

组织设计和人力资源管理的共同目标是实现组织的战略目标。组织设计通过优化组织结构和流程，确保组织的资源和能力能够有效地支持战略目标的实现。人力资源管理通过招聘、培训和绩效管理等措施，为组织提供具备必要技能和素质的人才，促使他们发挥最佳水平，为组织的战略目标做出贡献。

第三节 创新组织设计模式在新经济中的应用案例

随着新经济的快速发展，传统的组织设计模式面临着许多挑战。为适应新经济的需求，许多企业开始采用创新的组织设计模式，以提高效率、灵活性和创新能力。下面将从不同行业和企业的角度，介绍几个在新经济中成功应用创新组织设计模式的案例。

一、蚂蚁金服

蚂蚁金服是一家以创新组织设计模式为核心的科技公司，在新经济中有着广泛的应用案例。

（一）扁平化组织结构

蚂蚁金服采用扁平化的组织结构，是一种以减少层级和提高灵活性为特点的组织设计模式。传统的层级管理体系往往存在决策慢、沟通不畅等问题，而扁平化组织结构可以有效解决这些问题，促进创新的发生。

在蚂蚁金服的组织结构中，他们取消了过多的层级，实现了更加简洁和高效的工作流程。相比传统的组织结构，扁平化的结构使得团队之间的沟通更为直接和高效，避免了信息传递的滞后和扭曲。同时，扁平化结构也缩短了决策路径，能够更快地响应市场变化和客户需求，提升企业的竞争力。

蚂蚁金服通过设立小团队和赋予员工自主决策权，鼓励员工参与到决策和创新的过程中。小团队的设置能够加强成员之间的合作和沟通，形成高效的工作氛围。同时，赋予员工自主决策权，则能够激发员工的创造力和积极性，使得创新更加容易发生。

蚂蚁金服的扁平化组织结构为员工提供了更多的自由度和责任感。员工在小团队中可以更好地发挥个人的专长和优势，通过合作和协同解决问题。

（二）试错文化

蚂蚁金服是一家鼓励试错文化的企业，他们倡导员工尝试新的想法和方法，并且相信失败也是一种宝贵的学习机会。蚂蚁金服提倡"先行者权益"，给予员工在创新过程中的探索和尝试的自由，这种文化有助于培养敢于创新、勇于尝试的团队，推动企业不断进步。

蚂蚁金服鼓励员工尝试新的想法和方法。他们认为创新是推动企业发展的重要驱动力，因此鼓励员工提出并实施新的想法。无论是产品创新、流程优化还是服务改进，蚂蚁金服都鼓励员工积极参与，并提供支持和资源。这种鼓励创新的氛围激发了员工的创造力和潜力，使得创新成为企业的日常工作。

蚂蚁金服认识到失败也是一种宝贵的学习机会。他们鼓励员工勇于尝试，即使失败也要从中吸取经验教训。在蚂蚁金服的文化中，失败不会被指责或惩罚，而是作为一个机会来反思和改进。这种试错文化让员工敢于面对挑战，愿意尝试新的创新方法，推动企业不断进步。

（三）开放创新平台

蚂蚁金服在新经济中应用了开放的创新模式，建立了一个开放的创新平台，与外部创新者和合作伙伴共同推动创新。他们通过开放 API 接口和生态合作伙伴关系，实现多方协同创新，吸纳外部优秀资源和创新思维，加快产品和服务的迭代和升级。

蚂蚁金服建立了开放的 API 接口，允许第三方开发者和合作伙伴与其平台进行集成和互联。这样的开放性设计使得外部创新者可以更容易地访问和利用蚂蚁金服的技术和资源，为产品和服务的创新带来了更广阔的可能性。通过与合作伙伴的紧密合作，蚂蚁金服能够将各方的优势资源整合起来,实现更高效、更全面的创新。

蚂蚁金服建立了生态合作伙伴关系,与不同行业的企业建立合作伙伴关系,共同探索创新机会。他们鼓励合作伙伴参与到产品和服务的创新过程中,共同解决问题和提供解决方案。这种生态合作伙伴关系为蚂蚁金服提供了更广泛的创新资源和专业知识,加速了产品和服务的迭代和升级。

通过开放的创新平台,蚂蚁金服能够吸纳外部创新者和合作伙伴的优秀资源和创新思维,实现多方协同创新。这种模式有助于加快产品和服务的推出速度,提高其竞争力。同时,开放的创新平台也为外部创新者提供了一个展示和应用自己创新成果的机会,促进了整个行业的创新发展。

二、特斯拉

特斯拉是一家在新经济中成功应用创新组织设计模式的典型案例。作为一家领先的电动汽车制造商和可再生能源解决方案提供商,特斯拉通过采用一系列创新的组织设计模式,不断推动其业务发展和技术创新。

(一)跨部门协作

特斯拉作为一家注重创新和技术的汽车公司,非常重视跨部门协作。他们采用了一种独特的组织结构,打破了传统的部门边界,鼓励不同专业背景的员工之间的合作与交流。

特斯拉建立了一个扁平化的组织结构。相比于传统的层级制度,特斯拉采用了更加平等和开放的管理方式。这种扁平化的组织结构有利于信息的共享和沟通的流畅,减少了决策的层级传递时间,提高了工作效率。员工可以更加直接地与其他部门的人员进行沟通和合作,加快了项目的推进速度。

特斯拉鼓励不同专业背景的员工之间积极合作。在特斯拉,工程师、设计师、市场营销人员等各个部门的员工都被鼓励参与到项目中,并且积极与其他部门的员工进行合作。这种跨部门的协作能够促进不同领域的知识和经验的交流,激发出更多的创新思路和解决问题的方法。例如,在新产品的开发过程中,工程师可以与设计师密切合作,以确保产品的功能和外观兼具。市场营销人员可以与工程师合作,将市场需求和用户反馈传达给研发团队,从而改进产品。

特斯拉还采用了一系列措施来促进跨部门协作。例如,他们组织定期的会议和讨论,为不同部门的员工提供一个交流的平台;鼓励员工参加多个部门的项目和活动,以促进更广泛的合作;注重建立良好的团队文化,强调团队合作和共同目标的重要性,从而增强了员工之间的合作意识和积极性。

（二）快速决策

特斯拉采用了一种快速决策的机制，以应对市场变化和竞争压力。他们鼓励员工迅速提出解决方案并进行实验，以便更快地调整业务战略和产品设计。这种快速决策的文化有助于特斯拉在电动汽车市场中保持领先地位。

特斯拉注重高效决策的原则是基于多个因素的考虑。特斯拉鼓励试错和快速实验。他们相信通过尝试和学习来获取经验，并根据实际情况及时调整决策。这种风险意识和快速反馈的机制使得团队能够更好地适应市场需求和技术发展，不断优化产品和服务。

特斯拉注重数据驱动的决策。他们收集和分析大量的市场数据、用户反馈和竞争情报，以便更好地了解市场趋势和用户需求。基于这些数据，他们能够做出准确的决策，并及时调整业务战略和产品设计，以满足市场需求。

特斯拉还注重团队之间的有效沟通和协作。通过定期开展会议和项目评审，团队成员可以分享信息、交流想法并制定行动计划。这种密切合作的文化使得决策过程更加高效，各个团队能够紧密配合，迅速实施决策并达到预期目标。

特斯拉快速决策的机制有助于他们在电动汽车市场中保持领先地位。通过快速响应市场变化，他们能够更早地抓住机遇、应对挑战，并不断创新和改进产品。这种敏捷性和灵活性为特斯拉赢得了竞争优势，并使他们能够满足客户的需求，推动可持续交通的发展。

（三）高度自主的工作环境

特斯拉提供了一个高度自主的工作环境，鼓励员工发挥创造力和创新精神。在这种环境下，员工被赋予更多的自主权和责任，可以自由地提出新的想法和解决方案，从而激发了员工的激情和动力，推动了技术创新和产品优化。

特斯拉鼓励员工追求卓越并超越传统思维。他们倡导打破常规，不断挑战现有的技术和设计限制。员工被鼓励思考如何改进产品性能、增加电池续航里程、提高充电效率等方面的问题，并提出创新的解决方案。这种开放和包容的文化使得员工能够充分展示他们的才华和创造力。

特斯拉提供了良好的资源支持。员工可以获得必要的培训和技术支持，以提升他们的专业能力和知识水平。特斯拉还鼓励员工参与行业内的学习和交流活动，如技术会议、研讨会等，以拓宽视野、获取新的灵感和创意。

同时，特斯拉注重团队合作和互助精神。员工之间相互支持和鼓励，共同解决问题和克服困难。团队成员之间的合作不仅仅是在项目开发中，还包括知识分享、经验交流和技术合作等方面。这种合作精神促进了员工之间的良好关系和共同成长。

三、网易

作为中国领先的互联网公司之一,网易在新经济时代中成功应用了创新的组织设计模式,取得了显著的成就。

(一)创新孵化器

为了加强创新能力和推动新业务的发展,网易成立了创新孵化器。创新孵化器是一个专门负责孵化和培育创新项目的部门或机构。网易的创新孵化器提供了一个开放的创新平台,鼓励员工提出新的创意和想法,并支持他们将这些创意转化为可行的商业模式。

创新孵化器的运作方式通常是通过内部创业竞赛或申报项目的方式来选拔潜在的创新项目。选中的项目将获得专门的资源支持,包括资金、技术、市场等方面的支持。孵化器还提供创业导师和专业团队的指导,帮助项目团队克服困难、推进项目进展。

网易的创新孵化器为员工提供了一个创新的平台,激发了员工的创造力和创新精神。通过这种方式,网易成功地培育了一批优秀的创新项目,并将其转化为商业化的产品和服务。创新孵化器的应用不仅提高了网易的创新能力,也为员工提供了更好的发展机会,实现了双赢的局面。

(二)敏捷开发

在新经济时代,市场需求的变化速度越来越快,传统的瀑布式开发模式已经无法满足企业的需求。为了提高产品开发的效率和质量,网易采用了敏捷开发的方法。

敏捷开发是一种迭代和增量的开发方法,强调与客户的密切合作、快速响应变化和持续交付价值。网易采用了敏捷开发的原则和工具,通过团队协作、迭代开发和自动化测试等方式,实现了产品开发的快速迭代和交付。

敏捷开发的优势在于可以快速适应市场需求和快速迭代产品。通过与客户的密切合作,网易可以及时了解用户需求和反馈,快速调整产品方向和功能,提高产品的市场竞争力。同时,敏捷开发还强调团队协作和自组织,激发团队成员的创造力和积极性,提高工作效率和质量。

第十八章 风险管理与投资决策

第一节 新经济环境下的风险管理策略

在这个快速变化的环境中,企业需要采取有效的风险管理策略来应对各种潜在风险,确保业务的可持续发展。

一、风险识别与评估

在新经济环境下,风险管理策略变得尤为重要。新经济带来了许多创新的商业模式和技术,同时也伴随着一系列新的风险。有效的风险管理可以帮助企业在不确定性和竞争激烈的市场中保持稳定和可持续发展。

(一)建立全面的风险识别体系

对于企业而言,首先需要建立一个全面的风险识别体系。这包括从内部到外部的各种风险因素的全面调研和监控。内部风险包括人员流动、财务问题、运营失误等;外部风险包括市场波动、法律政策变化、竞争压力等。通过建立风险框架、流程和指标,将风险因素进行分类和分析,有助于提前预警和应对风险事件。

(二)加强数据分析和监测能力

在新经济环境下,大量的数据产生并被广泛应用。利用先进的数据分析技术,可以更好地识别和评估风险。企业可以通过建立数据仓库、使用人工智能和机器学习算法等手段,对海量的数据进行挖掘和分析,发现潜在的风险信号,并及时采取措施进行应对。

(三)加强合规管理

在新经济环境下,政策法规和监管要求可能会频繁变化,企业需要密切关注并及时调整自己的经营行为。加强合规管理可以降低企业面临的法律风险和信誉风险。企业应建立健全的合规制度和流程,确保员工遵守法律法规,及时更新相关政策,与监管机构保持良好的沟通和合作。

二、多元化经营

在新经济环境下,多元化经营是一种重要的风险管理策略。随着市场的快速变化和竞争的加剧，企业需要寻找多样化的商业机会和收入来源，以降低单一业务带来的风险，并提高企业的抗风险能力。

（一）产品或服务多样化

企业可以通过扩展产品线或提供更多样化的服务，满足不同消费者群体的需求。这有助于降低对特定市场或行业的依赖性，减少单一产品或服务带来的风险。例如，电商平台可以在原有的商品销售基础上，增加物流、金融、广告等多个业务板块，实现多元化经营。

（二）跨行业合作与联盟

企业可以通过与其他行业的企业进行合作与联盟，共同开展项目或提供综合性的解决方案。通过整合资源和优势，实现业务的互补和协同效应，进一步降低风险。例如，互联网公司可以与传统行业的企业合作，将互联网技术应用于传统行业，共同开发新产品或服务。

（三）拓展市场与地域多元化

企业可以通过进入新的市场或扩大现有市场的份额，实现市场多元化。同时，也可以考虑扩展到其他地域或国家，分散地域风险。这样可以在某个市场或地区受到不利影响时，通过其他市场或地区的表现来平衡风险。例如，跨境电商企业可以同时进军多个国家市场，避免过度依赖单一市场。

三、建立风险管理文化

风险管理文化是指企业内部形成一种风险意识和风险管理的价值观、理念和行为准则，使风险管理贯穿于企业的各个层面和方面。

（一）领导层的重视与承诺

企业的领导层应高度重视风险管理，并给予明确的承诺和支持。领导层的参与和引领对于塑造企业的风险管理文化至关重要。他们应设定明确的目标和要求，制定相关政策和流程，并注重风险管理的沟通和培训，以树立良好的榜样和引导作用。

（二）全员参与与教育培训

风险管理不仅仅是管理层的责任，而是每个员工的责任。企业应鼓励和促进全员参与风险管理，并提供相关的教育培训。通过向员工传达风险管理的重要性、方法和工具，提高他们的风险意识和能力，使其能够主动参与到风险管理活动中。

（三）建立完善的风险管理体系

企业应建立一套完善的风险管理体系，包括明确的风险管理政策、流程和责任分工。通过制定风险管理框架、风险评估和控制方法等，为员工提供操作指南和规范，确保风险管理的一致性和有效性。

（四）强化风险沟通和信息共享

企业应建立良好的风险沟通渠道和机制，促进信息的共享和交流。各级部门之间、上下层级之间以及与外部利益相关方之间都应加强风险信息的传递和反馈，形成全面、准确的风险认知，以便更好地做出决策和应对风险。

第二节 创新型投资决策模型

创新型投资决策模型是指在投资过程中，针对创新性项目进行决策的一种模型。传统的投资决策模型主要关注项目的财务指标和市场前景等因素，而创新型投资决策模型则更加注重创新性项目的特殊性和风险因素。在创新型投资决策模型中，以下是几个重要的要素。

一、投资回报评估

投资回报评估是创新型投资决策模型中非常重要的一部分。由于创新项目具有高风险和不确定性，投资者需要通过评估投资回报来判断项目的可行性和潜在回报。

（一）市场份额预测

市场份额预测是创新项目投资回报评估中的重要内容之一。投资者需要了解项目所处的市场规模和竞争态势，并基于此进行市场份额的预测。通过对市场份额的预测，可以估计项目未来的销售收入，并进一步评估投资回报。

市场份额预测的准确性对于投资决策至关重要。以下是一些常用的方法和数据来源，可用于进行市场份额的预测。

1.市场调研数据

通过市场调研可以获取关于目标市场规模、增长趋势、消费者需求等方面的数据。市场调研可以采用定量研究和定性研究相结合的方式，通过问卷调查、访谈等方法获取数据。投资者可以根据市场调研数据，分析目标市场的潜在需求和竞争态势，从而预测项目可能获得的市场份额。

2.类似产品的销售情况

如果存在与项目类似的产品或服务，可以通过研究其销售情况来进行市场份额的预测。这包括了对类似产品的销售数量、销售额以及市场份额的分析。通过对类似产品销售情况的了解，可以推测项目在目标市场中可能获得的份额。

3.市场趋势和发展预测

对于某些行业或市场，存在相应的市场趋势和发展预测数据。这些数据可以提供关于市场规模、增长率、消费者需求变化等方面的信息，为市场份额预测提供参考依据。投资者可以结合市场趋势和发展预测数据，来评估项目在未来的市场份额可能。

需要注意的是，市场份额预测存在一定的不确定性，受到多种因素的影响，如市场变化、竞争态势、消费者需求变化等。因此，在进行市场份额预测时，应综合考虑各种因素，并采用多种方法和数据来源进行分析和推测，以提高预测的准确性。

（二）技术创新评估

对于技术创新型项目，投资回报评估需要考虑技术创新的影响。技术创新可能会带来更高的产品质量、更低的生产成本、更好的用户体验等优势，从而提升项目的市场竞争力和投资回报。因此，投资者需要对技术创新的程度和影响进行评估，并将其纳入投资回报的考虑因素中。

1.与竞争对手的比较

评估技术创新还需要与竞争对手进行比较。投资者需要了解竞争对手是否具有类似的技术创新，并分析其在市场上的表现。通过与竞争对手的比较，可以评估项目在技术创新方面的优势和差距，进而预测其市场份额和投资回报。

2.产品质量和性能改进

技术创新可能带来产品质量和性能的改进。投资者需要评估技术创新对产品质量和性能的影响，并考虑市场对于这些改进的需求和认可度。更高的产品质量和性能通常可以吸引更多的消费者，提高市场份额和销售收入。

二、管理团队评估

创新型投资决策模型是用于评估管理团队的工具，以帮助投资者或风险资本家确定是否将资金投入到特定创新项目或企业中。这种模型综合考虑了管理团队的能力、经验和潜力等因素，以便判断他们是否有能力成功地推动创新项目的发展和实现预期的回报。

（一）领导能力

一个优秀的管理团队应该具备良好的团队协作和沟通能力。他们应该能够有效地组织和管理团队成员，激励他们发挥最佳水平，并促进团队内部的合作和协调。他们还应该能够建立一个积极的工作环境，鼓励员工的创新和发展。

管理团队需要具备制定长期发展战略和目标的能力。他们应该能够分析市场趋势和竞争环境，预测未来的机会和挑战，并相应地制定战略计划。在制定战略时，他们应该考虑到企业的核心竞争力和资源优势，并确保战略与企业的使命和愿景相一致。

危机处理能力也是评估领导能力的重要方面之一。管理团队应该能够在面临挑战和困难时保持冷静并做出明智的决策。他们应该具备解决问题的能力，善于分析和评估风险，并采取适当的措施来化解危机。在处理危机时，他们还应该能够有效地与利益相关者沟通，并保持透明度和诚信。

评估管理团队成员的领导能力时，可以通过多种方法进行。例如，可以进行面试和背景调查，了解他们过去的管理经验和取得的成就。可以参考他们在过去项目中的表现和反馈，以及其他团队成员和合作伙伴对他们的评价。还可以进行模拟案例研究和角色扮演，以评估他们在真实场景中的表现和应对能力。

（二）人际关系和团队合作

评估管理团队成员之间的人际关系和团队协作能力对于确保团队的有效运作至关重要。在这个过程中，我们需要了解团队成员是否具备良好的冲突解决能力和共同目标意识。

冲突解决能力是团队协作中必不可少的一项能力。团队成员之间难免会出现分歧和冲突，但如何妥善处理这些问题至关重要。一个具有良好冲突解决能力的团队成员能够以积极的态度去面对冲突，并通过有效的沟通和协商找到解决问题的方法。在评估管理团队成员的合作关系时，我们需要观察他们在面对冲突时是否能够保持冷静、理性，并寻求共赢的解决方案。

共同目标意识是团队协作中的关键因素之一。一个团队只有明确的共同目标，才能够凝聚成员的力量，实现更大的成就。在评估管理团队成员之间的合作关系时，我们需要了解他们是否能够对团队的共同目标有清晰的认知，并为之努力奋斗。团队成员之间也需要相互支持和合作，共同努力实现团队的目标。

（三）行业洞察力和网络资源

一个具备行业洞察力的管理团队能够深入了解行业的发展趋势、竞争格局以及消费者需求，从而为企业的决策和战略制定提供有力的支持。

管理团队对行业的了解程度需要广泛而全面。他们应该对行业的历史、现状和未来发展趋势有清晰的认知。通过对市场的深入分析，他们能够把握机遇、化解风险，并做出正确的决策。在评估管理团队的行业洞察力时，我们可以考察他们对行业内重要指标、政策法规以及技术创新的了解情况。

管理团队是否拥有广泛的行业网络和资源也是评估的重点。行业网络可以帮助管理团队获取更多的信息和资源，包括行业专家的见解、合作伙伴的支持以及市场机会的获取。在评估管理团队的行业网络时，我们可以了解他们与其他企业、机构以及相关行业组织之间的合作关系和交流频率。管理团队还应该能够积极参与行业会议、展览和论坛等活动，拓展他们的人脉和资源。

对于一个具备良好行业洞察力和广泛行业网络的管理团队来说，他们能够更好地把握市场机遇，及时做出决策调整，并与行业内的重要利益相关者建立良好的合作关系。这有助于企业在激烈竞争的市场中保持竞争优势，实现可持续发展。

（四）个人品质和职业操守

评估管理团队成员的个人品质和职业操守是确保企业经营稳健、可持续发展的重要环节。一个具备良好个人品质和职业操守的管理团队能够在商业活动中遵守道德准则、秉持诚信原则，并且对自己的工作负责，从而赢得他人的尊重与信任。

诚信度是评估管理团队成员的一个重要指标。诚信是商业活动中不可或缺的品质之一，它体现了一个人的诚实、正直和守信。在评估管理团队的诚信度时，我们可以考察他们是否履行承诺、言行一致，是否坦诚面对问题和挑战。一个诚信度高的管理团队能够建立起良好的商业声誉，为企业赢得合作伙伴和客户的信任。

责任心也是评估管理团队成员的关键因素之一。一个有责任心的管理团队能够对自己的工作尽职尽责，承担起应有的责任和义务。他们能够主动解决问题、积极寻求改进，并为企业的长远发展贡献自己的力量。在评估管理团队的责任心时，我们可以观察他们对工作的投入程度、对团队目标的追求以及对员工发展的关注程度。

管理团队成员的道德价值观也是评估的重要方面之一。一个具备良好道德价值观的管理团队能够坚守道义、秉持正义，遵守法律法规和商业伦理。他们能够在面临利益冲突和道德抉择时，做出正确的决策，并为企业的可持续发展保持清正廉洁。在评估管理团队的道德价值观时，我们可以考察他们在工作中是否遵守行为准则、尊重他人权益，并愿意承担社会责任。

以上是一个基本的创新型投资决策模型，用于评估管理团队。当然，实际的模型可能会更加复杂，根据具体情况进行调整和扩展。在评估管理团队时，还需要结合其他因素，如市场前景、竞争环境和财务状况等，综合考虑做出最终的投资决策。

三、决策过程

创新型投资决策模型在面对创新性项目或企业投资时，采用一套系统化的方法和流程来进行决策。这样的模型能够帮助投资者评估创新项目的潜力、风险和回报，并做出明智的投资决策。下面将介绍一个典型的创新型投资决策模型的决策过程。

（一）识别和定义问题

在决策过程的第一步，投资者需要明确问题的本质和目标。他们需要确定投资的目的、预期的收益和风险承受能力。同时，他们也要了解创新项目所处的行业和市场环境，以及相关法律法规和政策限制。

（二）收集和分析信息

在这一阶段，投资者需要收集和分析与创新项目相关的各种信息，包括市场调研数据、竞争情报、技术评估报告等。他们还可以通过与行业专家、企业管理层和其他投资者的交流来获取更多的见解和意见。

（三）评估项目潜力

在评估项目潜力时，投资者需要评估项目的市场潜力和可行性；评估项目的技术创新性和竞争优势；评估项目团队的能力和执行力等。

（四）评估项目风险

在评估项目风险时，投资者需要评估市场风险、技术风险、法律风险等外部风险因素，以及项目执行风险、团队风险等内部风险因素。通过对风险的综合评估，投资者可以更好地把握项目的风险状况，并做出相应的决策。

（五）评估回报和退出策略

在评估项目回报和退出策略时，投资者需要考虑预期的投资回报率、资本回收期、退出方式等因素。他们需要评估项目是否具有可持续盈利能力和退出机会，以确保投资的回报符合预期。

（六）做出投资决策

在综合考虑以上各个方面的因素后，投资者将根据自己的判断和决策标准，做出是否投资的决策。这可能包括确定投资额度、投资方式以及合同条款等。

（七）监控和评估投资

一旦投资决策做出并实施后，投资者需要定期监控和评估投资的进展情况。他们可以通过与项目团队的沟通和会议来了解项目的运营情况，并根据需要进行调整和干预。

第三节 资本市场的发展与新经济企业融资模式

随着新经济的兴起和快速发展，创新型企业对于资金的需求日益增长。传统的融资渠道往往无法满足其特殊需求，因此新经济企业融资模式在资本市场中得到了广泛关注。

一、资本市场的发展对新经济企业融资模式的影响

（一）提高了融资效率和灵活性

资本市场的发展对新经济企业融资模式产生了积极影响，其中之一是提高了融资效率和灵活性。

传统的融资渠道往往需要经过烦琐的审批程序和长时间的等待，这对于新经济企业来说可能是一个较大的挑战。而资本市场的发展为企业提供了更加高效、便捷的融资途径。在股票市场上市融资可以有效缩短融资周期，企业可以通过股票发行快速获取所需的资金支持。同时，债券市场的发展也为企业提供了另一种融资选择，通过发行债券募集资金，企业可以灵活运用资金，满足其特定的融资需求。

资本市场还提供了二级市场交易机制，使得投资者能够在需要时买卖股票、债券等资产，增强了投资者的流动性和退出机制。对于新经济企业来说，这意味着他们可以吸引更多的投资者参与，获得更多的资金支持，并为投资者提供更好的投资回报。

资本市场的发展还推动了信息披露的标准化和透明化。在资本市场上市融资的企业需要按照相关法规和监管要求进行信息披露，这有助于提高企业的透明度和可信度，吸引更多投资者的关注和参与。同时，对于投资者来说，他们可以通过获取企业披露的信息进行充分的分析和评估，从而做出更加明智的投资决策。

值得注意的是，虽然资本市场的发展提高了新经济企业的融资效率和灵活性，但也存在一些挑战和问题。例如，在二级市场交易中，股票价格可能受到市场波动和投机行为的影响，导致企业股价的不稳定性。资本市场的运作还需要合理的监管制度和完善的风险管理机制，以防范市场操纵、内幕交易等违法行为。

（二）增加了风险投资的参与度

资本市场的发展对新经济企业融资模式产生的另一影响是增加了风险投资的参与度。

新经济企业通常具有较高的成长性和创新潜力，但同时也面临着较大的市场不确定性和风险。这使得传统融资方式在满足新经济企业的资金需求时存在较大限制。随着资本市场的发展，越来越多的风险投资机构和天使投资人愿意承担新经济企业的风险，并为其提供早期和中期的资金支持。

风险投资机构是专门从事投资创业型企业的机构，它们通过向新经济企业注入资金并提供战略指导和资源支持，帮助企业实现快速成长。风险投资机构往往具有专业的团队和丰富的行业经验，能够对企业的商业模式、市场前景等进行深入评估，并提供相应的资金和管理支持。这种风险投资的模式有助于激发新经济企业的创新活力和发展潜力。

天使投资人也在资本市场的发展中扮演了重要角色。天使投资人是个人投资者或小

规模投资机构,他们通常具有丰富的行业经验和成功的创业经历。天使投资人愿意冒险投资于初创阶段的新经济企业,为其提供资金支持和战略指导,帮助企业实现初期的发展和快速扩张。

风险投资的参与不仅为新经济企业提供了资金支持,还带来了更多的战略合作和资源整合机会。风险投资机构和天使投资人往往具有广泛的业务网络和行业资源,在企业的发展过程中能够提供战略伙伴关系、市场渠道拓展、技术支持等方面的支持,进一步促进企业的成长和竞争力的提升。

但由于新经济企业的高风险特性,风险投资机构和天使投资人可能面临着较大的投资风险。同时,风险投资的退出机制和回报预期也需要考虑,以保证投资者的回报率和资金流动性。

二、新经济企业融资模式的特点和现状

(一)私募股权融资

私募股权融资是新经济企业常用的一种融资方式。相比于传统的公开发行股票,私募股权融资是通过向专业投资者或私募股权基金发行股权来获取资金支持。

私募股权融资具较高的灵活性。与公开发行股票相比,私募股权融资更加自由和灵活,可以根据企业的实际情况和需求进行协商和制定融资方案。这为企业提供了更多的谈判空间,使其能够更好地满足资金需求。

私募股权融资对企业的估值要求较高。在进行私募股权融资时,投资者会根据企业的价值和潜力来确定投资金额和股权比例。因此,企业需要进行准确的估值,并提供充分的信息和数据来支持自身价值的认定。这也意味着企业需要更加全面和透明地披露自身的财务状况、商业模式、市场前景等信息,以便吸引投资者的关注和信任。

私募股权融资还需要与投资者建立良好的关系。私募股权融资通常需要与专业投资者或私募股权基金进行协商和洽谈。这要求企业能够与投资者建立起互信和合作的关系,共同制定出符合双方利益的融资方案。因此,企业需要具备一定的谈判和沟通能力,以便在融资过程中达成良好的合作关系。

(二)创业板和科创板上市

创业板和科创板是为新经济企业设立的特殊股票交易市场,旨在提供更便捷和适合新经济企业上市的渠道,并对这些企业进行扶持和引导。

创业板和科创板相比于主板市场更加注重对成长型企业的扶持。传统的主板市场更倾向于成熟企业和已经盈利的企业,而创业板和科创板则更加注重对具有高成长潜力的

新经济企业的支持。这些企业通常处于初创阶段或者高速增长阶段，面临着较大的发展风险和不确定性。创业板和科创板为这些企业提供了一个更为包容和灵活的上市平台，能够更好地满足它们的融资需求和发展需求。

创业板和科创板的上市流程相对主板市场更加简化和快速。为了降低新经济企业上市的门槛，创业板和科创板在信息披露、财务要求等方面相对主板市场更为灵活。这使得新经济企业能够更快地完成上市流程，从而获得更快的资金支持和市场认可。创业板和科创板还提供了更多的融资工具和渠道，如定向增发、可转债等，以满足企业多样化的融资需求。

上市后，新经济企业可以通过股票发行来获得大量资金。创业板和科创板作为投资者关注度较高的市场，吸引了大量投资者的关注。通过上市，新经济企业可以吸引更多的投资者，从而获得更多的融资机会。上市还能够提升企业的曝光度和声誉，增强企业在市场中的竞争力和影响力，有利于企业进一步扩大业务规模和实现长期发展。

（三）众筹和P2P借贷

众筹和P2P借贷是随着互联网的发展而兴起的新兴融资模式，为新经济企业提供了一种非传统的融资途径。这些模式通过互联网平台将投资者与需要融资的企业或个人连接起来，实现资金的募集和借贷。

众筹和P2P借贷具有便捷性和低门槛的特点。传统的融资渠道通常需要借助银行、券商等金融机构进行中介，手续烦琐且时间较长。而众筹和P2P借贷通过互联网平台直接连接了投资者和融资需求方，使得融资过程更加简化和高效。同时，这种模式也降低了融资门槛，让更多的小微企业和个人能够获得资金支持，促进了创新和创业的活力。

但众筹和P2P借贷也存在一些问题和风险。首先是信息不对称的问题。在众筹和P2P借贷中，投资者往往只能通过互联网平台提供的信息来评估项目或借款人的信用和风险。这种信息不对称可能导致投资者无法全面了解项目或借款人的真实情况，增加了投资风险。

风险管理是众筹和P2P借贷面临的重要问题。由于融资方往往是小微企业或个人，他们的还款能力和信用风险难以准确评估。同时，平台本身也面临着资金安全、合规性等方面的风险。互联网平台需要建立起完善的风险管理体系，采取措施来保护投资者的利益，并降低风险发生的可能性。

为了规范众筹和P2P借贷市场，许多国家和地区都出台了相关的监管政策和法规。这些政策旨在加强对平台的监管，提高信息披露的透明度，保护投资者的权益，促进行业的健康发展。同时，投资者也应该增强风险意识，理性投资，选择可靠的平台和项目。

第十九章　人力资源评估与绩效管理

第一节　新经济环境下的人力资源评估指标

人力资源评估是企业在新经济环境下进行人力资源管理的重要工作之一。在新经济的发展过程中，由于科技、互联网等因素的影响，企业面临着许多挑战。因此，需要更加全面、科学的评估指标来衡量人力资源的质量和效能。

一、技能评估指标

新经济环境下的人力资源评估指标之一是技能评估指标。在新经济时代，技能的重要性日益突显，员工需要具备与时俱进的技能来适应快速变化的市场需求和工作环境。为了更好地评估员工的技能水平和潜力，需要制定科学合理的技能评估指标。

（一）技能认证

技能认证是评估员工技能水平的一种重要方式，通过参加相关的认证考试或培训来获得相应的技能认证证书。这些认证证书可以客观地证明员工所具备的技能水平和专业知识。

在现代职场中，技能认证越来越受到企业和雇主的重视。随着各行业的竞争日益激烈，企业更加注重招聘到具备高水平技能的员工，以提高企业的竞争力和业务表现。而对于员工来说，技能认证不仅可以为其提供更好的就业机会，还可以增强自身的专业形象和市场竞争力。

技能认证通常由权威的行业组织或专业机构进行管理和颁发。这些组织根据行业标准和规范，设计并制定了相应的认证考试或培训计划。员工可以通过参加这些认证考试或培训，展示自己在特定领域内的技能掌握程度，并最终获得认证证书。

技能认证证书具有客观性和权威性，可以作为衡量员工技能水平的有效参考。这些证书通常包含了员工所具备的技能范围、水平和相关知识等信息，使雇主和企业能够更加全面地了解员工的专业素质。同时，技能认证证书也为员工提供了在职场上展示自己能力的有效工具，有助于获得更好的职业发展机会和提升空间。

（二）项目经验

通过评估员工在具体项目中的表现和成果，企业可以更准确地评估其技能水平和应对复杂任务的能力。

项目经验是指员工在工作过程中所参与的具体项目，并通过这些项目完成一系列任务和目标。在项目经验中，员工将面临各种挑战和机会，需要运用自己的知识、技能和经验来解决问题和取得成果。

评估员工的项目经验有助于企业更好地了解员工的工作能力和潜力。通过考察员工在项目中的表现，企业可以了解员工的专业知识和技能水平。例如，员工在项目中是否能够熟练运用所学的知识和技术，是否能够有效地解决遇到的问题。这些都是评估员工能力的重要指标。

通过分析员工在项目中取得的成果，企业可以评估员工的绩效和贡献。例如，员工是否能够按时完成任务，是否能够达到预期的目标，是否能够为企业带来实际的商业价值。这些成果可以反映员工的工作能力和成就，对于企业进行绩效评估和激励机制的设计具有重要意义。

员工在项目中的表现还可以反映其应对复杂任务的能力。在项目中，员工可能会面临各种挑战和困难，需要灵活应对和解决问题。通过评估员工在项目中的表现，企业可以了解员工的工作态度、应变能力和团队协作能力等方面的表现。

因此，企业在招聘和选拔员工时，越来越注重考察其项目经验。一方面，这可以帮助企业更准确地了解员工的实际能力和潜力；另一方面，这也可以为员工提供更多展示自己能力和经验的机会。

（三）学习能力

评估员工的学习能力包括其主动学习的意愿、学习方法和学习成果等方面。通过评估员工参加培训和持续学习的记录以及取得的学习成果，可以更好地评估其学习能力。

学习能力是指员工获取新知识、技能和经验的能力，以适应和应对不断变化的工作环境和需求。员工的学习能力体现在其主动学习的意愿上。优秀的员工会积极主动地寻求学习机会，表现出对新知识和技能的渴望和追求。他们具有持续学习的动力和热情，愿意主动探索和学习相关领域的知识。

员工的学习能力还体现在其学习方法上。有效的学习方法可以提高学习效率和学习成果。评估员工的学习方法可以从多个角度进行，例如他们是否能够制定合理的学习计划，是否善于利用各种学习资源和工具，是否能够灵活运用不同的学习策略和技巧。这些方面的评估可以揭示员工的学习能力和学习态度。

员工的学习成果也是评估学习能力的重要指标之一。通过考察员工参加培训和持续学习的记录以及取得的学习成果，可以了解他们在学习过程中的实际表现和成果。例如，员工是否能够将学到的知识和技能应用到实际工作中，是否能够在工作中展现出学习带来的改变和进步。这些成果可以反映员工的学习能力和学习效果，对于评估其综合素质和职业发展潜力具有重要意义。

在新经济时代，评估员工的学习能力对于企业和员工都至关重要。对于企业而言，具备良好的学习能力的员工能够适应快速变化的市场需求，不断提升自身的竞争力和创新能力。对于员工而言，学习能力的评估可以为他们提供更多的学习机会和发展空间，帮助他们实现个人和职业目标。

二、价值观评估指标

在新经济环境下，人力资源评估的指标需要更加注重企业的价值观。价值观评估指标可以帮助企业评估员工是否与企业的核心价值观相契合，并对员工的行为和决策进行评估。

（一）客户导向

客户导向是企业价值观评估中的一个重要指标。在新经济环境下，客户满意度对企业的成功至关重要。企业要评估自身在客户导向方面的表现，需要考察以下几个方面。

企业需要评估员工对客户需求的敏感度和理解程度。员工应该具备敏锐的洞察力，能够深入了解客户的需求、期望和挑战，以便提供更好的产品和服务。他们应该主动与客户进行沟通，通过积极倾听和有效的反馈机制，及时获取客户的反馈信息，并将其转化为改进产品和服务的行动计划。

企业需要评估自身是否能够提供高质量的产品和服务。客户对产品和服务的品质要求越来越高，企业应该不断努力提升产品和服务的质量水平，确保能够满足客户的期望。这包括从产品设计、生产过程到售后服务等各个环节的全面把控，以提供符合客户期待的优质产品和完善的售后支持。

企业还应该评估自身与客户之间建立的关系。良好的客户关系是客户导向的重要体现。企业应该与客户建立互信、互利、长期稳定的合作关系，通过积极沟通、灵活回应客户需求、主动解决问题等方式增进与客户的联系。在客户遇到困难或有特殊需求时，企业应该积极支持并提供帮助，以增强客户对企业的信任和忠诚度。

企业还可以通过一些具体的指标来评估自身在客户导向方面的表现。例如，客户满意度调查可以帮助企业了解客户对产品和服务的评价，从而发现存在的问题并及时改进；客户投诉处理的效率和质量也是一个重要指标，能够反映企业对待客户反馈的态度和能力。

（二）持续改进

为了评估员工是否具备持续改进的意识和行动，可以从以下几个方面进行考察。

员工是否能够接受反馈并积极改正错误。持续改进需要员工具备一种开放的心态，愿意接受来自领导、同事或客户的反馈意见。他们应该能够理解反馈的价值，并主动采取措施改正自己的错误或不足之处。这种积极主动的态度对于个人成长和团队协作都至关重要。

员工是否能够不断追求卓越和提高工作效率也是衡量持续改进意识和行动的重要指标。优秀的员工应该对自己的工作有高标准的要求，追求卓越。他们会主动学习新知识、掌握新技能，提高自己的专业素养和工作效率。他们不满足于现状，不断寻求突破和进步，为企业创造更大的价值。

在评估员工的持续改进意识和行动时，可以采取多种方式。例如，可以通过定期的个人面谈来了解员工对于工作中存在的问题的认识和看法，以及他们提出的改进措施。同时，可以观察员工是否能够主动反馈，并在实际工作中积极改正错误。还可以通过组织培训和考核等方式，促使员工持续学习和提升自己的能力。

三、适应能力评估指标

在新经济环境下，变化是常态，员工的适应能力对企业的发展至关重要。因此，评估员工的适应能力也成为一个重要的指标。新的评估指标可以包括员工的变革意识、变革能力和变革效果等方面。可以通过引入项目变革的评估、组织变革的评估等指标来衡量员工的适应能力。

（一）变革意识

在评估员工的变革意识时，我们可以关注员工对于变革的认知和理解程度。他们是否能够理解当前所处的新经济环境中的变化，并对这些变化保持敏感。优秀的员工应该具备对市场和行业的洞察力，能够及时察觉到变化的趋势和机遇。他们应该能够理解变革对企业发展的重要性，认识到变革是提高竞争力的关键因素之一。

员工是否能够主动寻求变化的机会。优秀的员工应该具备积极主动的思维方式，能够主动探索和发现变化带来的机会。他们应该能够主动寻求创新和改进的途径，不断挑战现有的做法，推动企业向更好的方向发展。

员工是否关注市场趋势和行业动向也是评估变革意识的重要指标。优秀的员工应该具备对市场和行业的敏感度，能够持续关注市场的变化和竞争对手的动态。他们应该主动获取相关信息,并能够将这些信息与企业的发展需求相结合,提出有效的变革建议。

评估员工的变革意识可以采取多种方式。例如,可以通过面试或问卷调查来了解员工对于变革的认知和理解程度;也可以观察员工在日常工作中是否表现出对变化的敏感性和主动性。

（二）变革能力

在评估员工的变革能力时,我们可以从以下几个方面进行考察。

1.适应能力

评估员工在面对新的工作方式和要求时是否能够迅速适应。变革常常涉及工作流程、组织结构等方面的调整,员工需要能够灵活适应这些变化。优秀的员工应该具备适应性强、反应敏捷的特点,能够快速调整自己的思维和行动方式,以适应新的工作环境。

2.问题解决能力

评估员工解决问题的能力。变革过程中可能会出现各种问题和挑战,员工需要具备辨别问题、找到解决方案的能力。优秀的员工应该能够迅速定位问题的根源,并采取有效的措施解决问题,以保证变革的顺利进行。

评估员工的变革能力可以采取多种方式。例如,可以通过观察员工在实际工作中的表现,包括他们对于变革的接受程度、学习新知识和技能的速度,以及在解决问题和创新方面的能力;还可以通过组织培训和项目经验的回顾,了解员工在变革过程中的表现和成果。

（三）变革效果

1.引领变革

评估员工在变革中是否具备引领能力。优秀的员工应该能够在变革中扮演积极的角色,带领团队或组织朝着变革的目标前进。他们应该能够与他人合作,建立有效的沟通和协作机制,推动变革的顺利进行。

2.变革影响力

评估员工在变革中对于整个团队或组织的影响力。员工的贡献是否能够带动其他人跟随和参与变革进程。优秀的员工应该能够激发他人的积极性和创造力,形成良好的合作氛围,共同推动变革的成功。

3.持续改进和适应能力

评估员工在变革后的持续改进和适应能力。变革只是一个起点,员工是否能够在变革后不断追求卓越并提高工作效率。他们是否能够持续学习和适应新的工作方式和要求,为组织的发展做出贡献。

评估员工的变革效果可以通过项目评估和绩效评估来了解员工在变革中的表现和成果；收集其他成员对于员工在变革中的影响力和贡献的评价等方面。

第二节 绩效管理与人力资源评估的关系

绩效管理和人力资源评估是组织中两个重要的管理工具，它们之间在实际应用中存在密切的关系，主要体现在以下几个方面。

一、目标一致性

绩效管理与人力资源评估是组织中两个重要的人力资源管理工具，它们之间有着密切的关系。绩效管理是指对员工在工作中所表现出来的工作成果进行评价和管理的过程，旨在提高员工的工作绩效和实现组织目标。而人力资源评估则是指对组织中的人力资源进行评估和分析，以了解员工的能力、潜力和发展需求，为组织的招聘、培训和晋升提供依据。

绩效管理与人力资源评估之间存在着目标一致性。具体来说，绩效管理的目标是通过对员工的工作表现进行评价和激励，提高员工的工作绩效，从而实现组织的整体目标。而人力资源评估的目标是了解员工的能力和发展需求，为组织提供有效的人力资源配置和开发计划，以满足组织的长期战略需求。因此，绩效管理和人力资源评估都是为了实现组织目标而进行的管理活动，相互之间需要保持一致性。

（一）数据来源相同

绩效管理和人力资源评估的数据来源是相同的，都需要收集员工的相关数据来进行评估和分析。这些数据包括但不限于以下几个方面。

1.工作成果

绩效管理和人力资源评估都需要了解员工在工作中所取得的成果和表现。通过收集工作成果的数据，可以评估员工的工作能力和绩效水平，为绩效管理和人力资源决策提供依据。

2.能力水平

评估员工的能力水平是绩效管理和人力资源评估的重要内容之一。通过收集员工的教育背景、培训经历、技能证书等信息，可以了解员工的专业知识和技能水平，为岗位匹配和培训发展提供参考。

3.反馈和意见

绩效管理和人力资源评估都需要收集员工的反馈和意见，以了解员工对工作环境、培训支持、晋升机会等方面的满意度和需求。通过收集这些数据，可以改进组织的人力资源管理政策和实践，提高员工的参与度和满意度。

在数据收集过程中，绩效管理和人力资源评估都可以采用多种方法，包括但不限于个人面谈、问卷调查、观察记录等。通过结合不同的数据收集方法，可以获取全面而准确的员工数据，为绩效管理和人力资源评估提供可靠的依据。

（二）两者相互影响

绩效管理和人力资源评估之间存在着相互影响的关系，它们可以相互支持、相互促进，形成一个闭环的管理过程。以下是绩效管理和人力资源评估相互影响的几个方面：

1.数据共享与支持

绩效管理和人力资源评估都需要收集员工的相关数据来进行评估和分析。这些数据在两个过程中可以相互支持。通过绩效管理的数据，可以提供员工的工作表现和绩效水平，为人力资源评估提供参考依据。而人力资源评估的数据，如能力和潜力评估结果，也可以为绩效管理提供参考，帮助制定个别员工的绩效改进计划。

2.奖惩措施与激励机制

绩效管理的一项重要任务是对员工的工作绩效进行评价，并根据评价结果进行奖惩措施和激励机制的设计。而人力资源评估可以提供员工的能力和发展潜力信息，有助于制定相应的激励措施和晋升路径。两者相结合，可以更好地激发员工的工作动力和积极性。

3.组织目标与战略需求

绩效管理和人力资源评估都是为了实现组织目标和战略需求而进行的管理活动。通过绩效管理，可以对员工的工作表现进行评估，从而提高整体绩效水平，进而促进组织目标的实现。而人力资源评估则通过评估员工的能力和发展需求，为组织提供有效的人力资源配置和开发计划，以满足长期战略需求。

通过充分利用两者之间的相互影响，可以实现更有效的员工绩效管理和人力资源发展，进而提升组织的整体绩效和竞争力。

二、改进循环

绩效管理和人力资源评估都是一个不断改进的过程。通过绩效管理的反馈和改进措施，可以发现组织和个体存在的问题，并通过人力资源评估来确定相应的改进措施。两者形成一个正向的改进循环，促进组织的持续发展。

为了实现更好的绩效管理和人力资源评估效果,可以采取以下措施来改进这个循环。

(一)明确目标和期望

明确目标和期望在绩效管理和人力资源评估中的重要性不言而喻。一个组织只有设定了明确的目标,并与员工进行共同确定,才能为员工提供明确的方向,激发员工的工作动力,从而提高整体绩效。

明确的目标能够帮助员工理解并接受自己的工作任务和职责。当员工清楚地知道自己的工作目标是什么,以及如何衡量自己的绩效,就能更好地规划自己的工作计划和行动步骤。这有助于员工集中精力,减少无关任务的干扰,提高工作效率。

明确的目标可以促进员工的参与和合作。当员工参与制定目标时,他们会感到自己被重视和认可,也会更加愿意为实现这些目标而努力工作。同时,共同确定的目标也能促进团队成员之间的合作和协作,形成良好的团队氛围,推动整个团队的绩效提升。

基于明确的目标进行人力资源评估可以确保评估的准确性和有效性。当绩效评估与目标紧密对应时,可以更加客观地评估员工的绩效表现。评估结果能够反映员工在实现目标方面的成果和努力程度,帮助组织识别出绩效优秀的员工,并为其提供适当的奖励和发展机会。

在明确目标和期望时需要注意目标要具体可衡量,以便能够清晰地判断员工的绩效水平;目标应该具有挑战性,既要考虑到员工的能力和岗位要求,又要能够激发员工的潜力和动力;目标的设定应该是一个持续的过程,需要不断进行沟通和调整,以适应组织和员工的变化。

(二)建立有效的反馈机制

建立有效的反馈机制对于绩效管理和人力资源评估至关重要。一个良好的反馈机制可以帮助员工了解自己的绩效表现,发现优势和改进领域,并提供支持和资源来促进个人成长和发展。

组织应该定期进行绩效评估和回顾会议。这些评估和会议可以为员工提供一个正式的平台,与上级或专业评估者讨论自己的绩效情况。在评估过程中,员工可以得到具体和有建设性的反馈,了解自己在工作中的优点和不足之处。通过这种定期的反馈和交流,员工可以更清楚地了解自己的绩效水平,并为改进提供方向和指导。

反馈应该是具体和有针对性的。在给予员工反馈时,应该明确指出其表现的优点和改进的领域,并提供具体的建议和支持。这样的反馈可以帮助员工更好地理解自己的工作表现,并为改进提供实际的方法和资源。同时,反馈也应该是及时的,不应等到绩效评估时才给予反馈,而是在工作过程中随时进行,以便员工能够及时调整和改进自己的工作方式。

（三）持续改进和监测

持续改进和监测是确保绩效管理和人力资源评估有效性的关键步骤。通过定期评估和监测，组织可以及时发现潜在问题，并采取相应措施进行调整和改进，以确保整个过程的有效性和可持续性。

组织应该建立一套有效的指标和数据收集机制，用于评估和监测绩效管理和人力资源评估的结果。这些指标可以包括员工满意度调查、绩效评估结果分析、员工流失率等。通过收集和分析这些数据，组织可以了解到底绩效管理和人力资源评估是否能够实现预期的目标，是否存在偏差或不足之处。

持续改进和监测还需要组织在制定策略和政策时考虑到员工的反馈和需求。通过与员工进行沟通和参与，组织可以更好地了解员工的期望和需求，从而调整和改进绩效管理和人力资源评估的方案。这种以员工为中心的方法能够增强员工的参与感和认同感，提高整体绩效的质量和可持续性。

组织还应建立一个持续学习和发展的文化氛围。鼓励员工不断学习和提升自己的技能和知识，以适应变化的工作环境和要求。同时，组织也应提供相应的培训和发展机会，帮助员工不断完善自己的绩效管理和评估能力。

第三节　优化人力资源评估与绩效管理的策略和实践

人力资源评估与绩效管理是组织中至关重要的环节，它们对于员工的发展和组织的成功都起着重要的作用。然而，许多组织在实施人力资源评估与绩效管理时存在一些挑战和问题。下面将探讨如何优化人力资源评估与绩效管理的策略和实践，以提高其效果和价值。

一、制定明确的评估标准和指标

在现代组织中，人力资源评估与绩效管理是提高员工绩效和推动组织发展的重要环节。通过制定明确的评估标准和指标，可以有效地衡量员工的工作表现，并为员工提供改进和成长的机会。

（一）参考行业和职能标准

组织在制定评估标准和指标时，可以参考行业和职能标准，以确保其科学性和合理性。行业标准是针对特定行业的最佳实践和业务要求进行的规范化指导，而职能标准则是根据不同职能岗位的要求制定的评估准则。

参考行业标准有助于组织了解并应用该行业内的最佳实践。不同行业拥有不同的运营模式、技术要求和法律法规等方面的差异，参考行业标准能够帮助组织确定适用于自身行业的评估标准和指标。行业标准可以提供关于产品质量、生产效率、安全标准、环境保护等方面的指导，从而使组织能够更好地满足行业要求，提高竞争力。

职能标准可以帮助组织明确不同职能岗位的评估要求。不同的职能岗位具有不同的工作职责、技能要求和胜任能力，需要制定相应的评估标准和指标来衡量员工在各个职能领域的表现。职能标准可以包括技术能力、沟通能力、领导能力、创新能力等方面的要求，通过参考职能标准，组织可以更准确地评估员工在不同职能岗位上的绩效，并为员工的职业发展提供指导。

通过参考行业和职能标准，组织可以确保评估标准的科学性和合理性。这些标准是基于实践经验和专业知识制定的，具有一定的权威性和可操作性。组织可以根据自身情况对这些标准进行适度调整，以符合自身的业务需求和组织文化。同时，参考行业和职能标准也可以帮助组织与同行业或同类型组织进行比较，了解自身在特定领域的优势和改进空间，从而推动组织的持续改进和发展。

（二）确定关键绩效指标

确定关键绩效指标是评估员工绩效的核心要素。这些指标应当具备可衡量性、可操作性和可影响性，以确保其有效性和有效性。组织在确定关键绩效指标时，应考虑岗位特点和组织目标，并选择与之相关的指标。

1.可衡量性

关键绩效指标应具备可衡量性。即指标应能够被定量度量或定性评估，以便对员工的绩效进行客观评价。例如，在销售岗位上，可以使用销售额、销售增长率或客户开发数量等指标来衡量员工的业绩表现。而在生产岗位上，可以使用生产效率、产品质量指标或废品率等指标来评估员工的绩效水平。通过可衡量的指标，组织可以更准确地了解员工的工作成果和绩效表现。

2.可操作性

关键绩效指标应具备可操作性。指标应该能够被员工所控制或直接影响，以激励员工积极努力地改进自身绩效。例如，在客户服务岗位上，可以设定客户满意度调查结果作为关键绩效指标，员工可以通过提供优质的服务、解决问题和建立良好的客户关系来提高客户满意度。通过设定可操作的指标，员工可以明确目标并采取行动来实现绩效改进。

3.可影响性

关键绩效指标应具备可影响性。即指标应该能够对整个组织的绩效产生积极影响,并与组织的战略目标和核心价值观相一致。例如,在团队协作方面,可以设定团队合作指标,以鼓励员工积极参与团队活动、分享知识和经验,并推动团队的整体绩效提升。通过设定可影响性的指标,组织可以促进员工间的合作与协调,增强整个组织的竞争力和业绩表现。

在确定关键绩效指标时,组织还应考虑指标的综合性和平衡性。绩效评估不应仅关注某一个方面或某一个岗位的绩效,而应全面考量员工在各个维度上的表现。例如,除了关注销售额的增长,也要关注客户满意度和售后服务等方面的表现。通过综合考量多个指标,组织可以更全面地了解员工的绩效水平,并为员工的发展和晋升提供更准确的参考依据。

(三)设定评估标准和等级

设定评估标准和等级是对员工绩效进行分类和评价的重要依据。这些标准和等级应当根据评估指标制定,并具备区分度和可比性,以确保评估结果能够准确反映员工的绩效水平。

1.关键绩效指标一致

评估标准应当与关键绩效指标相一致。即评估标准应基于确定的关键绩效指标,明确各个等级所对应的表现水平。例如,在销售岗位上,可以设定不同销售额范围对应不同的评估等级,高销售额的员工可以获得更高的评级。而在客户服务岗位上,可以设定客户满意度调查结果作为评估标准,满意度高的员工可以获得更好的评级。通过与关键绩效指标的对应,评估标准可以更加客观地衡量员工的实际表现。

2.区分度和可比性

评估等级应具备区分度和可比性。区分度指评估等级之间应有明显的差异,以便将员工的绩效水平进行分类。可比性指评估等级在不同岗位或不同部门之间应具有一定的比较性,使得组织可以进行绩效横向比较和优化资源分配。为了确保区分度和可比性,组织可以根据员工的相对表现、百分位排名或指标达成度等方面进行评估,并设定不同等级所对应的绩效水平。

二、培养绩效管理文化

培养绩效管理文化是组织中优化人力资源评估与绩效管理的关键步骤。以下是一些策略和实践,帮助组织建立和培养良好的绩效管理文化。

（一）领导者的示范和引领

领导者在建立和推广绩效管理文化中扮演着至关重要的角色。他们不仅需要传达绩效管理的重要性，还应成为榜样，以身作则，积极参与并展示对绩效管理的重视。

领导者应确保自身行为与价值观相一致。作为组织的领导者，他们的言行举止会对员工产生重大影响。他们应该时刻注意自己的行为是否符合绩效管理的原则和价值观，以树立正确的榜样。

领导者应积极参与员工绩效评估和反馈过程。他们应当亲自参与评估员工的绩效，并给予及时准确的反馈。通过这种方式，领导者能够向员工传达对他们工作表现的重视，并帮助他们了解自己的优势和改进的方向。

除了以上行为，领导者还应注重建立良好的沟通和反馈机制。他们应该与员工保持密切的沟通，及时了解员工的工作进展和需求，并提供必要的支持和指导。同时，鼓励员工之间的相互反馈和合作，以促进团队的整体绩效提升。

（二）建立公正的评估机制

建立公正和透明的评估机制是培养绩效管理文化的重要基础。在这样的机制下，评估标准和流程应该公开，并且对所有员工一视同仁。组织应确保评估过程的公正性，避免任何形式的偏见，并通过详细的解释和反馈向员工解释评估结果。

公正性是评估机制的核心原则之一。评估标准应该明确、客观，并与岗位职责和组织目标相一致。所有员工都应该在相同的标准下进行评估，不受个人因素或其他偏见的影响。评估过程中的决策应基于事实和数据，而非主观的偏好或不公平的偏见。

组织应确保评估过程中的保密性。评估结果应仅对有关人员可见，以保护员工的隐私和个人信息。评估结果不应被滥用或用于不当的目的，而是应用于促进个人成长和组织发展。

在评估结束后，组织应向员工提供详细的解释和反馈。这包括解释评估结果的依据、强项和改进方向等。领导者应与员工进行一对一的沟通，讨论评估结果，并制定明确的行动计划来支持员工的成长和发展。

组织还应设立有效的申诉机制。如果员工对评估结果有异议，他们应该有途径提出申诉，并得到公正的处理和回应。这将有助于增加员工对评估机制的信任感，并为他们提供一个公正和平等的环境。

（三）奖励与认可优秀绩效

为了激励和表彰优秀的绩效，组织应设立奖励和认可机制。这些奖励和认可可以采取多种形式，旨在激发员工的动力，并树立绩效为导向的文化氛围。

薪资调整是一种常见的奖励方式。当员工展现出卓越的绩效时，他们应该得到相应的回报。通过提高员工的薪资水平，组织能够体现对他们工作贡献的认可和重视，激励他们继续保持优秀的绩效。

荣誉证书和奖项也是一种有效的认可方式。通过颁发荣誉证书或授予奖项，组织可以公开赞扬员工在特定项目、任务或领域中所取得的优秀成就。这种形式的认可不仅可以肯定个人的努力和成就，还能够激励其他员工追求卓越。

公开表彰和宣传优秀绩效也是建立绩效导向文化的重要环节。组织可以通过内部通信渠道、员工会议或公司网站等途径，公布和宣传员工的优秀绩效，让整个组织都能了解和认可他们的杰出贡献。这种公开表彰不仅能够激励被表彰员工的自豪感和动力，还能够树立绩效为导向的文化氛围，鼓励其他员工争取类似的认可和奖励。

通过上述策略和实践，组织可以建立和培养良好的绩效管理文化。这种文化将帮助组织更好地管理和发展人力资源，实现长期的成功和竞争优势。

三、持续改进和创新

持续改进和创新在优化人力资源评估与绩效管理的策略和实践中起着关键作用。以下是一些可以采取的措施，以确保持续改进和创新。

（一）定期评估绩效管理流程

定期评估绩效管理流程是组织中持续改进和优化绩效管理的重要环节。在这个过程中，我们会对目标设定、评估方法和评估标准等关键要素进行审查，以确保绩效管理流程的高效性和有效性。

1.目标设定

目标设定是绩效管理的基础，它直接影响着员工的工作动力和组织的整体绩效。在评估目标设定时，我们可以回顾过去一段时间内的目标完成情况，分析目标的可衡量性、合理性和挑战性，并与组织的战略目标进行对比。如果发现目标设定存在模糊、不具体或不符合组织战略的情况，就需要及时进行修正和调整。

2.评估方法

评估绩效评估方法也是非常重要的。绩效评估方法应该能够客观、公正地衡量员工的绩效水平。我们可以通过对评估方法的统计分析和员工反馈进行评估，来确定评估方法的准确性和有效性。如果发现评估方法存在主观性、不公平或无法提供有意义的绩效信息的问题，就需要考虑引入新的评估方法或进行改进。

3.评估标准

评估标准也需要定期审查。评估标准应该与目标设定相一致，并能够客观地衡量员工在关键绩效领域的表现。我们可以通过与行业标准、竞争对手或内部高绩效员工的对比来评估标准的合理性和有效性。如果发现评估标准过于宽泛或不够明确，就需要对标准进行调整和优化，以确保评估结果的准确性和公正性。

除了以上要素的评估，我们还应该关注绩效管理工具和系统的有效性。绩效管理工具和系统应该能够支持目标设定、绩效评估和反馈等环节的顺利进行。我们可以通过用户满意度调查、系统使用情况分析和技术评估等方式来评估工具和系统的有效性。如果发现工具和系统存在功能不足、易用性差或技术落后等问题，就需要考虑更新或替换现有的工具和系统，以提升绩效管理的效率和效果。

（二）关注最佳实践和行业趋势

在人力资源评估和绩效管理领域，关注最佳实践和行业趋势是非常重要的。通过持续关注最新发展，参加专业论坛或与其他组织进行交流，可以获取宝贵的经验和见解，从而提高评估和绩效管理的水平和效果。

参加专业论坛可以了解到当前的研究成果和前沿技术。这些活动通常由专业机构、学术界或行业协会组织，聚集了来自不同企业和组织的专家和从业者。他们会分享最新的理论和实践经验，讨论行业内存在的挑战和解决方案。通过参加这些活动，可以及时了解到行业的最新动态和趋势，把握人力资源评估和绩效管理的发展方向。

与其他组织进行交流也是获取宝贵经验和见解的途径之一。可以通过建立合作伙伴关系、参观其他组织的运作模式或开展经验交流等方式，了解其他组织在评估和绩效管理方面的做法和经验。不同组织之间可能面临类似的问题和挑战，但可能有不同的解决方法。通过与其他组织的交流，可以借鉴他们的最佳实践，避免重复犯错，提高自身的绩效管理水平。

关注行业趋势也是非常重要的。随着社会和经济的变化，人力资源评估和绩效管理领域也在不断演进。例如，随着数字化转型的推进，人力资源管理正逐渐向数据驱动型发展，数据分析和人工智能等技术应用也越来越广泛。年轻一代员工的价值观和期望也在发生变化，对于绩效评估和反馈的方式有着不同的需求。关注这些行业趋势，可以及时调整和优化自己的绩效管理策略，保持与时俱进。

（三）跟踪和评估改进的成果

在人力资源评估和绩效管理中，跟踪和评估改进的成果是确保措施有效性的重要环节。通过对实施结果进行收集、检查和比较，可以确定改进措施是否取得了预期的效果，并根据需要进行调整和改进。

跟踪改进的成果需要建立一套科学有效的数据收集和分析系统。这包括明确评估指标和目标，并确保数据的准确性和可靠性。例如，可以通过员工绩效评分、晋升和离职率、工作满意度调查等方式收集相关数据。同时，还可以借助现代技术工具如人力资源信息系统（HRIS）、数据分析和报告软件来支持数据收集和分析的过程。

定期检查和比较结果是跟踪改进成果的重要手段之一。可以设定合适的时间节点，例如每季度或每年进行一次绩效评估和改进成果的检查。通过对比前后的数据和指标，可以直观地了解改进措施的效果。同时，还可以将自身的数据与行业或同类组织的数据进行比较，以获取更全面的参考和评估。

在评估改进成果时，需要综合考虑多个方面的因素。除了定量指标如绩效评分和离职率外，还应考虑员工满意度、团队合作氛围等软性因素。可以通过员工调查、面谈等方式获取员工的反馈和意见，了解他们对改进措施的感受和看法。这些综合的数据和信息将有助于全面评估改进成果的有效性。

最后，根据跟踪和评估的结果，需要及时进行调整和改进。如果发现改进措施没有达到预期效果，可以分析原因并制定相应的调整措施。可能需要对流程、方法或沟通方式进行调整，以提升改进成果的有效性。同时，也需要关注员工的反馈和建议，积极倾听他们的声音，并适时地进行相应的改进和优化。

持续改进和创新是优化人力资源评估与绩效管理的关键要素。组织应该将其视为一个持续的过程，不断寻求改进和创新的机会，并将其纳入日常运营中。通过持续改进和创新，组织可以提高评估和绩效管理的准确性、公正性和有效性，从而实现员工和组织的共同成功。

第二十章 全球化背景下的人力资源战略

第一节 跨国企业人力资源管理挑战

跨国企业人力资源管理面临许多挑战，这些挑战源于不同国家、文化和法律环境的差异。在全球化的背景下，跨国企业必须有效地管理其全球人力资源，以确保组织的成功和可持续发展。以下是一些常见的跨国企业人力资源管理挑战。

一、跨国文化差异

跨国企业人力资源管理面临的一个重要挑战是跨国文化差异。在全球化的背景下，跨国企业必须处理来自不同国家和地区的员工，这意味着不同的文化、价值观和习惯之间存在差异。这些文化差异可能导致沟通障碍、团队合作问题以及管理风格的冲突。因此，跨国企业的人力资源部门需要了解并妥善处理这些跨国文化差异。

跨国文化差异给人力资源管理带来的挑战主要体现在以下几个方面。

（一）沟通障碍

沟通障碍是在不同国家和地区之间存在的一个常见问题。这些障碍主要包括语言差异、口音和语速的不同以及表达方式的差异，这些因素可能会导致员工之间的沟通困难甚至误解。

1.语言差异

语言差异是一个明显的挑战。不同国家和地区使用不同的语言，员工可能无法理解对方所说的话。即使使用共同的语言，仍然可能因为语言水平和语法问题而出现交流障碍。

2.口音和语速的差异

口音和语速的差异也会影响到员工之间的沟通。不同地区的口音可能会导致理解困难，特别是对于非母语人士来说。一些国家或地区的语速较快，而另一些国家或地区的语速较慢，这也可能导致沟通上的困扰。

3.表达方式的差异

表达方式的差异也可能导致沟通障碍。不同文化背景下的人们可能有不同的习惯、价值观和沟通风格。例如，在一些文化中，直接表达意见被视为粗鲁或冒犯，而在其他文化中，直接表达被视为诚实和直率。这种差异可能导致误解和误解。

除了语言沟通外，非语言沟通也是一个重要的方面。肢体语言、眼神接触和空间距离的理解在不同文化中可能存在差异。在一些文化中，身体接触被视为亲密和友好的表达方式，而在其他文化中，身体接触被视为侵犯个人空间。这种差异可能导致员工之间的误解和不适。

为了促进跨国员工之间的有效沟通，人力资源部门需要采取一系列措施。除了提供语言培训和跨文化培训外，建立多元化的沟通渠道也是十分重要的。例如，利用视频会议、在线聊天工具和电子邮件等技术工具，可以帮助员工克服地理上的障碍，并方便快捷地进行沟通。定期组织团队建设活动和文化交流活动，可以增强员工之间的联系和理解。

（二）管理风格冲突

不同国家和地区的管理风格差异是跨国企业面临的一个重要问题。这些差异包括集体主义与个人主义、垂直层级与平等、权威性管理与民主管理等方面的差异。当跨国企业在不同国家设立分支机构时，不同的管理风格可能会导致冲突和摩擦。为了有效应对这个问题，人力资源部门需要制定灵活的管理策略，结合当地的文化和背景，以确保管理风格的衔接和适应。

1.集体主义与个人主义

集体主义与个人主义是不同管理风格之间的重要差异。在一些国家，如亚洲国家，集体主义是主导的价值观，强调团队合作、共同利益和社会责任感。而在一些西方国家，个人主义更为突出，注重个体的自由、独立和个人成就。

2.垂直层级与平等

垂直层级与平等也是管理风格冲突的一个方面。在一些国家，如东亚国家，垂直层级是普遍存在的，强调上下级之间的权力和等级关系。而在一些西方国家，平等原则更为重要，注重开放、平等。

3.权威性管理与民主管理

权威性管理与民主管理也可能存在冲突。在一些国家，如中东地区，权威性管理被视为有效的管理方式，强调领导者的权威和决策能力。而在一些欧洲国家，民主管理更受重视，注重员工参与和共享决策的权利。

为了确保不同管理风格的有效衔接和适应，人力资源部门可以提供跨文化培训，帮助员工了解并适应不同国家的管理风格和文化背景；建立跨国团队和项目，通过混合不同国籍和背景的员工，促进知识和经验的交流和共享；定期组织跨国交流活动和学习机会，让员工有机会互相了解和学习其他国家的管理经验和最佳实践。

二、跨国人力资源信息系统

跨国企业人力资源管理面临的另一个重要挑战是跨国人力资源信息系统。随着全球化的不断推进,跨国企业需要有效地管理和整合全球范围内的人力资源数据和信息,以支持组织的决策和运营。然而,由于不同国家和地区之间存在着法律、语言、文化和技术等方面的差异,建立和维护跨国人力资源信息系统面临着许多困难和挑战。

跨国人力资源信息系统所面临的挑战主要体现在以下几个方面。

(一)数据传输和整合

数据传输和整合在不同国家和地区之间是一个复杂而烦琐的过程。这涉及不同的数据格式、语言和文化背景,可能需要进行数据转换和映射以实现互通。

1.数据格式

不同国家和地区使用的数据格式可能存在差异。例如,有些国家使用英制度量单位,而另一些国家使用公制单位。此外,日期和时间格式也可能因国家和地区而异。

2.语言差异

语言差异也是跨国数据传输和整合中的挑战之一。不同国家和地区使用不同的语言和字符集,这可能导致数据传输时出现乱码或误解。

3.文化背景

文化背景也会对数据传输和整合产生影响。不同国家和地区对于数据隐私和安全性的要求可能存在差异。例如,欧盟的《通用数据保护条例》(GDPR)对个人数据的处理有着严格的规定,而其他国家可能对此没有类似的法规。

针对这些挑战,人力资源部门可以制定统一的数据格式和标准,以便不同国家和地区的数据能够互相匹配和整合。这可以包括统一的度量单位、日期和时间格式等。

针对不同的数据格式和语言,建立相应的转换和映射规则,将数据进行适当的转换和映射,确保数据的准确性和一致性。

了解并遵守各国家和地区的数据隐私和安全法规,确保数据的合法性和安全性。例如,与欧盟有业务往来的公司需要遵守 GDPR 的规定。

(二)法律和合规性

在跨国人力资源信息系统中,法律和合规性是至关重要的。不同国家和地区拥有各自的数据保护法律和隐私政策,为确保系统的合法性和合规性,必须遵守当地的法律和合规要求,特别是涉及数据存储、处理和传输的规定。

对于数据存储方面,不同国家和地区可能有特定的要求。例如,一些国家要求个人数据只能存储在本国境内,而禁止将其转移到其他国家。因此,在设计人力资源信息系统时，需要明确了解每个国家或地区的数据存储要求，并确保所选用的存储方案符合相关法律要求。

对于数据处理方面，不同国家和地区可能对个人数据的处理行为有着不同的限制和要求。例如，欧盟的《通用数据保护条例》（GDPR）规定了对个人数据的处理原则和要求，包括合法性、透明性、目的限制、数据最小化、存储期限等。因此，在处理个人数据时，需要遵守当地的数据保护法律，确保合规性。

数据传输也是一个需要考虑法律和合规性的重要环节。不同国家和地区对于跨境数据传输可能有不同的限制和要求。例如，一些国家要求个人数据在跨境传输时必须获得事先的许可或满足特定条件。因此，在进行跨国数据传输时，需要了解并遵守相关国家或地区的法律规定，确保合规性。

（三）文化和语言差异

在跨国人力资源信息系统中，考虑到不同的文化和语言背景对用户需求的影响是非常重要的。为了确保系统能够满足不同用户群体的需求，需要在界面设计、信息展示和操作方式等方面考虑到文化和语言差异。

1.界面设计

界面设计应该符合不同文化习惯。不同国家和地区有着不同的审美偏好和界面使用习惯。例如，一些文化更偏向于简洁、直观的设计，而另一些文化则更注重细节和装饰。因此，在设计界面时，需要根据目标用户的文化背景，选择合适的配色方案、图标和布局风格，以便用户更容易理解和接受。

2.信息展示

信息展示也需要考虑到语言差异。不同国家和地区使用不同的语言和字符集，这可能导致在系统中显示乱码或无法正确解读信息。为了解决这个问题，系统应该支持多语言功能，允许用户选择他们熟悉的语言进行操作和信息展示。同时，需要确保翻译准确性和专业性，避免语义误解和文化敏感问题。

3.操作方式

对于数据录入和查询，也需要考虑到多语言环境下的问题。不同用户可能使用不同的语言进行数据录入和查询。对此系统应该提供多语言输入和搜索功能，以便用户能够方便地输入和查找相关信息。同时，需要注意在多语言环境下的数据标准化和一致性，避免因为语言差异导致数据混乱或错误。

（四）技术兼容性和互操作性

在构建跨国人力资源信息系统时，技术兼容性和互操作性是重要的考虑因素。不同国家和地区之间存在着技术设施和系统平台方面的差异，这可能导致系统之间无法无缝集成和数据共享的问题。为了解决这些挑战，人力资源部门需要与 IT 部门密切合作，确保系统的技术兼容性和稳定性。

1.系统集成

对于系统集成方面，人力资源信息系统往往需要与其他关键系统进行集成，如财务系统、办公自动化系统等。不同国家和地区使用的软件和系统平台可能有所不同，因此在集成过程中需要考虑到技术兼容性的问题。这包括系统接口的兼容性、数据格式的转换和映射、数据传输协议的一致性等。通过确保系统之间的良好集成，可以实现数据的共享和交流，提高工作效率和准确性。

2.技术兼容性

技术兼容性还涉及硬件和网络设施的兼容性。不同国家和地区的技术设施水平可能存在差异，如网络带宽、服务器性能等。在设计和部署人力资源信息系统时，需要考虑到这些差异，确保系统能够在不同的技术环境下稳定运行。这可能需要进行硬件升级、网络优化或选择适合当地环境的云服务提供商等措施。

3.互操作性

互操作性也是一个重要的考虑因素。跨国人力资源信息系统往往需要与不同的软件和平台进行数据交换和共享。为了实现互操作性，可以采用通用的数据格式和标准，如 XML、JSON 等。采用开放式的 API（应用程序接口）和 Web 服务可以方便系统间的集成和数据交流。

（五）数据安全和隐私保护

在跨国人力资源信息系统中，数据安全和隐私保护是至关重要的。不同国家和地区对于个人数据的保护法律和隐私政策要求各不相同，人力资源部门需要采取适当的安全措施来保护员工的个人数据免受未经授权的访问和滥用。

1.加密技术

加密技术是确保数据安全的重要手段之一。通过使用强大的加密算法，可以将敏感数据进行加密，以防止未经授权的访问者获取和解读数据。这包括对存储在数据库中的数据、数据传输过程中的数据以及备份和归档的数据进行加密。

2.访问权限管理

访问权限管理是保护数据安全的关键。人力资源部门应该建立严格的访问控制机制，根据员工的职责和需求，授予适当的访问权限。这可以通过用户身份验证、角色基础的访问控制（RBAC）、多因素身份验证等方式实现。同时，需要定期审查和更新访问权限，确保只有授权的人员能够访问和处理敏感数据。

3.审计跟踪

审计跟踪是确保数据安全和隐私保护的重要环节。通过记录和监控系统的操作日志，可以追踪数据访问和使用的行为，及时发现异常活动和潜在的安全威胁。这对于及时采取纠正措施、保护数据免受未经授权的访问和滥用非常重要。

三、跨国员工关系管理

跨国员工关系管理也是跨国企业人力资源管理所面临的挑战之一。在全球化的背景下，跨国企业雇用了来自不同国家和地区的员工，跨国企业的人力资源部门需要了解并遵守不同国家和地区的劳动法律，同时与员工和工会进行有效的沟通和协商，以维护良好的劳动关系。

跨国员工关系管理所面临的挑战主要体现在以下几个方面。

（一）雇佣合同管理

跨国企业在管理雇佣合同方面面临着许多挑战，包括了解和遵守不同国家和地区的法律要求，以确保合同的合法性和有效性。

1.合同编写

在与员工签订雇佣合同之前，跨国企业需要制定合适的合同条款。合同应该明确规定双方的权利和义务，包括薪酬、工作职责、工作时间、休假政策等。合同还应包含保密协议、知识产权归属等重要条款。

2.法律要求

由于不同国家和地区对雇佣合同的要求存在差异，人力资源部门需要了解并遵守相关法律法规。例如，某些国家可能要求在合同中明确规定最低工资标准、劳动法规定的福利待遇等内容。同时，还需要了解当地的雇佣合同格式和语言要求。

3.合同解释和执行

合同的条款应该清晰明确，以便双方理解和执行。跨国企业应提供翻译或解释服务，以确保员工对合同内容的理解。在执行合同时，企业应遵循合同约定的程序和条款，确保双方权益的平衡。

4.解雇和终止合同

解雇和终止合同是雇佣关系中的敏感问题。不同国家和地区对解雇和终止合同的法律要求不同，包括通知期限、赔偿金、解雇原因等。企业需要在遵守法律的前提下，与员工进行妥善的沟通，并按照当地法律规定的程序进行解雇或终止合同。

5.合同管理系统

跨国企业可以建立合同管理系统来有效管理雇佣合同。该系统可以用于存档合同、提醒合同到期日期、记录合同修改等。通过合同管理系统，企业可以更好地掌握合同的情况，及时进行更新和调整。

在跨国企业管理雇佣合同时，人力资源部门扮演着重要的角色。他们需要与当地法律专家合作，了解并遵守相关法律要求，确保合同的合法性和有效性。同时，及时更新合同内容，与员工进行积极沟通，以维护良好的雇佣关系。

（二）劳动纠纷处理

跨国企业在处理劳动纠纷时需要采取一系列措施，以确保公平、合法和和谐的解决方案。

1.建立沟通渠道

人力资源部门应建立良好的沟通渠道，与员工保持密切联系，及时了解并回应他们的关切和问题。这有助于发现潜在的劳动纠纷，并能够及早进行干预和解决。

2.内部协商和调解

如果出现劳动纠纷，首先应尝试通过内部协商和调解解决。人力资源部门可以组织会议或谈判，与纠纷双方进行沟通，了解双方的意见和诉求，并寻找双赢的解决方案。

3.第三方调解和仲裁

如果内部协商无法解决劳动纠纷，可以考虑寻求第三方调解或仲裁机构的帮助。这些机构可以提供中立的观点和专业的解决方案，帮助纠纷双方达成公正的协议。

4.法律咨询和诉讼

在某些情况下，劳动纠纷可能需要通过法律途径解决。人力资源部门可以咨询当地的劳动法律专家，了解相关法律法规，并根据情况决定是否采取诉讼行动。

5.改善管理和制度

为减少劳动纠纷的发生，跨国企业应加强管理和制度建设。这包括确保工资和福利按时支付、遵守劳动法规、优化工作环境等。建立有效的投诉处理机制，鼓励员工提供反馈和建议，以改善劳动关系。

（三）工会关系管理

在跨国企业中，工会关系管理是一项重要的任务。工会在许多国家和地区对于维护员工权益和劳动条件的协商起着关键作用。但由于不同国家和地区存在着工会文化和工会法规的差异，跨国企业需要面临工会关系管理的挑战。

人力资源部门需要了解各个国家和地区的工会法律地位和权益。不同国家对于工会的法律地位和权益保护程度可能存在差异。有些国家鼓励工会组织的发展，法律规定了工会的权益和职责,并提供了相应的保护措施;而在另一些国家,工会的地位可能相对较弱,法律对工会的权益保护不够充分。人力资源部门需要研究并了解各个国家和地区的相关法律法规,确保企业在与工会进行合作和协商时遵守当地的法律要求。

人力资源部门需要与工会进行建设性的对话和协商。工会通常代表员工的利益,他们可能就工资待遇、工作时间、福利待遇等方面与企业进行谈判。人力资源部门需要与工会建立良好的沟通渠道,理解员工的关切和需求,并及时回应工会的合理要求。通过开展对话和协商,企业可以与工会达成双赢的结果,维护劳动关系的稳定和和谐。

人力资源部门还应该关注全球工会趋势和发展动态。工会组织在不同国家和地区的发展水平和影响力可能存在差异,同时也会受到全球经济和政治环境的影响。人力资源部门需要密切关注全球工会的动态变化,及时了解工会组织的发展趋势,以便制定相应的工会关系管理策略。

(四)跨国劳动力流动

跨国劳动力流动是指在跨国企业中,员工可能会面临国际调动和派遣的情况。这种情况下,人力资源部门需要了解并遵守不同国家和地区的移民法律和劳动力市场规定,以便合理管理和安排跨国员工的工作和福利。

签证申请是跨国劳动力流动过程中的重要环节。员工需要根据目的地国家的规定,申请相应的签证类型。人力资源部门应该协助员工准备所需文件,并向他们提供相关信息和指导,确保签证申请程序的顺利进行。

工作许可是在目的地国家合法就业的必要条件。不同国家对于外国员工的工作许可规定各不相同,人力资源部门需要了解并遵守相关规定。他们应该与当地政府机构或移民局联系,办理工作许可手续,确保员工能够合法地在目的地国家工作。

社会保险也是跨国劳动力流动中需要考虑的问题之一。员工在跨国工作期间可能需要享受社会保险福利,如医疗保险、养老保险等。人力资源部门应该了解目的地国家的社会保险制度,并与当地相关部门合作,为员工办理相应的社会保险手续,确保他们在工作期间享受到应有的保障。

第二节 多元文化融合与团队建设

在当今全球化的时代背景下,多元文化融合成为一种趋势和现实。团队建设作为企业发展中的关键环节,也需要适应多元文化的挑战和机遇。

一、多元文化融合的意义

多元文化融合指的是不同国家、地区、民族、语言等多种文化之间的交流、融合和共存。它具有以下重要意义。

（一）促进创新

当不同文化背景的团队成员相互交流、合作和思考时，他们带来了各自独特的思维方式、观念和想法，这为创新提供了丰富的资源和灵感。

多元文化的碰撞可以打破传统的思维模式和框架。不同文化之间存在着差异，这些差异包括价值观、习俗等方面。当不同文化的人们相互交流时，他们会将自己独特的经验和观点带入讨论中，从而打破固有的思维定式，激发新的思考方式和创意。比如，在一个由来自不同国家的科学家组成的团队中，他们的不同文化背景可能会引发对问题的不同理解和解决方案的多样性，从而推动创新的发展。

多元文化的融合可以促进跨学科的合作与创新。不同文化的人们往往具有不同的专业背景和知识领域，他们在合作过程中可以互相借鉴、交流和学习。这种跨学科的合作可以促进不同领域的知识交叉，从而激发出新的创新思路和解决问题的方法。比如，在一个由设计师、工程师和市场营销人员组成的团队中，他们的不同专业背景可以相互补充，为产品的创新提供多个维度的考虑和优化。

多元文化的碰撞和融合还可以促进全球化视野下的创新。随着全球化的加速推进，不同国家和地区之间的文化交流和合作变得更加紧密。在这样的背景下，拥有多元文化背景的团队具备了更广阔的视野和更丰富的资源，能够更好地理解和把握全球市场的需求和趋势，并相应地进行创新和调整。比如，在一个由来自不同国家的企业家组成的创业团队中，他们可以结合各自的文化特色和市场经验，开发出符合全球消费者需求的产品或服务。

（二）拓展市场

在全球化的背景下，每个文化背景的客户都有着独特的需求和偏好。通过多元文化融合，团队可以更好地理解和适应不同文化背景的客户需求，从而拓展市场份额并提高竞争力。

多元文化融合能够帮助团队更深入地了解目标市场。不同文化的成员通常具有对自己所属文化的深入了解和洞察力。他们了解当地的社会文化习俗、消费行为以及市场趋势等方面的信息。通过团队成员之间的交流和合作，团队可以汇集各种文化的洞察力，形成更全面和准确的市场认知。这将有助于团队制定出更符合当地市场需求的战略和营销策略，提高产品或服务的市场适应性。

多元文化融合可以提供创新的产品或服务理念。通过多元文化的碰撞和交流，团队可以汲取各种文化背景的灵感和创意，为市场提供新颖且独特的产品或服务理念。这样的创新理念能够吸引更广泛的客户群体，并在市场中脱颖而出。比如，在一个由来自不同国家的设计师组成的团队中，他们可以结合各自的文化特色和审美观点，开发出满足不同文化需求的设计作品，打造具有国际影响力的品牌。

二、多元文化融合对团队建设的挑战

多元文化融合对团队建设带来了许多机遇，但同时也伴随着一些挑战。在不同文化背景的成员汇聚在一起时，可能会面临协作方式差异和偏见问题。

（一）协作方式差异

不同文化背景的成员之间在协作方式上可能存在差异，这对团队建设带来了挑战。一些文化强调集体合作和团队决策，而另一些文化则更注重个人主导和权威决策。这种差异可能导致在协作过程中的摩擦和不适应。然而，通过团队成员的学习和努力，可以克服这些挑战，实现多元文化环境下的协作。

在多元文化团队中，成员们应愿意调整自己的工作方式，以适应不同文化背景的合作伙伴。他们应该尊重并理解其他成员的价值观、工作习惯和决策模式，并与其进行有效的沟通和合作。通过展现灵活性和适应性，团队成员能够减少协作中的摩擦和冲突，建立起良好的合作关系。

团队成员应该增强对不同文化背景的理解和尊重，学习如何处理和融合不同的工作方式和决策模式。这可以通过跨文化培训、工作坊或文化交流活动来实现。团队成员可以了解不同文化对于协作和决策的偏好，从而提高在多元文化环境下的协作能力。

开放和频繁的沟通是确保多元文化协作成功的关键。团队成员应该积极参与团队内部的沟通，分享自己的观点、意见和想法。他们应该倾听并尊重其他成员的观点，鼓励开放的讨论和信息交流。通过频繁的沟通，团队成员能够增进彼此的理解，发现共同点，并找到协作的最佳方式。

（二）偏见

多元文化团队中的偏见问题是需要重视和解决的。由于对不同文化的误解和刻板印象，成员之间可能会出现偏见性言论和行为，这对团队的合作和氛围造成负面影响。通过积极的教育和促进多元文化的包容性，团队可以消除偏见，建立一个更加公平和友好的工作环境。

团队领导者应该树立榜样，提倡包容和公正。领导者应该展示对多元文化的支持和尊重，确保自己不表现出偏见。同时，他们应该制定并实施严格的政策，团队成员需遵守这些规定，并保护每个人的权益。通过领导者的示范和政策支持，团队成员将更有动力去消除偏见。

团队应该为成员提供一个安全和开放的环境，使他们能够自由地表达自己的想法和感受。这样的对话可以促进成员之间的理解和认同，并帮助发现并解决潜在的偏见问题。团队还可以定期进行回顾和评估，检查团队内是否存在偏见行为，并采取适当的措施加以纠正。

建立多元文化团队的互助和合作机制也是关键。团队成员应该相互支持和协作，而不是将注意力仅集中在自身文化群体上。通过强调团队的共同目标和价值观，团队成员能够更好地团结一致，并展现包容性和公平性的行为。

三、多元文化融合的团队建设策略

多元文化融合的团队建设策略是为了更好地利用不同文化背景的成员，促进协作和创新，提高团队的绩效和效能。

（一）建立互信和合作关系

建立互信和合作关系是多元文化团队建设的基石。在一个多元文化的团队中，成员们来自不同的文化背景，需要建立起彼此之间的信任和合作关系并不容易。但通过以下几个方面的努力，团队成员可以逐步建立起互信和合作的基础。

积极的合作是建立互信关系的重要一环。团队成员应该相互合作，共同努力实现共同的目标。这意味着他们需要倾听和理解对方的观点和需求，并愿意与对方合作解决问题。通过分享工作经验和知识，团队成员可以相互学习，促进团队整体的发展。

相互支持也是建立互信关系的关键。团队成员应该在工作中互相支持和帮助。当有人遇到困难或挑战时，其他成员应该伸出援手，提供必要的支持和鼓励。这种相互支持不仅能够增强团队成员之间的联系，还能够建立起彼此之间的信任和依赖关系。

共同承担责任也是建立互信关系的重要方面。团队成员应该意识到他们是一个整体，每个人的行动和决策都会影响整个团队的成果。他们应该共同承担起责任，并对自己的工作负责。通过共同承担责任，团队成员可以建立起对彼此的信任和尊重。

除了以上几点，处理冲突和分歧也是建立互信关系的关键。在多元文化团队中，由于不同文化背景的存在，可能会出现意见不合和冲突。团队成员应该学会以开放的心态对待冲突，并寻求解决问题的方法。通过有效地沟通和妥善处理分歧，团队成员可以建立起相互理解和信任的基础。

（二）促进文化敏感度和多元思维

在一个多元文化的团队中，成员应该努力提高自己的文化敏感度，了解和尊重不同文化背景下的行为准则和价值观。这种文化敏感度的提高可以帮助团队成员更好地理解和与其他人进行有效的沟通和合作。

每个人都有其独特的文化背景和经历，这些因素会影响他们的行为、思维方式和价值观。团队成员应该避免将自己的文化标准强加于他人，而是要以开放和包容的心态去理解和尊重不同文化的差异。

团队成员应该努力从多元角度思考问题。多元思维意味着能够从不同的文化、背景和经验出发来看待问题。通过拥抱多元思维，团队成员可以获得更广泛的视野，并且能够更全面地考虑问题，找到更创新的解决方案。

第三节 全球化时代下的人才流动与知识管理

在这个信息交流日益便捷、国际合作不断加深的时代，人才的流动性和知识的创造、传播与应用变得更加迅速和广泛。

一、全球化时代下的人才流动

全球化时代使得人才流动成为常态。跨国公司的兴起、国际教育的普及以及移民政策的开放等因素，都促进了人才在不同国家和地区之间的流动。

（一）跨国公司的需求

全球化时代的到来，使得跨国公司在不同国家设立分支机构或生产基地成为常态。这些跨国公司需要吸引和培养具备国际视野和跨文化沟通能力的人才，以适应不同市场和文化环境。

跨国公司需要拥有具备国际视野的人才。随着全球市场的融合和竞争的加剧，跨国公司需要洞察全球市场的动态变化，并及时调整战略和业务模式。具备国际视野的人才能够从全局的角度思考问题，把握全球趋势，为企业提供有效的战略指导。

跨国公司需要人才具备适应不同市场和文化环境的能力。不同国家和地区的市场需求、法规政策、消费习惯等存在差异，需要人才具备快速适应的能力。他们需要灵活调整经营策略、产品定位和营销手段，以满足当地市场的需求，并在竞争中获得优势。

跨国公司需要人才具备团队合作和领导能力。在全球化时代，跨国公司的团队通常由来自不同国家和文化背景的成员组成。这要求人才具备良好的团队合作能力，能够有效地协调和管理多元化的团队，发挥每个成员的优势，实现共同目标。

（二）知识转移与创新

人才流动在促进不同国家之间的知识转移和技术创新方面发挥着重要作用。当人才跨越国界流动时，他们带来了丰富的经验、知识和技能，这对于接收国家来说是一种宝贵的资源。通过与本地人才的交流和合作，外国人才可以将自己的专业知识和技术传授给当地人才，从而促进了知识的传播和技术的转移。

人才流动促进了各国之间的经验借鉴。不同国家拥有不同的历史、文化和制度背景，因此在解决问题和推动发展方面可能存在着差异。当人才从一个国家流向另一个国家时，他们可以将自己所学到的经验和教训分享给接收国家，使其能够避免重复犯错并快速取得进步。例如，某个国家在环境保护方面积累了丰富的经验，而另一个国家则面临着环境污染问题。通过引进来自经验丰富的专业人士，接收国可以学习到相关的环境保护技术和管理经验，从而改善自己的环境状况。

人才流动推动了技术创新和发展。在全球化的时代，科技创新是各国竞争力的重要组成部分。当外国人才流向某个国家时，他们通常会带来先进的技术和创新理念。这些技术和理念可以激发本地人才的创造力，并推动本国的技术创新和产业升级。例如，硅谷作为全球科技创新中心之一，吸引了大量来自世界各地的人才。这些人才带来了颠覆性的科技创新，推动了美国科技产业的快速发展。

人才流动也促进了跨国合作和项目实施。当人才从一个国家流向另一个国家时，他们可能会与当地人才进行合作，共同开展研究项目、创办企业或开展其他形式的合作。这种跨国合作不仅有利于知识的共享和技术的融合，还可以促进文化的交流和相互理解。通过共同努力，不同国家的人才可以解决共同面临的挑战，并推动全球问题的解决。

（三）文化融合与多元化

人才流动在促进不同文化之间的交流与融合方面发挥着重要作用。当来自不同国家的人才相互交流和合作时，他们带来了各自独特的文化背景和经验，这为多元文化的共存与发展提供了机会。

人才流动促进了文化的交流与互鉴。不同国家拥有独特的文化传统、历史和习俗，通过人才流动，不同文化之间可以进行广泛的交流与互鉴。外国人才可以将自己的文化传统和价值观念介绍给接收国，从而增加了接收国对其他文化的了解和尊重。例如，一位来自亚洲的人才在某个西方国家工作，他可以将自己的传统文化、美食和艺术介绍给当地人，从而促进了文化的交流和多元性的发展。

人才流动也促进了跨文化的理解与尊重。当人才从一个国家流向另一个国家时，他们需要适应新的文化环境和社会习惯。在这个过程中，他们不仅要学习接收国的语言和文化，还要尊重和理解接收国的价值观念和行为准则。通过这种跨文化的交流和理解，人们能够更好地认识和尊重不同文化之间的差异，建立起相互信任和合作的基础。

二、全球化时代下的知识管理

知识管理在全球化时代变得尤为重要。知识是企业和组织的核心竞争力，有效的知识管理可以提高创新能力、加强合作与学习，增强组织的适应能力和竞争优势。

针对全球化时代下的知识管理，可以采取以下策略。

（一）制定知识管理策略

知识获取是知识管理的基础。组织可以通过内部和外部渠道来获取知识。内部渠道可以帮助组织收集和整理内部的专业知识和经验。外部渠道可以获取外部的最新研究成果和行业趋势。组织还可以建立专门的知识获取团队或委员会，负责收集和筛选有价值的知识资源。

知识存储是确保知识可持续利用的关键环节。组织需要建立适当的知识库和数据库，用于存储和管理各类知识资料。这些知识库可以包括文档、报告、案例分析、专家意见等多种形式的知识资源。同时，组织还可以采用知识标准化和分类的方法，便于知识的检索和共享。

知识应用是知识管理的关键环节。组织应该鼓励员工将所学到的知识应用于实际工作中，并提供相应的支持和资源。可以通过培训和指导，帮助员工理解如何将知识转化为实际操作和解决问题的能力。组织还可以建立跨部门或跨团队的协作机制，促进知识在组织内部的跨界应用和创新。

（二）加强合作与共享

组织可以与其他组织进行合作。合作可以包括行业内的竞争对手、供应商、客户以及其他相关组织。通过建立合作伙伴关系，组织可以共享资源、经验和专业知识，实现互利共赢的目标。合作形式可以包括共同开展研发项目、共享生产设备和技术、共同推广市场等。在合作过程中，组织应该注重协商和合作的精神，确保合作关系的稳定和长久发展。

组织可以与学术机构和研究机构进行合作。学术机构和研究机构通常拥有丰富的研究资源和专业知识，可以为组织提供前沿的科学研究成果和技术支持。通过与学术机构和研究机构合作，组织可以获取最新的科研成果、参与共同研究项目，并与学术界保持密切的交流与合作。这种合作有助于提高组织的技术水平和创新能力，推动科学研究与实际应用的结合。

（三）加强知识保护与安全措施

组织应该建立完善的知识管理体系。知识管理体系包括规范和流程、技术支持和人员培训等多个方面。组织应该制定明确的知识管理政策和规定，明确知识的所有权、使用权限和保密要求。组织可以借助信息技术工具和系统来支持知识的存储、检索和共享，确保知识的安全和可控。还应该对员工进行相关的知识管理培训，提高员工对知识保护和安全的意识和能力。

组织应该采取必要的安全措施，防止知识的泄露和盗窃。这包括物理安全和网络安全两个方面。在物理安全方面，组织可以设置访问权限、视频监控等措施，限制未经授权人员对知识资源的接触和使用；在网络安全方面，组织应该建立强大的网络安全体系，包括防火墙、入侵检测系统、数据加密等技术手段，保护知识在网络传输和存储过程中的安全性。组织还应该加强员工的安全意识教育，提醒他们注意信息安全和防范各类网络攻击。

参考文献

[1]何晓晓.数字化时代下的企业人力资源管理策略[J].商场现代化,2023,(22):65-68.DOI:10.14013/j.cnki.scxdh.2023.22.056.

[2]李源一.企业财务资金管理风险防范措施分析研究[J].老字号品牌营销,2023(21):72-74.

[3]许济彬.企业投资风险控制探究[J].财富时代,2023(10):97-99.

[4]林春琳.企业财务风险的防范与控制措施[J].商场现代化,2023,(20):186-188.DOI:10.14013/j.cnki.scxdh.2023.20.060.

[5]马东方.事业单位人力资源管理与财务管理协同发展[J].财经界,2023,(27):174-176.DOI:10.19887/j.cnki.cn11-4098/f.2023.27.003

[6]亓帅.企业财务绩效管理现状及对策研究[J].商业2.0,2023(26):37-39.

[7]孙长艳.合理规划企业财务战略,降低企业经营风险[J].商业2.0,2023(22):83-85.

[8]时光.构建数字化人力资源管理体系[J].中国石油企业,2023(8):53.

[9]班昌华.新经济环境下企业财务管理创新策略实践[J].中国物流与采购,2023,(14):81-82.DOI:10.16079/j.cnki.issn1671-6663.2023.14.033.

[10]曹莉.多元化人力资源团队对创新能力的影响研究[J].商讯,2023(14):175-178.

[11]姜子涵.新经济时代人力资源对会计与财务管理的影响[J].财会学习,2023(19):86-88.

[12]孙聘,王化龙,李文革,等.企业管理人力资源管理绩效评估策略[J].现代企业文化,2023(13):120-123.

[13]伍小敏.人力资源企业财务风险管理探讨[J].老字号品牌营销,2023(6):162-164.

[14]王爽.财务管理视角下企业人力资源成本管控问题研究[J].行政事业资产与财务,2022(24):43-45.

[15]季晓梅.人力资源管理与财务管理协同运用研究[J].质量与市场,2022(21):127-129.

[16]罗阳.人工智能技术在运用于人力资源招聘管理中的运用[J].现代企业文化,2022(21):122-124.

[17]章艳.基于企业财务管理内部控制审计路径分析[J].商场现代化,2022,(10):181-183.DOI:10.14013/j.cnki.scxdh.2022.10.064.

[18]李洪杰.人力资源绩效评估指标体系研究[J].中国集体经济,2022(1):126-127.

[19]陶瑀,陈恺宇.人工智能在企业招聘管理中的应用[J].科技与创新,2021,(21):153-154+158.DOI:10.15913/j.cnki.kjycx.2021.21.066.

[20]刘燕,程德俊,赵曙明.人力资源战略与规划[M].南京:南京大学出版社,2021.

[21]王仪琴.大数据时代的企业财务管理研究[J].财会学习,2021(29):10-12.

[22]郭章珍.浅谈企业财务战略规划[J].纳税,2021,15(22):84-85.

[23]刘永听.论企业薪酬福利管理策略[J].中小企业管理与科技(下旬刊),2019(7):22-23.

[24]沈含章.全球化经济人力资源管理建设战略分析[J].全国流通经济,2019,(05):108-109.DOI:10.16834/j.cnki.issn1009-5292.2019.05.050.

[25]杨志.企业员工福利的重要性及其管理方式分析[J].劳动保障世界,2018(15):6-7.

[26]张倩,张相舵,王业乾.新时代背景下人力资源管理的挑战分析[J].环渤海经济瞭望,2018,(05):121-122.DOI:10.16457/j.cnki.hbhjjlw.2018.05.084.

[27]吴越昊.企业运营中财务管理的作用分析[J].现代营销(下旬刊),2018(1):132-133.